21世紀の「中華」

習近平中国と東アジア

Kawashima Shin
川島 真

中央公論新社

目次

II 展開――2015〜2016

III　長期的論点

装幀　間村俊一
カバー写真　ゲッティイメージズ提供

21世紀の「中華」

——習近平中国と東アジア

序　問題としての中国

はじめに

「中国を識る」こと

二十一世紀の国際社会にとって、中国を識《し》ることは大きな課題になっている。英語のメディアでも、中国に関するコンテンツは激増している。それは、中国が社会主義国であり、また情報公開が不十分なだけでなく、その変化も激しいので、現状を把握し、将来を予測することが難しいからだろう。さらに、中国それ自体があまりに多様であり、常に「群盲象を撫でる」に似た状況に陥っている可能性が指摘される。中国を識ることの難しさは、今に始まったことではなく、これまでも「等身大の中国」を把握することの意義や難しさが指摘されてきた。

しかし、現在、この東アジアにある日本にとって、またそこで居住し、活動する個人や社会にとって、「中国を識る」ことはいっそう必要性を増している。それには、二つほど指摘しておかねばならない背景がある。第一に、中国がこの東アジアにおける秩序変更者、少なくとも秩序修正者として振る舞っていることである。これまで秩序を形成することにコミットしてきた日本にとっては、大きな挑戦を受けている、ということになる。このことは、アジア新安全保障観、AIIB（アジアインフラ投資銀行）、そして一帯一路構想、ひいては海洋進出などを見れば明らかだろう。また、この点については、中国が世界秩序全体に対しては必ずしも挑戦者にならず、あくまでも対話可能な存在として振る舞っているのに対し、中国の「庭先」である東アジアでは、明確に姿勢を変えて、秩序変更者、修正者として振る舞っている点に留意が必要だ。第二に、中国にとり、二〇一〇年まで世界第二の経済大国であり、東アジア第一の大国であった日本こそが、挑戦して乗り越えるべきターゲットであることである。また、日本こそが中国による東アジアの秩序変更、修正の動きに対抗しうる存在であることや、日中間に存在する歴史問題なども、この点に深く関わる。

世界や東アジア情勢の変化のすべてを中国がもたらしているわけではないし、アメリカの秩序観の変容や日本自身の変化もまた重要である。だが、少なくとも、日本は東アジアの国際環境の変容の当事者であり、その変容は国家のみならず、社会や個人とも深く関わっている。「中国とは関わりたくない」「歴史の話は面倒だ」ということを耳にすることがあるが、それでは済まない事態になりつつある。

この二十一世紀の初頭にあって、世界や東アジアは大きな歴史のうねりのなかに置かれている。だが、一〇〇年少々前の十九世紀から二十世紀への移行期もまた、秩序が大きく動いた時期だった。

日清、日露戦争で日本が勝利し、中国では辛亥革命《しんがい》で二〇〇〇年以上続いた皇帝制度が廃止されて共和制の中華民国ができた。この時期、清朝も日本の発展に関心をもち、日本もまた中国の行く末を案じた。

陸奥宗光は、その著書『蹇蹇録《けんけんろく》』（一八九六年）において、次のように中国を喝破している。

清国に在ては依然往古の習套を墨守し、毫も内外の形勢に応じて其旧慣を改変する所なきを以て、僅《わずか》に一衣帯水を隔てる両国にして、一は西欧的文明を代表し、他は東亜的習套を保守するの異観を呈出し来れり。嘗《かつ》て我国の漢儒者は常に彼国を称して中華又は大国と云ひ、頗《すこぶ》る自国を屈辱するを顧ず荐《しきり》に彼を崇慕したるの時代もありしに、今は早、我は彼を称して頑迷愚昧の一大保守国と侮り、彼を我を視て軽佻躁進妄《みだり》に欧州文明の皮相を模擬するの一小島夷と嘲り、両者の感情氷炭相容れず何れの日にか茲《ここ》に一大争論を起こさざる得ざるべく（後略）

ここで陸奥は清と日本を対照的に描き出している。清は、「東亜的習套を保守するの異観」をもち、日本から見ると「頑迷愚昧の一大保守国」に映って「侮り」の対照にさえなっているという。逆に日本は、「西欧的文明を代表」しているが、清から見ると、「軽佻躁進妄に欧州文明の皮相を模擬」しているように映り、日本を嘲っているという。ここでは、文明と野蛮、西洋と東洋、近代と伝統といった対照性の下に日本と清が描かれているが、重要なのは日中の相互認識にある齟齬《そご》であり、また認識の変化である。日本は清を「中華又は大国」だとして「崇慕」し、「自国を屈辱」視したこともあったというのに、日本側がまったく見方を変えてしまった、というのである。

このような相互認識の変容や齟齬が最終的に不幸な歴史に結びついていったことは周知の通りである。もちろん、相互理解を深めようとする努力も数多くおこなわれたし、日本の中国研究、中国の日本研究それぞれも程度の差こそあれ熱心におこなわれた。だが、陸奥は清とのコミュニケーションにも一種の徒労感を感じていたようである。陸奥は中国の外交について、ハリー・パークスの言葉を引用し、「元来清国政府と事を商定するは、（中略）無底の釣瓶を以て井水を汲むが如く何時も其効なく」と述べている（傍線筆者）。「無底の釣瓶で井戸の水を汲む」、つまり底のない瓶で水を汲むくらい、意味のない、徒労だというのである。

二十一世紀の日中関係は、果たして二十世紀から何を学ぶのだろうか。二十世紀では、相互に相手を蔑視し、また相互認識が大きく隔たったことが不幸な歴史を招いた。そのことに鑑みれば、今現在求められていることの一つは、まずは「中国を識る」ことだろう。それも、まさに一世紀前に日本が擡頭する過程で中国との対立を深めていき、不幸な歴史を体験したことを踏まえ、今度は中国が擡頭していく過程をいかに見るのか、ということが重要だろう。本書は、そうした問題意識をもとに記されている。

日本のとっての中国

日本にとって、中国は「問題の束」である（中村二〇一〇、川島二〇〇八）。だが、これは中国が問題だ、ということを必ずしも意味しない。中国を観ている側の立場やバイアス、あるいは中国の予測可能性の低さが、「問題」だとの認識を導くこともあろう。

本居宣長の「からごころ」をまつまでもなく、歴史的に日本にとって中国は常に課題であり、問題であり続けた（渡辺二〇一〇）。そこには、敬慕から畏怖、あるいは蔑視までさまざまな感情が交錯する。だが、感情の方向性はいざ知らず、絶対値としての感情の反応は常に大きく、たとえそこから離れようとしても、日本は常に「中国」を意識して自己を規定し、また中国を一つの軸としながら、国際認識をしてきたと言ってよいだろう。しかし、近代国家が十九世紀に日本で形成されて以降、戦前期に中国ナショナリズムが脅威として認識されたことがあったにしても、それは日本の在華権益に対する脅威であって、現在ほど中国が「日本」そのものの安全保障上の問題として認識されたことはなかったと言ってよい。そうした意味で、「問題の束」としての中国は新たな課題として日本に突きつけられているものだと見ることもできる。

二十一世紀を迎えた現在、中国は日本という国家の安全を最も脅かす可能性のある「外的アナーキー」の一つとして日本政府に認識されている（防衛省防衛研究所、二〇一四）。それだけに、政府やメディアの言説においても、中国の脅威は繰り返し強調され、日本の安全保障と切っても切り離せない外的存在とされている。だが、果たして中国が誰にとって、いつ、いかなる脅威となるのか、という点は必ずしも十分につかみ切れていない。そこには、中国側の情報公開の不足も相俟って、解釈の幅が存在する。能力と意志によって脅威が形成されるとすれば、能力と意志の双方について、その内容や程度が十分に把握できているわけではなく、そのために中国を捉えることがいっそう難しくなる。

日本の安全保障から見た場合、中国が「問題の束」となるのは、「中国の大国化」「中国の擡頭」といったことだけで説明できるわけではない。それは、安全保障の概念における対象が変化したこととも関連する。すなわち、それが国家から個人へと深化し、またその内容が伝統的なものから非伝統的なものへと拡大したのである。その変化のなかで、日本という国家から個人にいたる存在にとっての、多様な脅威として中国が認識されるようになり、それへの対応も日本社会において、国家から個人まで多様に求められることになったということもできよう。安全保障概念が拡大したのである。それとともに、日本の安全保障にとっての中国という問題が強く意識され、そこに対中感情の広汎な悪化とが相俟って、「問題の束」としての中国が浮かび上がるのである。

しかし、このような安全保障概念の変容にともなう「脅威」の位置づけについては、日本側において一方的に議論すべきことではない。中国国内においても、同じく「脅威」となる可能性があるからである。たとえば、思想統制から衛生問題や食品問題に至るまで、中国という国家やその政策が中国で暮らす人々にとって大きな「脅威」として存在するとも言える。政府の影響力の強い、「不健康な」市場もまた、一面で一部の利益団体を支えながら、総じて中国経済のアキレス腱となっている。そして、時には日本と中国社会がその「脅威」を共有する局面もあるということを無視できないのである。

他方、日本にとっての安全保障が人間の安全保障の観点から従来論じられてこなかったように、中国からの「脅威」もどちらかといえば伝統的な安全保障の側面が強調されてきた。(1) だが、昨今日本の生活者の観点から中国という問題を論じる契機が生まれ始めている。(2) また、中国におけるガバナンス上の問題なども、従来、共産党の一党独裁とそれへの中国国内からの反撥という文脈で捉えられてきたように思えるが、昨今、日中の知識人の対話などを通じて、日中双方の、あるいは東アジアや世界の自由や民主の問題として、中国国内政治の諸問題を捉えうる契機も育まれつつある。

そして、視点を変えて中国の安全保障から見た場合、日本もまた「問題の束」として中国から認識されているということにも留意したい。日中関係は、完全に対称とは言えないが、認識レベルでは相互に相手を最大の問題と見ている点で共通しており、それが相互に作用して問題がエスカレートしている面もあると考えられる。

1　「問題の束としての中国」の表象

軍事安全保障

まず、軍事安全保障面の問題を指摘しなければならない（防衛省防衛研究所二〇一四。U.S. Department of Defense 2014）。中国の安全保障政策は、中国の国家意思に基づくものであり、日本という国家、そして日本経済、国民生活に至るまで広汎な場面において脅威とされる。そして、この問題に対処するのは主に日本という国家であるが、それへの対応に際しては日本国内の世論の支持が不可欠となっている。

だが、中国の軍事安全保障面での変容ぶりは必ずしも明確ではない。確かに、中国の軍事費は年率一〇％前後で伸びつづけ、とりわけ日本全体を射程距離に含むミサイルの拡充は顕著で、海軍の増強にともなう海洋進出も著しい（飯田二〇一三）。東シナ海で防空識別圏の設定もなされた。だが、装備や能力、そして意図や意思については不分明な点が多く、日本側の認識には多様な解釈の余地があり、従って対処の仕方、方法についても、議論の余地が残されている。

たとえば、中国の軍事力を、東アジアでの日米同盟に匹敵するものと見ることもあれば、現状では日米同盟が優位で、中国と日米同盟が拮抗するのは二〇二〇年代と見る向きもある。具体的な問題は、尖閣諸島をはじめとする国土の保全、あるいは経済水域の問題などとして既に現れている（阿南二〇〇七、二〇一二）。実際に「有事」となった際、中国は尖閣諸島を占領攻撃するよりも、先島諸島など、台湾攻略上、あるいは艦船の通航路としても重要となる地域を攻撃目標とすることが戦略的に想定されるとの話も中国から聞こえるものの、それでも「尖閣」は中国が日本に与える国土保全上の脅威の象徴として日本では認識されている。実際には、中国から日本に与えられている軍事的な脅威は、核をはじめ、沿岸部に整備された中距離ミサイル、さらには宇宙やサイバー領域での中国の活潑な活動など、きわめて多様化している。とくにサイバー領域での問題は、アメリカ国防総省が「サイバー戦争」と表現するほど事態は深刻化している(3)（大澤二〇一三）。

目下のところ、習近平政権は、軍事改革を明確に推し進め、陸海空のバランスをとりながら、新たな軍編成をおこなうことを目指している（山口二〇一三）。この改革の帰趨如何によっては、軍の政治への影響力が強化され、中国からの脅威の見積もりがいっそう困難になっていくのではないかと考えられる。

中国国内では、自らの軍事力の増大について日米同盟の増強を理由の一つとしている。つまり、中国の安全保障から見た場合、日本の存在や日米同盟、そしてその同盟の強化が問題とされ、それにより軍備の増強が正当化されている面がある。中国の軍事安全保障面での問題に日本側が対処すればするほど、中国の軍備の増強を生むというセキュリティ・ジレンマである。

だが、中国が軍備をどのようにするのかということは、最終的には中国の主権の範囲に属している。従って、中国による軍備拡張を単純に「問題」だとするよりも、日本の安全保障にとって何が「問題」となるのかということを吟味しなければならない。

一般的に、脅威は意志と能力により形成されるが、たとえば、昨今中国首脳が唱えている「アジア安全保障観」などは、東アジアの安全保障に対する域外国（アメリカ）の関与、またアメリカと同盟国の関係を批判しているものとも解釈できる。これまで中国は、非伝統的安全保障を重視する「新安全保障観」を出したりしたが、それらに比べ、意志の面において、中国が日米同盟および日本の安全保障に批判的な認識を顕《あらわ》にし、また能力の面でも、情報が十分にはないものの、既に把握できる分だけでも近年著しく増強されている。(4) 軍事安全保障面では中国の核兵器保有、その管理もまた重要であるし、主に沿岸部で建設が進められている原子力発電所の安全性もまた、日本にとっては「問題」となりえる。

対外政策と主権

第二に、中国が展開している対外政策もまた、しばしば日本の外交空間を抑制しているもののように見える。世界的にも、また東アジアという地域においても、日本の地位に中国が取って代わろうとしたり、日本が深く関与するアジア開発銀行（ＡＤＢ）の代わりにアジアインフラ投資銀行（ＡＩＩＢ）を設立したりすると、確かに日本にとって「脅威」だと見えるかもしれない。だが、これが「安全保障上の問題」となるかと問われれば、少なくとも伝統的な安全保障上の問題だとは言い切れない。無論、中国側に日本の国益にかなう関係性や地位を奪おうとする意思がある場合、また結果的にそうなることが予測される場合には、中国側の政策が、日本という国家にとっても、あるいは日系企業にとっても、脅威や問題として認識されうる。とりわけ、非軍事的な側面における海洋進出であるとか、東アジア地域における非伝統的な安全保障領域での中国の影響力の強化は、前記の軍事安全保障面と相俟って、政治、経済、また国民生活にとって、国益や企業、そして個人レベルでの問題となりえる。また、対外政策の面での中国政府の理性の所在や「中国にとっての」合理的な判断を理解することが必要だ。軍事面に比べれば、こうした日常の対外政策については、中国側からの説明も少なくなく、これらが日本にとって中国がいかなる問題となるのかということを識る手がかりになる。それを識ることで、脅威や問題を競争、競合と置き換えることができるかもしれない。

具体的な側面から見れば、中国の対外政策のうち、朝鮮半島政策と台湾海峡をめぐる政策は、必ずしも直接日本に向けられた政策ではないものの、これらの案件が日米安全保障条約のみならず、東アジア地域の安定と平和の基盤となる構造的な問題に関わっており、日本の安全保障にとってもきわめて大きな問題となりえる。朝鮮半島と台湾海峡については、中国の影響力が大きく、中国が自らの国益に即した政策を採ること自体が、日本の安全保障上の問題となることも想定しなければならない。また、中国の対外政策は、従来は経済発展を重視してきたが、昨今主権や安全保障を重視する傾向にある（Kawashima 2011）。

中国の対外政策には宣伝も含まれる。中国共産党はその権力の形成過程で宣伝をきわめて重視してきた（岩谷二〇一三）。対内的には国民党との権力争いにおいて、また対外的には日本、そして台湾の中華民国政府、資本主義陣営、時にはソ連を非難してきたのである。昨今、対外宣伝の面でしばしば指摘されるのは、法律戦、世論戦、心理戦と大別される「三戦」である。これについては、中国の対外宣伝戦略の全体をまずは理解する必要があるが（青山二〇一二）、表象だけ見れば日本を名指しておこなわれる批判が少なくない。中国は、歴史認識問題や東アジアの秩序形成をめぐる問題において、歴史や人権に関する日本批判をグローバルに展開しているが、これが直接的に日本の安全保障そのものを脅かすことは必ずしも想定されないものの、「日本のイメージ」を悪化させたり、国際世論に影響を及ぼすこともある。二〇一五年にユネスコで「世界の記憶」（世界記憶遺産）として南京虐殺関連資料が登録されたことはその一例である。

振り返れば、一九七〇年代から八〇年代にかけての時期には、中ソ対立や日本の対中経済支援を背景に、日中間の歴史認識問題は抑制され、中国は北方領土問題において日本の立場を支持し、そして日中間の国民の相互認識もともに比較的肯定的であった。それ以後三〇年間の変化を見れば、今後どのような変化が日中間に生じても驚くに値しない。相当に限定的だが、中国の進める三戦においても「日本」がターゲットから外れることも含めて、さまざまな可能性を想定しておく必要があろう。

中国経済

第三に中国経済をめぐる問題がある（梶谷二〇一四b）。世界第二の経済大国となった中国の経済の状況は世界経済にとり重要であるが、日本経済にとっても中国は最大の貿易相手国であり（輸出入総額、二〇一五年）、一三億人の市場は大きな魅力である。そうした意味で、中国の経済状況は日本経済から見ても重要である。(5) その重要性は、日本という国家のみならず、日本の経済界、そして国民にも直接影響することである。だが、難しいのは、中国市場では政府の影響力が強く、それが必ずしも「健全な」市場とは言えないことである。だからこそ、日本経済がその市場にただ頼ることには問題が残る。他方で、日本経済にとってその順調な成長が望まれる反面、中国市場が強くなればなるほど、エネルギーなどにおいては、価格や量的な問題で、日本市場への供給が制限されることもありえる。また、中国経済が発展し、中国企業が技術力や営業販売、そしてブランド力で力をつければ、日系企業がシェアを奪われることもある。日本から見た中国経済は多面的な側面をもつ、ということになろう。

また、中国経済は、経済成長を正当性の根拠の一つとしている中国政府だけでなく、中国企業や中国に暮らす人々にとっても、自らの存在に関わる重要な問題である。ただ、いかなる「経済成長」が望ましいかという点については、日中間はもとより、中国国内でも、それぞれの立場で答えが異なる。たとえば、中国国内での金融・経済をめぐるガバナンスの脆弱性は、その脆弱性から利益を得ている集団から見れば必要な「制度」だが、マクロ的に見れば中国経済の不安定性にもつながり、日本にとっても問題となる。

そして、知的財産権やカルテルなどをめぐる司法の判断について、その国内法の制定、解釈や運用に恣意性や不規則性が見られれば、それが中国政府にとって必要な措置であっても、日系企業の活動を抑制することになるし、中国の民間企業にとっても脅威となる可能性もある。消費者から見た場合、日本の国内基準に照らしても、また中国の基準で見ても不適合な、問題のある中国の商品が中国市場に出回ることは、中国の消費者にとり由々しきことだが、それが税関をすり抜けて日本国内に流入すれば、日本の消費者への被害も大きい。すなわち、食品の例から明らかなように、日中の消費者がシェアできる問題もあるのである。また、日系企業にとってのリスクのように見えても、中国に進出している外資系企業に共通する問題もある。たしかに、反日デモや日本への観光抑制（自主規制も含む）、あるいは入札に際しての日系企業締め出しなど、とくに日系企業の活動が阻害されることもある。だが、中国に設立した工場の撤退に関わる煩瑣な手続きや条件など、対中投資にまつわる問題は外資系企業に共通する問題だろう。

当然のことであるが、中国のおこなう経済政策や、その経済活動のすべてを「問題」とするのは妥当性を欠く面がある。また、日系企業だけを被害者とするのも難しいことがある。中国から見れば合理的な行動であることもあるし、日系企業にとってビジネスチャンスとなることもあるのである（梶谷二〇一四a）。

技術面では、既にいくつかの領域において中国の技術力が日本を凌駕しているのだが、環境問題や省エネルギーの面など、非伝統的安全保障に関わる技術では依然として日系企業に相対的優位性がある。それだけに、中国に工場を建設する際に日系企業に最先端の技術に基づく製品を製造することを中国側が求めたり、サイバー攻撃をおこなったりして、技術を獲得しようとすることも想定される。だが、たとえ技術や人材の吸収を目的とした行為であっても、それが法に基づく企業買収、あるいは契約に基づく技術移転であれば、それは正当な経済行為である。他方、技術が企業活動の帰趨を決定する局面も少なくない。また、不当な技術流出や、また軍事目的に転用される技術の流出については、「問題」として認識する必要があろう。

エネルギーや食糧については、世界での生産量が一定であり、中国が効率の悪い状態で大量に消費し続けるとするならば、それは価格上昇も含め、日本の経済活動全般や家庭生活を脅かす可能性がある。中国と日本は、それぞれ世界第二、第三の経済大国であり、輸送ルートなどが比較的重なっていることもあって、エネルギーの確保をめぐって競合関係にあることは確かである。日本から見て、その競合相手である中国のエネルギー政策が積極的になれば、それが問題となり、脅威と認識されることもあろうが、それは中国から見ても同様だと言える。中国が日本へのエネルギー供給のシーレーンを脅かす存在になるのではないかという懸念が指摘されることもある。だが、中国のエネルギー効率が上昇するならば、それは日本の国益にかなうだけでなく、中国経済、中国の人々の生活にとってもポジティブに捉えられる。このような日中間のそれぞれのアクターにおける共通の利害を見出すことは、日中の対立局面を解きほぐす鍵となろう。

環境問題もまた重要である（富坂二〇一四）。中国国内でのＰＭ２・５などの環境汚染や黄砂は、中国のみならず、その東方に位置している朝鮮半島や日本にも大きな被害をもたらすようになってきている。ただ、黄砂については、「近年わが国で黄砂が観測されることが多くなっていますが、黄砂は年々変動が大きく、長期的な傾向は明瞭ではありません」と気象庁が述べるように、依然経過観察が必要な状況にある。(6) 肺まで入り込む可能性のある、空気中の微粒物質であるPM2・5は、アメリカが発信するように、しばしば中国各都市で際立って高い数値になることがあり、(7) それを吸引するとさまざまな症状を引き起こすことが指摘されている。中国国内での環境汚染が、日本の個々人の生活圏に入り込むことが想定されているのである。だが、これらは長期的に見て、日中双方の生活環境に関わることであり、非伝統的安全保障の領域に含まれる。そして、これらの問題が、疾病や生命との因果関係を有する場合、問題は深刻化する。なお、環境問題は、中国から日本にもたらされるだけでなく、福島第一原子力発電所の問題をはじめ、日本から中国に与える影響が想定されることも忘れてはならないだろう。

国内政治——司法と正当性

中国の国内政治をめぐる動向は注目してもしすぎることはない。単に国内政治それ自体が重要ということだけでなく、それが対外政策に与える影響も甚大である。

まず、司法を事例に述べてみたい。中国では「法治」が唱えられているが、前述の通り、その法の解釈、運用については恣意性がしばしば指摘されるところである。この問題は、統治の有効性の問題であり、また中国で、あるいは中国と経済活動をおこなう企業、個人にとって大きな問題となる。そして、司法の問題は日本も含む諸外国の在華企業や中国の取引相手、また中国国内の経済主体にとっても同じく問題となる。二〇一〇年にフジタの職員が拘束された件や、二〇一四年に発生した商船三井の問題のように、歴史認識問題や領土問題に関連づけられた司法の判断もあり、日本がとくに対象となる面もある。

中国には三権分立があるわけではない。司法の独立した判断が必ずしもなされない状況下で、党や政府の思惑が司法の判断に反映される。中国共産党による統治の論理のなかに、「抗日戦争における勝利」「帝国主義打倒」という要素がある以上、日本は常に「敵」として位置づけられる危険性を孕んでいることは忘れてはならない(川島二〇〇六)。

また、日本は海洋問題などで、しばしば国連海洋法条約などを念頭に、「法の遵守」や「法の支配」を唱え、国際的な規範の重要性を訴える。だが、日中間における、それぞれの法をめぐる解釈や捉えられ方、根本的な発想の相違があることを念頭におかねばならない。(8) たとえば、「航海の自由」であるとか、海の領域を示す、領海、排他的経済水域(EEZ)や接続水域の捉え方も異なる。こうした認識の相違は、一つ一つ確認していかねばならない。

このほか、日本国内における犯罪の問題も指摘できる。いわゆる犯罪のグローバル化はつとに指摘されるところであり、日本国内でも外国人犯罪が増加傾向にある。また、中国国内の犯罪組織が日本で活動をしているとの指摘もある。それもあってか、日本国内では外国人犯罪について、中国国籍保持者の犯罪が多いとされ、それが日本国民の生活上の安全を脅かす問題として認識されることもある。

メディア報道もその認識の形成に関わっていよう。実際、二〇一二年の統計によれば、外国人犯罪者の総検挙数一万五〇〇〇余のうち、四割強が中国国籍保持者による犯罪であり、その割合は第二位の韓国(ほぼ一割)を大きく引き離している。[9] しかし、二〇一二年の在留外国人総数二〇三万人のうち、中国国籍保持者はほぼ六五万であり、三〇%強である。だが、たとえばベトナム人の犯罪は検挙件数で一〇%弱を占めるが、日本在留ベトナム人は五万人強に過ぎず、総在留外国人に占める割合は三%にも満たない。[10] すなわち、人口比で見れば、中国人の犯罪率が突出して多いというわけではない。だが、だからといって日本のメディアはベトナム人犯罪を大きく取り上げるわけでもなく、その犯罪が日本のベトナム観にとりたてて大きな影響を与えているとも思われない。日本にとっての「中国問題」には、このように「イメージ」が先行するものも少なくない。だが、「認識」が世論を形成し、それが政治に影響を及ぼすことが日中双方において存在していることも否めない。国民は安全保障を含む諸政策の形成に関して大きな役割を果たす。メディアや国民もまたそうした「問題」の形成に関わることも少なくない。これは中国の国民も同様である。

周知の通り、目下のところ日中双方の国民感情は相当に悪化している。日中双方の保守系メディアは互いに相手を引用しながら批判し、国内向けに相手国を非難し合っている。とりわけ、民主党の野田佳彦政権による、いわゆる尖閣諸島の(一部の)「国有化」以後は、中国側からの批判が強まっている。言論NPOが実施した「第九回日中共同世論調査(二〇一三年)」によれば、日中双方で相手に対して良くない印象をもっている比率は九割を超えている。とくに二〇一二年と比較した場合、中国側の悪化が著しい。[11] その原因は尖閣諸島問題にあると言論NPOは分析している。日本国内でも、「平成二五年　外交に関する世論調査」で、「親しみを感じない」が八〇・七%という史上最高値を記録し、[12] 沖縄県で実施された「平成二五年　沖縄県民の中国に対する意識調査」でも、言論NPOの調査を比較対象としながら、中国への良い印象は全国の数値より低く（八・三％）、悪い印象が全国平均とほぼ同じ数値（八九・四％）となった。[13] このような国民感情は、それぞれの国家の対外政策や、自治体、地域社会の中国との関わり方に影響を与える。また、国民感情の形成要因としては、政策を伝えるメディアの影響もあるし、個々人の体験もあろう。

だが、中国においては異なる問題もある。中国では国家の存亡を脅かすと考えられる事態に対して暴力をもって立ち上がることが、依然として「正義」として位置づけられる面がある。中国における愛国主義は、「民族英雄／裏切り者（漢奸）」という踏み絵を国民一人一人に迫る装置でもあり、暴力は「英雄」のほうに結びつくのである（吉澤二〇〇三）。だからこそ、領土問題などをめぐって「正義」をかざした突発的で強引な行動があった際に、たとえそれが政府の指示でなかったとしても、それが愛国主義的ならば、政府はそれを追認せざるを得なくなり、事態はエスカレートしていくのである。

以上のように、日本にとっての中国という問題群はさまざまな表象を見せている。これをいかに識り、いかに繙《ひもと》いて理解すべきか。それを次節で検討したい。

2　問題群を繙く補助線

中国は世界秩序への挑戦者か

「中国という問題群」を考察する上で、どのような補助線が有効であろうか。

まずグローバルな領域から考察してみたい。この「問題群」が果たして世界で共有されている論点なのかどうかということがある。とりわけ、グローバルに捉える場合、一つの重要な論点は、中国を既存の世界秩序への挑戦者として見るのか否かということである。中国自身は、とりわけ胡錦濤政権の唱えた「和諧世界」というスローガンなどにあるように、国際秩序への貢献者だと主張するし、中国自身が世界経済・金融のグローバル化の進展のなかで経済成長を成し遂げたことを強調する議論もある。また、欧米の議論では、いかにして中国を世界秩序の枠内に留めさせるのか、あるいは既にそれは成功しつつある、という議論も少なからず見られる（アイケンベリー二〇一二）。

実際、中国の国際秩序への関与はそれほど単純に理解できるものではない。言説の上では、「世界第二の経済大国に相応しい」「大国としての責任を果たす」という意思に基づいて、「国際秩序に貢献」することを想定しているが、実際には何事においても秩序形成に貢献しているとも思われない。

第一に、国連の安全保障委員会やNPT（核不拡散条約）体制、六者協議の枠組みのように、中国が既得権益保持者であったり、中心的存在であったりする枠組みや秩序について、中国はその受益者としてそれを支持する傾向にある。第二に、たとえば経済面や金融面での枠組みなどについては、WTO（世界貿易機関）への加盟や地域的なFTA（自由貿易協定）の組織化を見れば明らかなように、その枠組みに参加し、その枠内で国益の最大化をはかろうとするという面もある。その場合、中国系の人員をその組織内に派遣し、主要ポストに就けるなどして、ルールづくりの現場において中国の国益にかなうようにそれを修正していくということになる。この場合の中国は、発展途上国の代表然とした修正主義者としての役割をもつ。既存のルールの多くを、西側の先進国がつくってきたので、それを修正して公正なものにする、と中国は言う。第三に、中国が既存の秩序において不利益を蒙り、修正することが困難と判断した場合には、その秩序の挑戦者となるか、あるいはその秩序そのものに加わろうとはしないであろう。環境問題、あるいは後述するように、中国の周辺の枠組みなどで、そうした傾向が見られる。

このような既存の秩序に対する中国のスタンスは、挑戦者か、貢献者かという二分法でもなく、また最終的に既存の枠組みに従うといった観点でも捉えることはできない。無論、「中国脅威論」が唱えられていることは中国側も承知しているので、表面的には貢献者であることを主張することは忘れていない。これは、中国自身が、グローバルな「大国」として振る舞う必要性を感じながらも、グローバルな空間では、まだそれをおこなうだけの用意がない、あるいは国際的な「公共性」のために何かをすることによって「大国」として認知されること、つまり国際公共財の提供者となることを通じてアメリカを超えるグローバル「大国」として認知されることに対して、まだ十分な意識と準備が形成されていないことを示している。

このような中国にいかに向き合うべきか。中国の位置づけが個別のケースに応じて変化する以上、柔軟に対応することになるだろう。つまり、中国がいかなる場合に挑戦者になり、いかなる場合に修正者、貢献者になるのかということを把握し、その上でそれぞれのケースごとに対応することが重要だということになる。

周辺外交という課題

中国の対外政策は、一般に大国外交、周辺外交、マルチ外交、そして発展途上国に対する外交などに分類される。大国外交は、欧米諸国や日本、ロシアなどとの関係であり、周辺外交は中国の周辺地域などとの関係、マルチ外交は国際組織などでの外交、発展途上国外交はG77（発展途上国七七ヵ国）などアジア・アフリカ諸国との外交を示している。このうち、日本に深く関わるのは大国外交と周辺外交である。

中国は大国外交の領域においては、国際社会がアメリカ一極優勢の状態から、多極化に向かっていると認識し、かつ世界第二の大国としてその多極化を推進しようとしている。世界各地で発生する多様な問題については、必ずしも旗幟を鮮明にせず、案件に応じて、欧米に協力的となったり、消極的になったりする。だが、前述のように自らに明確に不利になる案件以外は、敵対する姿勢を示さず、基本的に協力者を装うだろう。欧米諸国は中国と国境を接しておらず、中国との間に主権をめぐる問題を抱えていない。数千キロの国境を接しているロシアとは国境問題を解決している。これらの大国のなかでは、日本は中国との主権問題を内包する大国である。

中国の周辺外交については、昨今、最もその姿勢に変化が見られるところである（青山二〇一三）。中国は一九八〇年代後半から周辺諸国との外交関係を改善し、中華民国（台湾）と国交関係を有する韓国、シンガポールなどと国交を正常化させた。一九九〇年代前半には、ソ連の崩壊にともなって成立した中央アジア諸国との外交関係を樹立し、上海ファイブと言われる国境線にまつわる協力関係を樹立した。一九九〇年代から今世紀初頭にかけて、中国は陸の国境問題を相次いで解決した。一九九五年にベトナムがＡＳＥＡＮ（東南アジア諸国連合）に加盟すると、ＡＳＥＡＮとの協力関係を重視しはじめ、一九九七年にアジア通貨危機が発生すると、中国はＡＳＥＡＮとの経済協力にいっそう熱心になり、中国－ＡＳＥＡＮ・ＦＴＡの構築を進めようとした。この過程では中国自身が、「韜光養晦《とうこうようかい》・有所作為」の名の下に経済関係を優先させ、二〇〇二年には南シナ海行動宣言によって、主権問題の棚上げにまで合意したのであった。つまり、経済のほうが主権よりも優先された面があったのである。

しかし、二〇〇六年から〇九年の政策変更によって、中国は経済発展を優先させる政策を転換し、主権と安全保障をも重視するようになった。中国が尖閣諸島の領海内に最初に公船を侵入させたのも二〇〇八年十二月八日、奇しくも福岡で日中韓首脳会談がおこなわれる直前であった。たとえこれが「現場の暴走」であったとしても、少なくとも二〇〇九年には、この公船の船長は英雄扱いされるようになった。以後、東シナ海、南シナ海における中国外交はいっそう強硬になり、この傾向は習近平政権になってさらに強まった。日本は、ロシアを除くと、中国の周辺にある唯一の大国である。また、中国と主権をめぐる問題を抱える国は少なくないが、中国に対抗し得る経済力、軍事力の有無という点で、日本は特別な存在となる。だからこそ、中国にとり、日本は特別な存在であり、扱いにくい挑戦的な存在だということになる（Matsuda 2014）。

習近平政権になると、中国は大国外交の領域では欧米諸国と協調しつつも、周辺外交の領域においては、主権問題や安全保障問題を重視するようになった。さらにアメリカのパワーの相対的な低下のなかで、この周辺の領域においては中国の主導性を強化しようとしている。このような路線の下で、習近平はアジア新安全保障観を提起し、東アジアの安全保障に対するアメリカなどの域外国の関与を牽制している。そして、アジアインフラ投資銀行の設立など、自らが国際公共財を提供するなどして、既存の枠組みに対する明確な挑戦ともとれる動きを見せ始めている。このような新たな政策の下では、これまでも歴史的に変化してきた中国の北朝鮮への関与はさらに変容する可能性があるし（平岩二〇一〇、益尾二〇〇二）、また東アジアにおけるアメリカの最大の同盟国であり、東アジア諸国に影響力を保持している日本の存在が中国にとって問題となる。中国の周辺外交の方向性にとって、日本の存在は大きな障害となる可能性があるのである。

日本は中国の大国外交においても、周辺外交においても難しい存在となってきている。それだけに、中国にとっては、さまざまな領域で日本と摩擦を起こすことは避けられない。領土問題や歴史認識問題は、そうした構造的な摩擦、軋轢が表面化する象徴的なものだと見ることができるだろう。

「主権」と定まらない外縁

この周辺外交と深く関わることだが、中国政府は昨今「核心的利益」という概念や「中華民族の偉大な復興」ということを殊更に強調してきた。中国は、近代に侵略を蒙ってきた国との自己認識を有し、辛亥革命を経て、中国共産党による人民革命によってアヘン戦争以来の「半封建半植民」状態から脱したと見なしている。これは憲法前文に相当する部分から明らかである。その被害者たる「過去」を払拭しつつ、同時にさらに近代以前の「帝国」を復興することが、「中華民族の偉大な復興」なのであろう。また、その復興する単位は「中国」であり、チベット、新疆、台湾などは、まさにその「中国」の不可分な構成要素であり、独立や分割はあるまじきことと考えられている。

近代以来、中国は、外国の侵略により喪失した領土や諸権利を回復する国権回収運動を展開してきた。これは「抵抗の論理」としてナショナリズムを支えてきたし、戦後にはアジア・アフリカ諸国、あるいは第三世界の反帝国主義運動の基調をなした。中国の不平等条約改正は一九四三年、あるいは少なくとも一九四九年の中華人民共和国成立を以て基本的に完了しているのであるが、それでも植民地となった地域の回収など、いわゆる国権回収運動は終わっていない。しかし、当初、その国権回収運動も、香港、澳門《マカオ》、あるいは陸の国境問題の解決で一段落するかと思われたが、既に一九七〇年代初頭に領有の主張をはじめていた尖閣諸島の事例に見られるように、昨今では東シナ海、南シナ海でも同じ論理で島々の領有を主張している。

この中国が国権回収をする範囲については、尖閣諸島の例がそうだが、あるときからその地が「古《いにしえ》より中国固有の領土」として主張しだし、法的な根拠を与え、海洋の場合には、さらに漁船、コーストガード、軍隊が現地に派遣されるなどして実効支配におよぶといったように、変動してきた。このように、中国の外縁が変動することは、国権回収の終着点が曖昧であることを示す。つまり、何をどこまで回収すれば終わるのか、不分明だということだ。大国となり、実力で他国の領土を奪うことが可能になった中国が、「抵抗の論理」を内包する発展途上国だと主張し続け、これまでと同様に国権回収運動を進め、あるいは国内の統合のためにその運動を強硬に進めるならば、日本を含む周辺国にとっては大きな脅威となる（川島二〇一〇）。ただ、中国政府が二〇一五年十一月に、南シナ海のナトゥナ諸島について、それを中国領とは主張しない旨を明言したことは留意してよい。

例外としての「発展途上大国」

次に内政面に目を転じよう。「問題としての中国」の問題群を繙く上で、内政面でどのような補助線が有効であろうか。筆者はこのような一群の問題の背景には大きく分けて次の二点があると考えている。

第一に、中国が既に政治、軍事、経済などの面における大国でありながら、人口の規模、社会の成熟度、民主化の有無、そして政治体制などにおいて、大国として前例のない態様を有している点である。冷戦下であれば、社会主義国モデルとして理解可能だったかもしれないが、現在世界第二の経済大国でありながら、同時に発展途上国だという、これまでの大国＝先進国という通念とは異なる国家態様を中国はもつ。また、社会主義国としてもかつてのソビエト連邦は必ずしも参照基準にはならず、予測可能性が低い状態になっている。

第二に、一人当たりＧＤＰは既に七五〇〇ドルを突破しているが、先進国の水準とは依然隔たりがあるし、経済発展は多くの場合民主化をともなうものの、中国ではそれが抑制され、「民主と自由」は保障されず、一党独裁体制が維持されている。また、既に一人当たりＧＤＰが中進国の水準に達しつつあるにもかかわらず、中国は「発展途上国」だとの自己規定を変更していない。中国は自らを「大国」だとし、「大国としての責任」も果たすとしているが、その国家のありかた自体独特であるがために、予測可能性が低い状態にある。まして、説明責任やトランスペアレンシー（透明性）について西側諸国と共通の価値観を有しているとは言いがたいため、中国に対する目線はいっそう厳しくなる。

国内統治の脆弱性

中国が世界第二の経済大国となり、政治、軍事面でも世界有数の大国となったことは無視できない。だが、だからこそ、その影響力は大きく、たとえば、国内統治体制が依然として脆弱性をともなっていることは、国際社会の関心事となる（阿古二〇一四）。こうした点で、自らを発展途上国だと中国が強調するのもまったくの謬論《びゅうろん》というわけではない。その脆弱性は、前記のような、中国の国家体制そのものに由来する歪みがもたらしたものだとも言えるし、あるいは、本来中国共産党が有していた教育や宣伝を通じた動員システム、あるいは中国の歴代王朝がなしえなかった、農村への権力の浸透という政・党・軍による統治体制が弛緩してしまっていることに由来するものだとも言える。そして、このような多方面にわたる統治の脆弱性は日本にとっても無関係ではない。

政治面では、統治の正当性が十分に確保されていないために、「日本」をターゲットにした官製の政治運動が生じることもあるし、そこでは違法ではあっても、前述のように、正義のための暴力が一定の範囲で容認される傾向にある。また「日本」をめぐる運動であれば黙認されるという了解があるために、さまざまな不満が「反日デモ」として噴出する可能性もある。

中国国内で取り締まられている民族独立運動や政治運動の拠点が日本に置かれるなどして、中国内部の対立構造が日本に持ち込まれたり、あるいは中国の日本批判言説が日本の言論を刺戟し、ナショナリズムが日本で喚起されるという側面もある。中国では、インターネットの言説は相当に管理され、規制されるが、日本批判の言論についてはとくに取り締まられないと言っていい。

行政面では、法や規則が徹底されない側面もあれば、それらが恣意的に運用されるという側面もある。経済面では知的財産や食品衛生管理、環境問題などに多くの課題を抱えており、中国国内でのガバナンスが十分に機能していないがために、その問題が国外へと流出することになる。それは汚染物質や問題のある商品が海外に流れ出るということであり、中国が世界第二の経済大国として世界経済と結びついたことにより、その問題は、世界の問題ともなり得る。

経済・金融面の規範の問題やガバナンスの脆弱性は、中国で活動する日系企業に対する問題というだけでなく、中国に進出している外国の企業、さらには中国経済そのもののもつリスクの淵源となる。とりわけ、資金調達の不公正、地方金融機関の経営問題、それにともなう地方財政の問題などが不安材料となっている。そして、リーマンショックに対する財政支出に連動して生じた過剰投資とそれによる値崩れなど、経済政策が生み出した諸問題も、世界経済、そして中国経済の不安材料となっている。こうした問題には人民元をめぐる通貨問題もある。

だが、中国に国際的に「公正な」基準の適用を求めればそれでいいのかと問われれば、その答えは難しい。長期的には、中国が国際標準を受容するのが望ましいのかもしれないが、短期的には一定の混乱が予測され、それが望ましいことなのか、判断がしがたいからである。中国経済、中国社会の安定が第一であるという観点にたってしまうと、民主化であるとか、国際標準の受容であるとかいった問題に対するスタンスが決めにくくなる。こうしたジレンマは中国社会も共有しているといっていい。共産党一党独裁を多くの知識人が批判しつつも、政権の急激な瓦解が社会の混乱を生むのではないかという危惧もまた、一定程度、共有されているのである。

中国における国家と社会の関係、あるいは中央と地方の関係など、さまざまな接合面における問題が大きく、さまざまな裂け目が見られるものの、諸問題を自律的に解決したり、あるいは解決のための枠組みを構成していくということが十分にできていない。そのために、その問題がさまざまなかたちで外に溢れ出ている側面がある。多くの発展途上国でこうした問題が見られるが、中国の場合、世界第二の経済大国であり、政治、軍事面でも大国であるがために、この問題が大きな課題となるのである。

「日本」という存在

以上の考察から、中国から日本に与えられる影響を考えるとき、中国から意図的に与えられるものと、必ずしも意図的とは言えない問題があることに気づかされる。中国が日本そのものを問題と認識して日本に対して展開してくる諸政策と、それとは別に中国自身のガバナンス問題などから日本などに溢れ出てくる問題とがある。また、中国のもたらす「問題」について、日本が諸外国と共有できる問題と、日本にとくに寄せられる問題とがある。

「日本」が中国国内の諸政策の焦点になり、また「歴史」をめぐる集団の記憶がいっそう強化され、さらに中国の地政学的な現状変更的な諸政策にとっても日本が障害となる以上、日本は中国にとって扱いにくい存在になる。また、隣国であるがゆえに、日本は中国国内のさまざまなガバナンス上の問題や国家と社会のアンバランスさにともなう諸問題の影響を受けやすい地理的位置にある。他方で、日本が中国政府に問題視され、批判されているからこそ、中国政府に批判的な中国国内の勢力が日本に同情し、日本に期待するなどといったこともある。

中国における国内のガバナンスの脆弱性は、共産党一党独裁政権の下で既得権益保持者にとってはその利益を保障する反面、彼らにとっても脅威となる可能性もある。国家による社会に対するグリップが弱まれば、一面で既得権益に対する挑戦が強まるが、他面でそれへの対抗措置として既得権益側が強く権益を守ろうと強大化していく可能性もある。それは中国経済、中国社会の混乱を導き、日本や世界にとっても問題となる可能性を秘めているのである。

おわりに

「問題としての中国」は、基本的に中国が発展途上「大国」という特殊な位置づけにあること、また大国となっても民主化せず、共産党一党独裁を継続しているという、根本的な問題に由来する側面が強い。そして、その対外政策、とりわけ日本を含む周辺諸国に対する昨今の強硬政策は、日本から見れば大きな問題となる。だが、それと同時に大国となった中国が採用する、内外の諸政策がもたらす、必ずしも意図的とは言えない問題も溢れ出ている。

また、何が問題かという点で、日本での認識によって、とくに問題視されていることもあれば、実態として他国にも同様に認知されるものもある。

そして、中国からもたらされる諸問題、あるいはリスクは、もはや国家間関係で生じるものだけでなく、中国社会と国家の関係より生じ、それが日本社会にもたらされる面もある。それらは、日本社会の家庭、個人に至るまで浸透することも想定される。中国という「問題」は多岐に亘り、また多元的に日本の国家や社会に迫っている。だが、前述のように、そのなかには認識レベルの問題であったり、日本も同じようなことをおこなっていたりして、必ずしも直ちに問題視する必要のないこともあろう。そして、それらが中国側の意図に基づくことであれ、そうでない場合であれ、それらの問題が生じている原因や、日本側の認識の背景を識ることで、その問題を解きほぐしたり、脅威認識を和らげることが不可能というわけではないであろう。

歴史的に見て、日本社会にとって中国の存在は大きい。「問題としての中国」が意識されるとき、それは中国が問題であると同時に、日本の側の問題や課題が投影されている可能性もある。そして、もし日中双方の課題を相互に共有し、それに取り組むような社会レベルの紐帯《ちゅうたい》が形成されていけば、国家間の対立や齟齬に対する抑止力となるか、あるいはその対立の向こう側にある関係を模索できる可能性が拓かれているのかもしれない。

＊

本書に採録されているのは、二〇一二年後半から一六年の間に著者がさまざまな媒体で記してきた現代中国、台湾、あるいは東アジアに関する短文である。これらについては、その時々の感覚を維持するために、現在の目線で修正することを極力避けた。また、現在の観点から感じる点があれば、それは「◇註」として示した（原註は◎註と表記）。そうすることで、この数年間のその時々での感じ方、中国や東アジアへの見方がいかに変化していったのかということを著者自身が、そして読者とも共有したいからである。一〇年前のことは思い出せても直近のことは思い出せないということもある。自戒の意味も込めて、再点検できれば幸いである。

二〇一二年秋に習近平が党書記に選出されたことに鑑みれば、二〇一三年から二〇一六年というのは、ちょうど習近平時代の前半期にあたる。習近平政権は一面で胡錦濤政権（の後半期の諸政策）を継承しながらも、他面で新たな政策を数多く打ち出してきた。それは、中国国内でも、また海外においてもさまざまな不協和音を醸し出したが、同時に「大国中国」としての存在感は国際社会でも、この東アジアでもいっそう増している。中国は大国として国際公共財を提供し、アジアのイメージを語るようになってきた。そして、ＡＳＥＡＮを中心とした「東アジア」の協力がどうなるのか、関心が集まっている。

また、日本では二〇一二年末に第二次安倍政権が誕生し、久々の長期政権の下で、少なくとも対外政策の面では積極的な諸政策がとられてきた。日中関係は「戦略的互恵関係」の回復を唱えながらも、民主党政権下での尖閣諸島のいわゆる「国有化」のショックを回復できないでいる。だが、その対立はこの「国有化」が問題というよりも、既に構造的な問題だと見ることもできるだろう。

このような状況のなかで、中国に近いところ、すなわち東シナ海や南シナ海、そして香港、台湾、さらには朝鮮半島などでは、既にさまざまな変容が生じてきている。中国からの「波」を最も受けやすいところでの化学反応だと言えるだろう。日本は、中国と一定の距離を保てるものの、それでも中国を隣国としてもつ。その中国をいかに認識し、向き合うのか。そこにある中国、あるいは問題としての中国をいかにして識るのか、本書がそのための一つの手がかりとなればこの上ない喜びである。

◎註

（1）いわゆる中国脅威論は、必ずしも一九九〇年代にはじめて議論されたわけではない。岡部（一九六八）にあるように、一九六四年の中国の核実験およびその輸送手段の確保にともなって、中国の対日核攻撃能力をめぐって、中国の脅威が議論された。だが、そこでは冷戦下における米中対立と、中国に対日工作によって引き起こされた、日本国内の国家と社会の分断などが問題とされていた。一九九〇年代前半から散見される脅威論は、ソ連に替わって中国が新たな脅威とされ、その軍事力の強化にともなって多く議論されるようになったものである。そして、中国脅威論は、『世界』（一九九六年三月号）が「特集　中国脅威論の虚実」を組んだように、一九九〇年代後半に急速に広まった。これには、一九九五年の核実験、一九九六年の台湾海峡危機などという背景があったと考えられ、その段階では伝統的な安全保障の側面が強調された。だが、その後、ＳＡＲＳ（重症急性呼吸器症候群）や食品問題などによって、中国脅威論が非伝統的な領域にも拡大していった。

（2）内閣府の実施する「外交に関する世論調査」では、毒餃子事件の発生した二〇〇八年に日中関係を「良好とは思わない」が七一・九％となって、この調査が始まってから最大の数値を記録したが、この数字を押し上げたのは女性の対中感情の悪化であったと考えられる。「外交に関する世論調査　二〇〇八年」内閣府大臣官房政府広報室ウェブサイト http://survey.gov-online.go.jp/h20/h20-gaiko/2-1.html（二〇一六年八月三十一日閲覧、以下略)。

(3) 中国の軍備拡張を、日米同盟とのセキュリティ・ジレンマとして捉える見解もあったが(Christensen 1999)、昨今では、米中間のセキュリティ・ジレンマを指摘することはあっても、日中間については中国の軍備拡張が際立っており、そこにジレンマがあるとは見出されにくい。

(4) 日米安全保障条約、日米同盟に対する中国の認識は、一九五〇年代以来変容を遂げてきた。総じて、中国は日米安保を敵視してはいなかったものの、一九九〇年代にTMD(戦域ミサイル防衛)の展開やいわゆる周辺事態法の成立によって、日米同盟と台湾問題との関連性が指摘されるようになった(杉浦二〇一一、川島二〇一一)。習近平体制になってからは、アジア新安全保障観に見られるようにアメリカの東アジアの安全保障に対する関与を中国は嫌っており、日米同盟に対しても批判的になってきていると思われる。

(5) 二〇一三年の日本の貿易総額のうち、中国は二〇・一%を占め、第二位のアメリカの一三・一%を大きく引き離している。「貿易相手国上位一〇カ国の推移」財務省貿易統計ウェブサイト http://www.customs.go.jp/toukei/info/tsdl.htm

(6)「黄砂観測日数の経年変化」気象庁ウェブサイト http://www.data.jma.go.jp/gmd/env/kosahp/kosa_shindan.html

(7) Mission China, State Air: U.S. Department of State Air Quality Monitoring Program, http://www.stateair.net/web/post/1/1.html

(8) この点で、笹川平和財団が日中間の対話を実施し、『日中海上航行安全対話報告書』(笹川平和財団、北京大学国際関係学院、二〇一四年五月二十七日改訂版)として、その認識の相違などを含めて状況を示したことは画期的である。笹川平和財団ウェブサイト http://www.spf.org/sjcff/j/program/2013/340/20140529_J_ver0527.pdf

(9)「来日外国人犯罪の検挙状況 平成二四年」警察庁ウェブサイト https://www.npa.go.jp/sosikihanzai/kokusaisousa/kokusai/H24_rainichi.pdf

（10）「在留外国人統計（旧登録外国人統計）統計表　平成二四年」法務省ウェブサイト http://www.e-stat.go.jp/SG1/estat/List.do?lid=000001111233

（11）「日中両国民の相手国に対する印象」第九回日中共同世論調査（二〇一三年）、言論NPOウェブサイト http://www.genron-npo.net/world/genre/tokyobeijing/post-240.html

（12）「平成二五年　外交に関する世論調査」内閣府大臣官房政府広報室ウェブサイト http://www8.cao.go.jp/survey/h25/h25-gaiko/zh/z10.html

（13）「平成二五年　沖縄県民の中国に対する意識調査」沖縄県ウェブサイト http://www.pref.okinawa.lg.jp/site/chijiko/chian/research/documents/h25reportjp-4.pdf

参考文献

アイケンベリー、G・ジョン（二〇一二）『リベラルな秩序か帝国か――アメリカと世界政治の行方』上・下、細谷雄一監訳、勁草書房

青山瑠妙（二〇一二）「中国の広報文化戦略――そのプレゼンスと重い課題」『三田評論』一一五九号

――（二〇一三）『中国のアジア外交』東京大学出版会

阿古智子（二〇一四）『貧者を喰らう国――中国格差社会からの警告　増補新版』新潮選書

阿南友亮（二〇〇七）「海洋をめぐる日中関係――新たな秩序形成の模索」家近亮子・松田康博・段瑞聡編著『岐路に立つ日中関係――過去との対話・未来への模索』晃洋書房所収

――（二〇一二）「戦略的互恵関係の模索と東シナ海問題　二〇〇六―二〇〇八年」高原明生・服部龍二編『日中関係史　一九七二―二〇一二　Ⅰ　政治』東京大学出版会所収

飯田将史（二〇一三）『海洋へ膨張する中国』角川SSC新書

岩谷将（二〇一三）「中国共産党情報組織発展史」『情報史研究』五号

大澤淳（二〇一三）「現実化するサイバー戦争――集団的自衛権と対外諜報の容認を」『WEDGE』二五巻七号

岡部達味（一九六八）「はたして『中国の脅威』はあるのか」『別冊潮』春季号

梶谷懐（二〇一四a）「中国動態　BRICS開発銀行を中国脅威論から語る過ち」『週刊東洋経済』六五四三号

――（二〇一四b）「中国経済におけるリスクと不確実性をめぐって」大阪大学中国文化フォーラム編『日中台共同研究「現代中国と東アジアの新環境」①東アジアリスク社会――発展・共識・危機』OUFCブックレット、二号

川島真（二〇〇六）「歴史物語の中の近代中国論――日本はなぜ中国の主要敵か」『RATIO』一号

――（二〇〇八）「中国を見るための座標軸――特集によせて」『RATIO』五号（特集「中国」という問題群）

――（二〇一〇）「近現代中国における国境の記憶――『本来の中国の領域』をめぐる」『境界研究』一号

――（二〇一一）「中国から見た日米同盟の評価の変遷」北岡伸一・渡邉昭夫監修、世界平和研究所編『日米同盟とは何か』中央公論新社所収

杉浦康之（二〇一二）「中国から見た日米同盟」竹内俊隆編著『日米同盟論――歴史・機能・周辺諸国の視点』ミネルヴァ書房所収

鈴木賢（二〇一四）「商船三井差し押え事件の教訓と中国の選択的執法リスク」nippon.com　七月十四日 http://www.nippon.com/ja/currents/d00131/

富坂聰（二〇一四）『中国汚染の真相――「水」と「空気」で崩れる中国』KADOKAWA

中村研一（二〇一〇）『地球的問題の政治学』岩波書店

平岩俊司（二〇一〇）『朝鮮民主主義人民共和国と中華人民共和国――「唇歯の関係」の構造と変容』世織書房

防衛省防衛研究所（二〇一四）『中国安全保障レポート二〇一三』防衛省防衛研究所 http://www.nids.go.jp/publication/chinareport/pdf/china_report_JP_web_2013_A01.pdf（二〇一四年八月三十一日閲覧）

益尾知佐子（二〇〇二）「鄧小平期中国の対朝鮮半島外交――中国外交『ウェストファリア化』の過程」『アジア研究』四八巻二号

山口信治（二〇一三）「中国共産党一八期三中全会と習近平の集権化の試み」『防衛研究所コメンタリー』三七号

吉澤誠一郎（二〇〇三）『愛国主義の創成――ナショナリズムから近代中国をみる』岩波書店

渡辺浩（二〇一〇）『日本政治思想史　十七〜十九世紀』東京大学出版会

Christensen, Thomas J. (1999) "China, the U.S.-Japan Alliance, and the Security Dilemma in East Asia," *International Security*, Vol. 23, No.4 (Spring, 1999).

Kawashima, Shin (2011) "The Development of the Debate Over 'Hiding One's Talents and Biding One's Time' (taoguan yanghui) :China's foreign-policy doctrine", *Asia-Pacific Review* (IIPS, Tokyo), Vol. 18, No.2.

Matsuda, Yasuhiro (2014) "How to Understand China's Assertiveness since 2009: Hypotheses and Policy Implication," Strategic Japan Working Papers, Japan Chair, CSIS. http://csis.org/files/publication/ 140422_Matsuda_ChinasAssertiveness.pdf

U.S. Department of Defense (2014) Annual Report to Congress: Military and Security Developments Involving the People's Republic of China 2013, U.S. Department of Defense. http://www.defense.gov/pubs/2014_DoD_China_Report.pdf

Ⅰ 序奏

2012〜2014

〝チャイナ・リスク〟の見積もり

nippon.com
2012年10月19日

中国は〝どのような大国〟か？

中国は世界の大国となった。たとえ一人当たりの国内総生産（ＧＤＰ）が低かろうと、中国を抜きにした世界や東アジアの秩序構想は考えにくい。だが、中国が「どのような大国」なのか、あるいはこれから「どのような大国になるのか」と問われると、恐らく中国の指導者でさえ、把握しきれていないのではなかろうか。しかし、それでも中国に暮らす人々がそれぞれ自らの置かれている環境の変化とそこから見える風景の変化を感じ取ってきたことや、その変化を現在も感じながら、将来への期待と不安を抱き続けていることも、また確かであろう。

他方で「中国はそもそも……」といった議論に見られるように、中国の変化よりも、一貫性、共通性に注目しようとして、「中国の本質」を指摘するような言論もある。また、「中国は多様だから、そもそも『中国は……』などと『中国』を主語に議論すること自体、ナンセンスだ」とする議論もある。「中国」を主語にした議論はいかがわしい、という言説がそれである。これらは、いずれも正鵠を射ている面があるのだろう。だが、「中国はそもそも」という議論も、「中国なんてない」という議論も、ともに「中国」を説明することを避けようとする傾向を反映したものなのかもしれない。

〝等身大の中国〟？

そんな中国を説明するのによく使われたのは、「〝等身大の中国〟を捉えねばならない」という言葉だ。

この言葉は日本の現代中国研究者が繰り返し述べてきた警句だった。これは、広大で多様な中国のある一面を見ただけで「中国は……」などと大上段に振りかぶった話をしてはいけないという戒めだったし、また自らの政治信条に基づいて、文化大革命を過度に賛美したりすること、またあるいは中国と聞けば罵るような姿勢を批判するものだったろう。

しかし、いったい何が〝等身大〟なのかということになると、それは難しい。そもそも、何が〝等身大〟なのか、誰がどのように判断するのだろう。理屈で考えれば、「中国の正体」が分かっていないと、それが〝等身大〟なのかどうか分からないのであるから、これは解答のない警句だったのかもしれない。もちろん、「中国の正体」などというものは、そう簡単に得られるものではない。

揺らぐ〝チャイナ・リスク〟

中国の将来に対する「不確実性」は常に存在してきた。それは、中国をとりまく変数の多さ、また公開される情報の限定性などを背景にしていた。だが、ここにきて、これまで〝定数〟のように扱われてきたことも、〝変数〟に転じ始めた。

政治的に見れば、共産党の統治が継続するのかという大きな命題が存在する。この問いに答えることはもちろん難しい。だが、共産党政権は国内統治の上で深刻な問題に直面しており、これから自らの〝延命〟のために政策を展開していくことは確かであろう。しかし、集団指導体制下で強力なリーダーシップは期待できない。[1] 利益団体も多元化し、統一的な動きはいっそう見えにくくなる。そんな共産党政権の姿を如実に示すのが、その〝統治〟の姿だ。共産党政権は果たしてどれほど「中国」を統治（govern）できているのだろう。農民工の問題を見れば明らかなように、中国国内にはさまざまな不平等が噴出し、その是正に向かう社会運動を政府が強引に抑制している。

共産党政権を支えてきたのは、革命とかナショナリズムもあるが、この二〇年に限れば、やはり経済発展にともなう〝豊かさ〟だ。共産党幹部自身がその恩恵を受けられたことを含め、この国と政権を牽引してきた〝豊かさ〟だが、それがもたらす不平等や不公正が、政権の命取りになりつつある。しかし、〝過剰資本投資〟状態を続けてきた共産党政権の経済政策は限界に達しており、目下の諸問題を解決するのは至難の業だ。

他方、中国の最大のリスクは人口問題と環境問題だということも忘れてはならないだろう。一人っ子政策により「超高齢化社会」が間もなく到来する。移民政策は日本以上に堅く、また人口数を国力のよりどころとしてきた面もあるので、人口抑制策を緩和する可能性もある。環境問題は、相当に深刻であり、日本も含めた諸外国の支援のあり方が、大きな課題になっている。[2]

隣人としての中国

日本は中国の隣国であり、この地理的な位置からは免れようがない。隣国ではない欧米諸国が中国との協力を唱えても、隣国の日本は協力だけを唱えている訳にはいかない。今回の尖閣諸島をめぐる対立の例にも見られるように、日本は〝チャイナ・リスク〟の影響をとくに蒙りやすい立場にある。

必要なことは、これらのリスクを正確に把握し、そのリスクをなるべく蒙らないような措置をとることだろう。次に、そのリスクを減らす努力をすべく、中国に働きかけること、またそのリスクにともなう諸問題の到来に備えることである。ただ、同時に忘れてならないのは、中国の将来についてのさまざまな可能性を視野に入れることである。例えば、中国の政府とだけ良好な関係を築く努力をするのではなく、中国国内の多様な存在をバランスよく見据えて、さまざまな考えを持つ人、組織とよりよい関係を築いていくべきであろう。[3] 現在よりも戦前の日本のほうが、このような多様な中国を見据えて関わっていた面がある。侵略や戦争は反省すべきだが、中国の捉え方、関わり方については歴史に学びながら、硬軟織り交ぜて、多元的に中国に向き合う時代が到来した、と見てよいのではなかろうか。

◇註

【1】習近平政権が成立して間もない二〇一三年初頭の段階では、胡錦濤政権期の集団指導体制が続いていくものと思われた。

【2】習政権成立当初は、このような胡政権の残した課題の大きさが際立っていた。習政権はこれらに個別的に対処するというより、強権で封じ込める方向に向かったとも言える。

【3】この段階では、こうした中国社会の多様性に着目した交流が必要だと思われた。だが、民主活動家が弾圧を受けるなど、中国社会の多様性もまた、政府により圧縮される傾向にある。

安倍政権に求められる歴史的評価への想像力

nippon.com
2013年1月22日

衆議院の圧倒的多数の議席を得た自民党が、公明党とともに再び政権運営に乗り出した。新たに成立した安倍晋三政権は、内外に多くの問題を抱えながら、経済政策を中心に多くの施策を打ち出している。この新政権にとって心掛けることがあるとすると、次の二点ではなかろうか。それは経験に学ぶということと、未来からの歴史的な評価をいかに味方につけるのか、ということである。

民主党政権の失敗の経験に学べ

経験に学ぶというのは、先の民主党政権が、自民党政権との違いを強調しようとするあまり、外交面などで路線を見誤り、国家としての政策の連続性を軽視した失敗に学ぶことである。外交・安全保障の分野では、政権交代があっても、軽々に大幅な政策の変更を加えるべきではない。まずは慎重に事態を見極め、「違いを見せるため」ではなく、国益に照らして改善すべきは改善する、といった政治本来の姿に回帰すべきだろう。

安倍政権には、もしかしたら民主党政権がおこなったことを全て白紙に戻して、かつての自民党の諸政策に回帰する、いわば「復古」的な衝動もあるかもしれない。しかし、政権交代のたびに前政権との違いを強調していては、日本としてはさまざまなことが遅々として進まないということになりかねない。従って、安倍政権は単純な復古を自ら戒めることが必要だ。それこそが健全な政権交代のあるべき範ではあるまいか。[1]

未来から評価される政権に

歴史的評価を味方につけるというのは、五〇年後、一〇〇年後にこの政権がいかに評価されるのかという想像力を以て政策に取り組むということである。例えば、内政面では、衆参両院が「ねじれ」の状態にあっても、参議院で多数を占める野党がむやみやたらと政権与党の政策に反対するといったことを抑制するような枠組みを与野党でつくるとか、あるいは議会制度そのものを見直すとか、長期的な視野で政策を展開することが求められる。

外交面でも同様である。対アジア政策などについて、いかなる政策をとればいかに評価されるのか。この点は、対外強硬姿勢をとった一九三〇年代の諸政権に対する現在の歴史的な評価を見れば明らかだ。それぞれの政治家に理念があるのはよく分かるが、その理念をいかに具体化するかは、状況に応じて変化すべきであろうし、そもそも国益にかなうものであるべし、という大前提があるはずだ。

新政権が、限られた選択肢のなかでプライオリティを明確にし、長期的な視野と歴史的な観点を以て、未来から評価される政権となることを期待してやまない。

◇註

【1】結果的に見れば、外交・安保の面で、安倍政権は野田政権の路線を基本的に継承したと言える。

「歴史的」日台漁業協定締結

――その意義と課題

nippon.com
2013年５月14日

「東シナ海平和イニシアチブ」と漁業協定締結の背景

尖閣諸島問題でなかなか出口が見出せないなか、日本と台湾の間で長年の懸案であった日台漁業協定（「公益財団法人交流協会と亜東関係協会との間の漁業秩序の構築に関する取決め」）が二〇一三年四月十日、台北で締結された。宝塚歌劇団初の台湾公演初日（四月六日）までに、と関係者の間で言われていたそうであるが、ちょうどその公演期間中の締結となった。

この協定が妥結に至ったのは、台湾の馬英九総統が提起している「東シナ海平和イニシアチブ」に基づく外交路線と、中国と台湾が連携しないよう楔《くさび》を打ちたい日本の思惑が重なったという背景がある。また米国の後押しもあろう。この協定は日台双方にとって有意義なものであり、肯定的な評価も少なくないが、まだ多くの課題を残している。

主権問題は事実上棚上げ、官邸主導の交渉

二〇一二年八月五日に馬英九総統が提起した「東シナ海平和イニシアチブ」は、関係国が尖閣諸島をめぐる争議を棚上げにし、東シナ海行動規範を策定した上で、それに基づいて資源の共同開発と平和を実現しようとするものだった。また馬総統は九月七日、「東シナ海平和イニシアチブ」推進綱領を発表した。ここには二国間、多国間の漁業協力も含む、多様な提案がなされていた。この馬総統の路線は、少なくとも結果的に今回の漁業協定締結の足掛かりをつくったとみることができる。

だが、この後、日本政府（野田政権）による尖閣諸島のいわゆる〝国有化〟がなされることで日台間にも緊張が走り、宜蘭県の漁民が抗議活動をおこなった。これは日本政府をも動かし、十月には異例ともいえる「交流協会を通じた台湾の皆様への玄葉外務大臣のメッセージ」が出され、漁業交渉の再開が提起されたのだった。その後、台湾側が主権問題に拘泥するのではないかとの報道もあったが、最終的には主権問題を事実上棚上げし、「和平」と「資源の共同開発」という点を重視した交渉になったようである。

交渉それ自体は日本と台湾の「外交」交渉だけでなく、国内における関係諸官庁、関係各方面との交渉もともなっていた。とりわけ日本では、交渉を推進しようとする外務省に対して、漁業権を守ろうとする水産庁の抵抗が強く、また現場の漁業団体や沖縄県も「頭越しの交渉」にいい顔をしていない。それらを乗り越えて官邸主導で話を進めたようである。【1】

「北緯二七度以南」で広がる台湾漁船の操業範囲

この協定は、主権問題を事実上棚上げ、つまり日台双方が主権を主張しあっているという状態を維持し（実際には台湾側には統治実績はない）、領土と領海を除く空間、そして日中漁業協定で定められた北緯二七度よりも南側について、日台双方の漁業権を定めたものとなった。

その協定の内容は、第一条で「この取決めは、東シナ海における平和及び安定を維持し、友好及び互恵協力を推進し、排他的経済水域の海洋資源の保存及び合理的な利用並びに操業秩序の維持を図ることを目的とする」としているように、馬総統のイニシアチブに一定の配慮を示している。台湾側関係者も、日本側が馬総統のイニシアチブを評価し、尊重する姿勢を示したことが台湾側を安心させた、としている。

第二条で定められた「取決め適用水域」では、以後、台湾側は自由に漁ができ、「特別協力水域」では、ルールを遵守する台湾の漁船を日本側が取り締まることはなくなる。この水域は、台湾側の設定していた暫定執行線よりも広く、台湾側の担当者からは交渉上の勝利と受け止められる。また、ここで定められた水域以外も今後協議するという条文（第二条第五項）もあり、この水域があくまでも暫定的なもので、以後も交渉は継続する可能性もある。今後、今回決まった水域に関しての具体的交渉は、「この取決めを達成するため」に設置された日台漁業委員会がおこなうことになる。[2]

漁業協定をめぐって残る火種

この協定が締結されたことは、多くの意義をもつ。ここでは三点挙げたい。

第一に、紛争の続く東アジアの海において、和平や秩序形成に向けた第一歩を建設的に踏み出せたこと、またそのようなことが決断可能だと内外に示したことである。第二に、国交のない台湾を外交上のアクターとして捉え、台北と北京の過度な接近に対して楔を打ち込めたことがある。南西諸島の安全保障に高い関心を有している日本にとって、台湾をアクターとして捉えることは重要である。これは、日本と台湾の「一九七二年体制」に新たな一面を加えるものだ。台湾は二〇一三年二月八日の声明で尖閣をめぐる中国との連携を否定し、日米との連携を打ち出し、四月十七日には中国を意識した実弾演習を実施し、馬総統もそこに駆け付けた。そして、第三に、そもそも尖閣諸島は台湾の一部であると主張している中国に対して、その台湾と日本が島の周辺海域における漁業協定を結ぶことで、一定の反駁効果が期待できるということである。

一方、この協定締結に至る過程、また今後については、多くの課題が残されている。ここでは四点挙げよう。第一に、この協定は主権問題を事実上棚上げしている。従って、今後も「保釣《ほちょう》運動」(尖閣諸島は「中国」固有の領土であるとして、中国・香港・台湾の活動家などがおこなっている「領土奪回」運動)は継続される。馬英九政権は、運動船に対しては一定の取り締まりをおこなうであろうが、それでも突発的事故への対応枠組みが必要である。無論、領海内部に入った台湾漁船への取り締まりに際しての事故、また中国側がおこなう取り締まり行為により生じる突発的事故も考えられる。[3]

第二に、この協定の交渉過程において、日台双方がどれほど現場の漁民とやりとりをしながら交渉を進めたか、ということがある。その納得のプロセスがともなわなければ、今後も禍根を残すことになろう。筆者も二〇一二年四月に宜蘭県で漁業関係者から話を聞いたが、そこでも多様な意見、不満、要求があがっていたし、報道では沖縄県からの不満、抗議も伝えられている。

第三に、日台漁業委員会がいかに機能するのか、しないのかということである。一九九八年に締結された日韓漁業協定でも同様の委員会の設置が定められているが、その委員会の役割や果たしうる機能については、さまざまな議論があるところである。日台の委員会が、今回の協定の適用海域、また今後協議される海域について、適切に機能する場となるよう、日台双方が努力する必要があろう。

長期的な交渉で多角的な枠組み作りを

最後に、中国の認識である。中国にとって、台湾は「核心的利益」の代表であり、尖閣諸島が台湾に含まれるとしている以上、理論上は、尖閣諸島も核心的利益の一部となる。尖閣諸島を核心的利益に含めるか否かについて、中国は態度を曖昧にしているが、その位置づけが南シナ海の島々と異なることは間違いなかろう。[4] そのため、今回、台湾と協定を結んだ意義は大きいが、逆に中国側を刺戟した側面もある。中国は目下のところ、この協定に不快感を示すにとどまっているが、今後、中国側の出方を注視する必要があろう。また、台湾も中国と東シナ海について何かしらの協定などを締結しようとする可能性もある。台湾が中国と日米の間のバランスをとろうとすると、その行為が新たな火種となり、漁業委員会設置などに影を落とす可能性もある。また、台湾自身も今年、国民党主席選挙、来年には主要都市選挙を控えており、政局が流動化する可能性もある。台湾側との丁寧なやりとりが求められるだろう。

いずれにしても、日台漁業協定締結は着地点ではなく、今後のための第一歩に過ぎない。継続的な交渉と多角的な枠組み作りが必要となろう。

◇註

【1】このような政策が採られた背景に、二〇一一年の東日本大震災に際しての台湾社会からの多額の支援、そして日本社会の対台湾感情が極めて良くなったことがあった。

【2】二〇一六年度も引き続き協議が続けられている。目下、暫定的に二〇一五年の操業ルールが用いられている。

【3】二〇一六年一月に蔡英文政権が成立したことで、この保釣運動の帰趨も注目されるところである。

【4】この段階では南シナ海での基地建設などは大きな問題となるほど進んでいなかった。

変容する中国と日中関係をどう捉えるか

Science Portal China
2013年5月20日

危機感と鈍感さ

新たに生まれた習近平政権にとって、最大の政策課題は共産党の統治を維持すること、そのことに尽きるだろう。そのために何をすべきか、それが具体的な政策課題になる。経済発展の堅持、そのための大型投資、為替管理、土地価格管理などがおこなわれる。また党への信頼を得るための腐敗撲滅、あるいは格差是正のための諸政策が続く。また一方で「中華民族の偉大な復興」と「中国夢」を掲げ、思想・言論統制を強めながら、ナショナリズムを強調している。昨今では大学内でも公開で議論してはならない七項目が設定されたほどである。

しかしながら、こうした政府や党の施策が上意下達的に末端にまで浸透するほど、中国の社会は単純ではなくなってしまっている（あるいはもともと浸透していなかったのかもしれない）。確かに、中国は民主化しておらず、党や政府による思想・言論統制がある。だが、経済発展にともなって中国社会はまさに多元化しており、言論空間も完全に自由化されていないにしても、決して一元的ではない。政府に対する抗議運動なども各地で頻繁に生じている。共産党内部も同様であり、党組織に属するはずのメディアが政府批判を展開したり、利益集団と言われるようなインフラを中心とする業界の国営企業などを中心に形成された複数の集団が、政策に大きな影響をもつようになったりしているという。

その結果として、党や政府のガバナンスは当然ながら弛緩している。農村の統治はもちろんのこと、都市に出稼ぎのために流入した農村戸籍の人々（農民工）をはじめ、政府や党が捕捉しきれなくなった統治領域が拡大している。そうした統治の空白は、NPOなどが活動して補っている面があるが、それは大都市の周辺や雲南省など一部の地域に限られている。

そうした意味では、中国共産党の統治は黄色信号が点灯している状態にある。研究者のなかには、これを黄色信号とは見ないで、むしろ社会の多様性を踏まえた新たな統治体制形成の萌芽期だと見る向きもある。だが、いずれにしても、これまでの中国政治のありかたとは異なる事態が形成されつつあることは確かなようである【1】。

これまで共産党の統治の正当性を支えていたのは経済発展である。共産党が統治を継続しておこなうというなら、その経済発展を維持しながら、同時にそれに代わる正当性を支える材料、あるいは正当性を補強する材料を調達し、さらに多元化する社会に対応しながら統治の綻びを繕うことが求められる。だが、それは至難の業だ。民主化もささやかれるが、今の政権にできるのは党内民主化の漸次的進展にとどまるだろう【2】。だからこそ、今のところは「中華民族の偉大な復興」であるとか「中国夢」といったナショナリズム的なスローガンで国民を鼓舞し、共産党に再び凝集力をもたせようとしているのだと思われる。

新政権の外交政策

そのような習政権にとり、外交はかなり難しい場となる。中国は、二〇〇六年から〇八年にかけて外交政策を調整し、経済発展を対外政策の第一義に据える「韜光養晦」外交を調整し、「発展」とともに、「主権」や「安全（保障）」も対外政策の基礎に据え、またチベット、新疆、台湾を核心的利益として、決して譲歩しない姿勢を示すようになった。そして以後は主に海洋面で周辺諸国と対立するようになったのだ。中国政府は、現在でも「韜光養晦」政策を堅持していると主張するが、もしそうだというならば、その言葉の含意が変化したと言うことになろう[3]。

他方で、中国が世界第二の経済大国であり、国連安保理の常任理事国、そして軍事・政治大国であることは否定できない。オバマ政権はその成立当初、中国とのパートナーシップの樹立を模索してG2論が議論された。中国にその能力があるかどうか、中国側にその用意があるかは別にして、北朝鮮問題やアフリカの資源問題など、中国の関与が求められる案件も少なくない。また環境問題などをはじめ国際政治における諸問題を議論し、解決に結びつける上で、中国の関与が必要な場面が増えてきている。それだけに、国際社会は中国に対して「普遍的価値」を共有し、そうした問題における秩序形成に積極的かつ肯定的に関与することを求めている。

習近平政権がこうした国際社会にいかに応じるかはまだわからない。最終的には、既存の秩序なり、新たに形成される秩序に対しては、国益に鑑みて必要であれば積極的に参画し、不利益を蒙るならば是正し、不必要なら関与しないということになるのだろう。こうした点で、欧米をはじめ先進国と戦略的なパートナーとなることも十分に考えられる。しかしながら、中国と周辺国の関係はより緊張したものになるだろう。習政権は、北朝鮮問題では胡錦濤政権よりも北朝鮮に強い姿勢を見せているようにもみえる。また、領土問題でも、胡政権後半の政策調整を踏まえたアサーティブな外交を継続すると思われる。つまり、対外政策は必ずしも発展のみを重視するわけではなく、主権と安全も重視し、また核心的利益に関しては妥協しないという姿勢だ。そうした意味で、海における衝突は今後も続くだろう。

だが、これも胡政権の時代から明確になったことだが、中国共産党の指導者たちも既に一枚岩ではなく、また中央の諸部局も個々の立場で政策を展開するようになってきている。対外政策のある案件で、指導者の発言が異なったり、政策に多様さが生まれるようになってきているのである。習体制は集団指導体制といわれるが、それは外交関係にも表れている。[4]

日中関係の現状と打開口

日中関係は目下、尖閣諸島問題や歴史認識問題をめぐり大変厳しい局面にある。日中間には一定程度の〝政経分離〟が機能している面もあるが、昨今では〝政冷経熱〟とはなかなかならず、政治の冷たさが経済にも影響するようになっている。だが、興味深いことに、日系企業が中国で多くの雇用を生み出していることや、グローバル化したサプライチェーンにおいて日本の産業が果たしている役割が大きいこともあり、経済の面では日本との交流を重視するシグナルも中国から発せられている。それは、広東省などの地域や、中央の商務部などの姿勢に表れている。雇用を創出する自動車関係には薄日が差し、また商務部は日中韓FTA交渉に相当に前向きである。また、環境問題でも日中韓は交渉のテーブルについている。

しかし、やはり領土問題にまつわる対立は依然落ち着きをみせない。二〇一三年は日中平和友好条約締結三五周年である。その記念式典をおこなえるような雰囲気は目下のところ、あまり見えない。尖閣諸島周辺では、日中双方が巡視船を出して対峙し、人民解放軍の航空機が島の上空を飛行したりしている。

中国側の主張では、尖閣諸島は台湾に附属する島嶼であり、台湾は中国の領土であるから、尖閣諸島が中国の領土だということになる。そして、日本は第二次世界大戦に敗北して台湾を放棄したのだから、その台湾の附属島嶼である尖閣諸島に対して領有権を主張することはできない、とする。日本の立場は、尖閣諸島は南西諸島の一部であり、沖縄県に属するので、第二次大戦後にアメリカが統治し、一九七二年の沖縄返還とともに返還されたという立場に立つ。

こうした点をふまえ、日本はこの四月に台湾との間で日台漁業協定を締結した。これは尖閣諸島が台湾の一部だとする北京政府には刺戟となったであろうが、今のところ中国側が譲歩する様子は見られない。

では、日中関係の打開策はあるのだろうか。上記のような経済や環境などの領域における交流が次第に拡大していき、やがて関係が落ち着いていくことがまず考えられる。「できることからやる」という言葉は、最近の日中関係のキーワードのようでもある。また、首相経験者や日中議連の議員など、さまざまな使者が中国の指導者に友好メッセージを送っているということもある。だが、まだ扉は開きそうにない。その理由の一つは、中国側が七月の参議院選挙のあとの安倍政権の姿を見極めてから対応したいということがあるのだろう。では、参議院選挙に自民党が勝利して、安倍総理が靖国神社に参拝しなければ中国側は首脳会談などに応じるのだろうか。このあたりについては、中国側の人々の口は重い。靖国神社にもし参拝したら、首脳会談の可能性は遠のくというのが共通の見解だが、参拝しないだけでは要素が足りないという意見も少なくない。つまり、靖国神社に参拝しないことに加えて、尖閣諸島について日中間で何かしらの共通認識ができなければならないというのである。これは日本側からすれば困難だ[5]。だが、中国側で多く引用されるのは、日中平和友好条約締結前後の園田直外務大臣のスタンスである。つまり、中国側には中国側の立場がある、という姿勢だという。この点を踏まえ、「日中平和条約の精神にのっとり」といった文言を日本側が採用すれば、それが〝共通認識〟になると中国側が見なすのなら対話の可能性はあろうが、依然ハードルは高いであろう。日本側としても不必要な妥協はすべきではない。

当面はこれ以上の関係の悪化は避けつつ、尖閣諸島周辺の突発事故に際しての対応を想定し、他方で経済などの交流可能な分野から着実に関係を修復していくしかない。首脳会談への道筋は簡単ではないだろうが、その実現へ向けて努力することは必要だ。だが、首脳会談をおこなうことだけが日中関係の目標ではないということも、踏まえておくべきだろう。

◇註

【1】結果的に見れば、強権的統治という意味での「新たな統治体制」が形成される過程であったと見ることができる。

【2】二〇一三年の段階では、まだ党内民主化という胡錦濤政権期の課題が継続するのではないかと思われた。

【3】この段階では、習近平が「韜光養晦」を使用しないことになるとは想定できていなかった。

【4】この点でも、習近平が自らに権力を集中させていくことはまだ認識できていなかった。

【5】実際、七月の参議院議員選挙で自民党が大勝し、八月に安倍総理が靖国に参拝しなくとも、日中関係の扉は開かれなかった。

歴史認識問題と価値観外交

Science Portal China
2013年5月21日

アメリカの登場

歴史認識問題と言えば、日本と中国、日本と韓国の問題という感覚が日本にはあった。実際、日本の政治家の歴史認識をめぐっては中韓両国政府から厳しいコメントが浴びせられている。だが、このところ、日本の歴史認識問題に対しては、アメリカの積極的な発言が目立っている。これはメディアに限らず、アメリカの政府筋からも、日本の政治家への厳しい視線が寄せられているのである。日本から見れば、米中韓が一致して日本を非難しているようにも思えるが、それぞれの背景はやや異なっている。

中韓の場合、歴史認識問題は戦争や植民地支配をめぐるナショナリズムに裏打ちされている。そうした歴史観は、後の世代に対しても学校教育やメディアなどによって、ステレオタイプ化されたイメージが繰り返し強調され、社会共有の記憶、いわゆるパブリック・メモリーになりつつある。

アメリカの場合、もちろんパールハーバーに代表されるような、中国と同じく第二次世界大戦で日本と戦い戦勝国となった国としての歴史認識があるだろう。だが、アメリカが昨今問題にしているのは、東京裁判であるとか、韓国併合であるとか、そういったことではない。日本の政治家の歴史をめぐる発言が、「人権」であるとか、「民主主義」に深く関わる問題と考えられている面があるのである。この点が中国、韓国とアメリカとの大きな違いである。

日本社会では、歴史認識問題と、人権や民主といった、まさに〝普遍的価値〟に関わるような問題とが、直接的に結びつくとは意識されていないかもしれない。だが、アメリカでは、あるいは世界的にもそのような問題として受け止められている面がある。この点は看過できない。

とりわけ慰安婦問題については、そうした普遍的価値に抵触するものとして、アメリカなどでも思われている。他方、中国も韓国も歴史認識問題といえばナショナリズムに関わる問題であるが、国際舞台ではこれまで「人権」を理由に日本を糾弾していたことも重要だ。その点で、アメリカがこの問題を重視することで、従来の中韓の主張も相俟って、日本は世界の〝普遍的価値〟なるものに反する存在と捉えられがちになってしまっているのである。それは、国務省のサキ報道官の橋下徹大阪市長の発言に対するコメントにも表れている（http://www.state.gov/r/pa/prs/dpb/2013/05/209511.htm#JAPAN）。

中国での安倍総理評価と歴史認識問題

中国はアメリカの対日批判を当然ながら歓迎している。また、安倍政権が「右傾化」しているとして、参議院議員選挙以降に何か実際に行動を起こすのではないかという懸念も中国では多く聞かれる。もちろん安倍総理の言動、とりわけ歴史認識に関わる言動には注目が集まり、時には行き過ぎとも思えるような推測に基づく議論に拍車がかかっている。靖国神社をめぐる言動、迷彩服を着て戦車に乗った姿、そうしたものがある種の予断に基づいて認識され、批判に晒されている。いわゆる慰安婦問題もそうした問題の一つである。だが、中国では靖国神社に関わる問題が最も大きく取り上げられる。村山談話、河野談話、教科書の近隣条項も注目されているが、歴史認識の焦点は靖国神社問題だと考えられている。これは、中国の対日外交の基本であった軍民二元論（一部の軍国主義者に戦争責任があり、日本人民は中国と同じく被害者だとする考え方）とも関わっているのだろう。だが、ここにきて国際社会が慰安婦問題に関心を向けるに従い、中国でもこの問題についての関心が高まっている。

外交戦略の再考？

日本が歴史認識問題で自らの立場を主張することも、また他国の言論における誤謬を正したりすることも必要だ。中国などが盛んにおこなっている宣伝政策には有効に対抗すべきである。しかしながら、自ら進んで歴史認識についてコメントする場合、その発言がどのように国際社会から受け止められるのかということに思いをいたすことが求められる。慰安婦問題にあらわれるように、日本にとっては別々と思える問題が他国にとっては深く結びつくこともあるのだ。

日本の対中政策は、領土問題や歴史認識問題を抱えながらも、緊密な経済関係や環境問題、あるいはそのほかの共通の課題については中国との対話を粘り強く続け、中国に対してルールを共有することを求めることにあっただろう。日本が「航行の自由」という考え方の共有を中国に求めるだけでなく、民主主義という価値観を重視した外交を展開しようとしていることは言を俟たない。安倍総理は、今年一月の東南アジア訪問に際して、対ASEAN外交五原則を発表したが、その第一が「自由、民主主義、基本的人権等の普遍的価値の定着及び拡大に向けて、ASEAN諸国と共に努力していく」という内容であった（http://www.mofa.go.jp/mofaj/kaidan/s_abe2/vti_1301/gaiyo.html）。

歴史認識問題、とりわけいわゆる慰安婦をめぐる問題は、この基本的価値に根本的に関わる問題だというのが、アメリカの基本的なスタンスだろう。民主主義国家、とりわけ先進国たる日本が、こうした点において、民主や人権といった点で「後退」することなど考えられない、という視線が東京に向けられている。

無論、歴史そのものについてはまだまだ解明されていないこともあるし、定説とは何かという問題はある。しかし、歴史をめぐる問題は、やはり相手側が何をどのように認識しているかということに留意していかねばならない。まして、公人ともなればなおさらである。日本にとって日米同盟が国家の安全保障の基礎であり、また普遍的価値こそが対外政策の基本だということであれば、歴史認識問題をめぐって政府が採るべき道は決まっていよう。

歴史認識問題は、単に中国などのナショナリズムとの対峙ではなく、より大きな普遍的価値をめぐる問題へと位相が変化しつつあるのである。今回は高い授業料になるのかもしれないが、今後はこの点をしっかり踏まえなければ、舵取りを誤ることになるであろう。

「国有化」の意味は伝わっていたか

Science Portal China
2013年5月28日

尖閣諸島をめぐる問題で日中の外交関係は暗礁に乗り上げている。この問題がどのようにして生まれたかについては、既にその交渉過程や決定過程に迫る新聞記事などが出始めている。そうした記事では、多くの場合、次のように説明されている。石原慎太郎都知事らによる購入を避けるために、まさに現状維持のために政府が購入しようとしたことに、中国の外交筋は当初理解を示していたものの、おそらく二〇一二年八月に中国側の判断が急変して「国有化断固反対」となった。だが、その変化を日本側は十分に感知できず、九月にウラジオストックでおこなわれたAPEC首脳会談前に交わされた野田佳彦総理と胡錦濤国家主席との会話で、胡主席から「国有化」について反対の意志表示があった際にも、中国側の認識が変わったという理解に日本側は至らなかった。結果、いわゆる「国有化」を日本政府は予定通りおこなった、ということである。

日中双方のボタンの掛け違いというか、相互認識のズレがやはり問題なのだが、現在も中国の研究者らと話していて、一番説明に窮するのが「国有化」である。日本政府としては「国有化」という語は使用しておらず、あるメディアが所有権の移動ではなく、国有化という語を使用し始めたために問題になったということはあるかもしれない。いずれにしても、この言葉が現在も日中双方の認識のギャップの根底にあることは言うまでもない。

日本側は、そもそも日本領の土地について、その土地の所有者が民間人から国家に替わっただけだと言う。しかし、中国ではなかなかそれが受け入れられない。それについてはいくつかの理由、原因が考えられるが、ここでは三つあげたい。第一に、土地は基本的に国有地で、人々はその使用権を得るに過ぎない中国では、国有化が領土化と同義に思えたのであろう。第二に、「国有化」という言葉に、ここに国家が基地を作るとか、何かしらの含意があるのだと考えられたのかもしれない。実際、資本主義が確立し、近代法制が確立している台湾でも、日本語の「国有化」については、日本側の説明がすっと理解してもらえるわけではない。筆者は「地主が交代しただけだ」という説明をするようにしている。そうすると多少わかってくれるようである。

だが、これが単に地主の交代だということがわかってもらえても、それで問題自体を納得してもらえるわけではない。それは、第三に、国家がそもそも売買に関与することは、「棚上げ」したはずの主権問題に対して日本政府が一歩踏み込んできたということを意味する、というのである。つまり、民間同士が売買し、国家が静観している場合と、国家がその売買に絡むのとでは、様相が異なる、ということだ。これは、領土問題は棚上げしているという中国側の認識から来る見方であり、現状を変更しているのは日本だ、という主張を中国側がおこなうための論理立てでもある。

この現状を変更したのは何者か、という〝犯人捜し〟は実は日中双方にとって重要な問題だ。それは、この問題について、日中のどちらが問題をつくったのかということだけではなく、アメリカの姿勢にも深く関わっている。なぜなら、アメリカは現状維持を求めており、日本が自ら現状を変更しようとしているならば、日米同盟の当該地域への適用については消極的になるという理解があるからだ。この点については、アメリカ側も中国に説明している。従って、中国側が執拗に、日本が現状を変更したのだということを主張することになっている。

だが、現状の変更ということについては、そもそも「現状」が何であったかという点が重要だ。実際には、日中双方でその「現状」なるものへの認識が大きく異なるのである。日本側にとっては、「日本単独の実効支配」とともに、（中国が領土の主張をしていることは承知していても）「領土問題は不在」というのが、従来からの「現状」への認識であった。従って、日本から見れば日本が現状を変更したつもりはない、ということになる。

他方、中国から見た「現状」はこの問題を日中双方で「棚上げ」してきたというものであり、日本こそが一歩踏み込んできて現状を変更したのだ、という主張になっている。無論、昨今の中国の海洋進出などは触れられない。日本側からすれば「棚上げ」などした覚えがない、ということなのだが、中国側が「棚上げ」の根拠としてしばしば言及するのが、一九七八年の日中平和友好条約交渉前後の園田直外務大臣の発言である。たとえば、四月十四日の衆議院外務委員会でも同大臣が「四月一二日以来の、ただいま報告しました相当数の中国漁船が尖閣諸島周辺のわが国領海内において不法に操業ないし漂泊していることについては、昨一三日、在京中国大使館に対し事件の概要を伝え、尖閣諸島はわが国固有の領土であることを述べるとともに、……これに対し先方は、尖閣諸島は一九七一年一二月三〇日の中国外交部声明に述べている通り中国の領土であるという態度でありました」というように、両論併記に近い言論をおこなっているようにも見える。そして五月十一日、参議院外務委員会で園田直外相は「尖閣諸島については、大局的見地からこれに対処してきたこと及びこれに関する国交正常化の際の日中双方の態度には現在でも変わりはないことが確認されております」と述べている。この〝大局的〟という語は、現在も中国側が好む用語である。実際の平和友好条約の交渉で日本側が中国側に何を伝えたのかは判然としない面がある。だが、この園田外相発言は確かに現在の日本政府の尖閣諸島に対するトーンとは異なるようにも思える。

二〇一三年は日中平和友好条約締結三五周年にあたる。日中平和友好条約交渉前後の園田外務大臣の発言を現在いかに認識するのかは難しいし、当時と現在とでは国際環境も異なっている。だが、問題の解決に向けて長期的に取り組むに際して、少なくとも国内外の双方を納得させる「言葉」はないものか、考えてみることは必要かもしれない。その際には、双方の認識が相当に異なっていることを前提とし、また両国間で用いられてきた「言葉」を検証することも必要だろう。日中は近くても依然として遠い国である。[1]

◇註

【1】二〇一四年十一月の「四項目合意」では、「双方は、尖閣諸島等東シナ海の海域において近年緊張状態が生じていることについて異なる見解を有し」と表現された。

米中関係の新局面
――「日米同盟強化」と「米中協力」に矛盾はないのか？

Science Portal China
2013年6月7日

オバマ政権の対中政策

オバマ政権のピボット（旋回）、アジアへのリバランシングといった政策が昨今話題になる。これは、中東やアフガニスタンへの関与が減少する分、アメリカが再び東アジア地域に回帰してくることを意味している。これについては、アメリカを中心とする中国包囲網が強化されるといった観測もあるようだが、事態はそれほど単純ではない。

二〇一三年六月一日、シンガポールで開催されているアジア安全保障会議（シャングリラ・ダイアローグ）に姿を見せたチャック・ヘーゲル国防長官は、The US Approach to Regional Security と題された講演でアジア地域の平和と安定を強く求めるスピーチをおこなったが、中国についてはどのように述べたのだろうか。実際、そこでは中国を敵視したり問題視するトーンは決して強くなく、

「前向きで建設的な関係を中国と築くことが、アメリカの〝アジア回帰〟において必要不可欠な要素である」などとし、安定した地域や世界秩序の形成に中国が積極的に関与することを求めたのである。無論、人権問題やサイバー攻撃問題も指摘されるが、そこでは対話を通じた解決への枠組みの構築が提唱されている。無論、カリフォルニアでのオバマ―習会談を控えているとはいえ、やはり相当に米中協力を押し出した内容になっている（https://www.iiss.org/en/events/shangri%20la%20dialogue/archive/shangri-la-dialogue-2013-c890/first-plenary-session-ee9e/chuck-hagel-862d）。

こうした言論を見ると、要するにアメリカは中国包囲網を強化する気があるのかないのか、あるいは最終的に同盟国よりも中国を優先するのではないか、という疑念がわく。これは中国側も同様で、ヘーゲルの発言に対して、アメリカの対中協力姿勢を聞いても、アメリカは中国包囲網を形成しようとしているとしか思えない、といった疑義が中国側から提起されたほどだった。

矛盾なき「日米同盟強化」と「米中協力強化」

ここで注意しておきたいのは、アジアの平和と安定を求める、こういったアメリカ側の姿勢において、日米同盟強化であるとか、米韓同盟強化であるとか、いわゆる旧来の同盟国との関係強化と、中国との協力関係構築が、アメリカの首脳部の同じ発言のなかに、矛盾なく存在しているということである。[1] これは今回のヘーゲルの発言だけでなく、第一期オバマ政権の時から見られる傾向である。もちろん、国防総省のレポートなどでは中国の軍事力増強やサイバー攻撃を批判的に見るものが少なくない。それは確かにある。だが、それは必ずしも対中強硬論、対中包囲網強化という議論には結びついていないのである。つまり、旧同盟国との関係強化＝対中包囲網強化という理解とは異なるメッセージを、アメリカは送ろうとしている、ということだろう。

オバマ政権のアジア回帰なるものは、やはりこの繁栄するアジアにコミットを深めていき、アメリカの国益を増すこと、またその繁栄の基礎である平和を維持するために同盟国との関係を強化し、また中国、インド、インドネシアといった新興国と積極的、建設的な関係を築いて、不安定要因にともに対処するということのようだ。財政面で不安を抱えるオバマ政権はもはやかつてのように「力」で東アジア地域に関与することは難しい。日本を含む、旧来からの同盟国との関係を強化して、相応の負担と貢献を求めながら、アメリカだからこそできる中国などとの対話枠組みなどを通じて、この地域におけるアメリカのプレゼンスを高めよう、ということである。

しばしばある誤解と日中の思わぬ一致

アメリカのアジア回帰や日米同盟強化は、日本からは中国包囲網の強化と見える。つまり、日米同盟が強化されるということは、中国へのヘッジ（防護）が強まるのであり、エンゲージ（関与）は減少するのではないか、ということである。また、中国にとってヘッジとなるような、軍事力強化やサイバー攻撃批判は、当然中国へのアメリカのエンゲージの減少を意味するようにも見える。しかしながら、日米同盟の強化はアメリカの対中エンゲージを減らすことにはならないようだ。なぜなら、日米同盟強化も対中エンゲージも、ともに東アジア地域の安定の維持に貢献するというくくられ方をしているからだ。中国を批判するような論調があっても、それが米中協力を減らすどころか、むしろだからこそ対話をおこなうべき、という論調になってしまっている。

興味深いことに、アメリカの議論に対する中国の観点は日本のそれに似ている。つまり、日米同盟が強化されたり、台湾にアメリカが武器を売却したりすることは、地域の安定のためというよりも、中国を敵対視するものであるかのように中国は見ているのだ。その点で、日中の立場は相似である。中国もまた、アメリカが旧同盟国との関係を強化すれば、その分だけ中国の置かれる環境は厳しくなるのであり、中国としてはアメリカとの関係を強化することによって、日本を含むアメリカの同盟国を抑えていこうとする側面がある。このようなアメリカの思惑と、東アジアの解釈の断層が今後どのような意味をもっていくのか、興味深いところである。

他方、アメリカと同じ土俵に結果的に乗っているのが韓国ではなかろうか。[2] 米韓同盟強化とともに、対中関係も強化する、いわば親米親中路線を走ろうとしている面がある。無論、アメリカとの距離は微妙だが、安全保障の根幹をアメリカにゆだねている面は否定できない状態で、中国との関係を強化しようとしている。

それぞれの国益

アメリカにはアメリカの国益があり、たとえ日本が同盟国であっても、自らの国益を犠牲にしてまで日本にコミットするかどうかは疑わしい。領土問題にせよ、歴史をめぐる問題にせよ、アメリカは旧い同盟国であるはずの日本が繁栄するアジアの平和的基礎への挑戦者になることを危惧し、警鐘をならしている。日本には日本の立場があるし、ものを考えるコンテキストがある。しかし、たとえ長年の同盟国とはいえ、それらは以心伝心で伝わるということはない。やはり、隣国として中国から受ける圧力については、伝えるべきをアメリカに伝え、それと同時にアメリカの抱いているアジア回帰の文脈についても、日本国内のコンテキストに基づく読み方や期待値を除いて、虚心坦懐に理解することが求められるのだろう。【3】

◇註

【1】二〇一三年のころには、とくに矛盾がないように感じられた。変化が生じるのは、二〇一四年後半、あるいは二〇一五年になってからである。

【2】韓国外交はオバマ政権第一期から二〇一三、一四年くらいまでの米中関係にうまく対応していた。だが、その後の米中関係の変化にはむしろ日本がうまく噛み合い、韓国は厳しい立場に立たされていく。

【3】この必要性は現在も変わらない。程度の差こそあれ、アメリカの対中政策は、依然としてヘッジだけでなく、エンゲージも忘れていない。

「中国―スイスFTA交渉の終結に関する覚え書き」の意味
――TPP・TTIPの形成と中国

Science Portal China
2013年6月25日

中国―スイス関係史

中国とスイスが国交をもったのは第一次世界大戦後のことである。中国の外交担当者は当時、スイスとの平等条約締結を目指したが、スイスは中国と不平等条約をもつ英仏とスイスとの平等、つまり中国との不平等条約締結を求め、最終的に中国は、第一次世界大戦の戦勝国でありながら、スイスとの不平等条約締結を余儀なくされた。中国がスイスとの国交樹立を急いだのは、国際連盟の本部がジュネーブに置かれることも視野に入れてのことだったであろう。一九四九年に中華人民共和国が成立すると、スイスは社会主義国ではなかったが、一九五〇年初頭には中華人民共和国を承認した。そうした意味では、中国とスイスは古い友人関係だということになる。実際、中国がWTOに加盟すると、スイスは中国の市場経済国としての地位を認めたのだった。

李克強総理のスイス訪問――FTA交渉終結

二〇一三年五月二十三日、そのスイスに李克強総理が降り立った。李総理のスイス滞在時の一つの目玉は、「中国―スイスFTA交渉終結に関する諒解についての備忘録」の締結であった。実際、両国首脳の見守るなかで、二十四日に担当相（中国側は高虎城・商務部長）同士が調印した。中国とスイスの間では、二〇一一年一月から交渉が始められており、二年強を経ての調印となった。中国のFTA政策はそれまで周辺国を中心として進められてきており、FTA協定締結それ自体に新鮮味はないように思えるが、このスイスとのFTA締結について、中国側、とりわけ商務部は特別な意味を見出そうとしているようだ。『人民日報』の日本語版も、「中国・スイスFTAは『並大抵でない意義を持つ』」との記事を五月二十六日に掲載（http://j.people.com.cn/94476/8258388.html〔六月十七日閲覧〕）し、このFTAが、中国にとって世界経済ランキングのトップ二〇以内の国と締結した最初のFTAであること、また内容的に包括的であること、などを強調した。

李克強総理のTPP関連発言

しかし、とりわけ興味深いのは李克強総理が五月二十四日にスイスの経済・金融界の諸氏と昼食会をおこなった際の発言である。

「我々は、アメリカが現在TPP（環太平洋パートナーシップ協定）交渉を進め、欧米がTTIP

（環大西洋貿易投資パートナーシップ協定）交渉の準備を進めていることに注意しなければならない。これらの協議に含まれる国は多く、また経済力も大きいので、グローバルな経済貿易の枠組み、また投資自由化の進展に対して大きな影響力をもつことになる。我々は、貿易投資自由化や地域経済統合にとって有利なあらゆる協力に対して、原則として開放的な態度をとっている。それが多角的な貿易ルールに依拠し、開放、寛容、透明性確保という原則を保っていれば、我々としてはその成果を楽観的に受け止められる。欧米は世界の主要な経済主体であり、多角的な貿易枠組みの主要な構成員である。我々はこうした交渉が、ただ欧米の経済貿易にとって有利なだけでなく、ドーハラウンドの交渉過程にとっても有利なものとなり、自由貿易の良さが発展途上国の民衆に対してもより多く及んでいくことを望んでいる」

ＧＡＴＴからＷＴＯへと至る世界貿易の枠組み作りが頓挫し、欧米そして日本を中心とした新たな枠組み作りが進むなか、ＢＲＩＣＳ間をはじめ途上国では、こうした先進国中心の枠組み形成に疑義をとなえる向きも多い。だが、既に一定の競争力をもつ中国は、これらの新たな枠組み形成をただ座視することに対して、逆に将来の中国にとって不利になるのではないか、また、ここで早めに新たな枠組みに参加したほうがよいのではないか、といった懸念をもつのだろう。

商務部スポークスマンの発言

李総理が北京に戻った後の五月三十日、商務部のスポークスマンである沈丹陽が記者会見で次のように述べて話題になった。

「問（記者）：アメリカの商務省のサンジェス副大臣が日本を訪問した際、もし先に加入している国々と同様の高水準の自由化義務を受け入れることができるというのなら、中国のＴＰＰ参加を歓迎すると言っているが、中国側としてはこれをどう見るのでしょう。ＴＰＰに参加することは考慮されるのでしょうか。

答（沈）：中国側は自由貿易地域をつくるに際して、当事者がそれぞれ開放、寛容、透明性確保という原則を掲げ、とりわけ発展程度の異なる経済主体が当事者になる場合には、さまざまな可能性を担保すべく、各経済体の一体化の過程で多くの選択肢があるようにしている。

中国側は、一貫してＴＰＰ交渉の進展状況を重視し見守っており、また不断に国内諸部局や産業界のＴＰＰに対する見方を聴取している。我々は真剣に研究をおこない、それを基礎として、平等互恵原則に基づいて、ＴＰＰに加入する利害と可能性について分析し、ＴＰＰ加盟国との間で相互に交渉の情報や資料について交流することを希望している」（http://www.mofcom.gov.cn/article/ae/ag/201305/20130500146218.shtml）

この発言は、日本も含め海外で中国もＴＰＰ参加に意欲を見せたものと報じられた。「開放、寛容、透明性確保という原則」という部分はスイスでの李総理の発言にもあった部分である。中国は国際社会の新たな経済貿易のルール作りに高い関心を示したということである。

日を同じくするように、『新華財経』には「ＦＴＡ戦略配置　中国の次の一手が決まった（自貿区戦略布局中国〝挙棋已定〟）」という記事が掲載された（http://news.xinhuanet.com/fortune/2013-05/30/c_115976349.htm）。そこでは、もともと中国のＦＴＡ戦略は周辺諸国を中心にした二国間関係からはじまり、それが多角的な、面的な関係へと発展してきたが、ここにきてスイスやアイスランドなど、周辺以外の国々ともＦＴＡ締結をはじめている。こうした戦略全体は、ＴＰＰやＴＴＩＰなどとも深い関わりがあろうことを示唆している。[1]

米中首脳会談

六月におこなわれた米中首脳会談では、ＴＰＰをめぐる問題が話題として出されたという。これはドニロン大統領補佐官が八日（現地）におこなった記者会見で明らかになった。ドニロン補佐官は、ＴＰＰが主要議題であったとの誤解にならないよう言葉を選びながら、あくまでも〝a bit（ほんのすこし）〟話題になったとした。習主席は、ＴＰＰ交渉の進捗状況について尋ね、今後とも透明性を確保し、情報提供をしてほしいとオバマ大統領に求めたという。[2]

この流れも、基本的に上記の対スイスＦＴＡから商務部発言に至る流れに合致したものだが、あくまでも〝関心〟という程度に抑制されている点に注目しておくべきだろう。また、ドニロン補佐官が会談の模様を伝えると同時に、実際に中国がＴＰＰ交渉に加わることは困難だと示唆したことも留意しておいていい。ＴＰＰはＦＴＡと異なり、国内における経済制度の改革にも深く関わる。国内に多くの国営、国有、公営、公有の経済体を有する中国にとって、たとえ世界経済の新たな枠組みに加わる意欲があるとはいえ、国内に多くのメスをいれることには躊躇があるだろう。

TPPは中国包囲網か？

日本政府（民主党政権）がTPP参加を決断する過程で広まった一つの言説に、TPPは中国包囲網だということがあった。前述のように、TPPは世界経済の新たな秩序形成の要の一つであり、また加えてさまざまな基準を国内にも適用するものである。そうした意味では、中国は一面で参加を望もうとも、実質的にこれほど厳しい制度を国内に適用するのは困難であり、現段階での参加は現実的ではない。だが、実際に困難であったとしても、TPPなどの新たな貿易枠組みにとって、中国を除外すべきかどうか。これについてアメリカのスタンスは明確だ。TPPはあくまでオープンだが、そのハードルは中国に対して特別に低くなるということはない、ということだ。むしろ、アメリカから見れば、参加困難と思われた第三の経済大国・日本が参加に踏み切ることで、いっそう参加困難と思われた第二の経済大国・中国を引きずりだすことに成功しつつある、ということだろう。

では、日本としては中国の参加は不利益だろうか。今後の交渉過程しだいであろうが、中国がTPPの諸制度を受け入れ、国内の経済貿易障壁を撤廃し、いっそうの透明化をはかるというのなら、中国の国有企業系の組織の独占的地位を牽制し、利益団体にメスを入れることにもなるので、歓迎すべきだろうし、そうした変化に反対することは国際社会からの支持を受けられまい。無論、現実的に参加は困難である以上、日本がTPPに参加することは中国に圧力をかけるという意味でヘッジになるし、もし中国が諸条件を受け入れるのなら歓迎するというメッセージはある意味でエンゲージにもなる。こうしたヘッジとエンゲージを織り交ぜながら、中国と対話を進めていくことが当面の対中政策になるのではあるまいか。

中国のＴＰＰ参加反対という一辺倒にならず、日本が参加して中国にプレッシャーをかけつつも、同じ条件を受け入れるなら中国の参加を歓迎するという姿勢を示すことが必要になるのではないだろうか。自分たちにとって望ましい中国像を示しつつ、現状を批判するという姿勢が目下のところ必要だと筆者は考えている。

◇註

【1】このころには既に周辺外交の一部としてシルクロード構想があったが、まだ中国が世界の新たな貿易のルールにコミットしようとしていると思われる面があった。

【2】二〇一三年のころまでは、胡錦濤・温家宝路線が一定程度継承され、世界の新たな枠組みにアクセスしようとする姿勢が見られた。

米中首脳会談　大国間の協調と牽制

『世界』
2013年8月号

二〇一三年六月七〜八日、カリフォルニアにおいて米中の首脳会議がおこなわれた。オバマ政権は二期目開始早々、また習近平政権も政権発足直後というタイミングでの会談だけに注目が集まった。カリフォルニアという場が選ばれたのには、やはりアジア太平洋を議題の中心に据えるという意味合いがこめられていたであろうが、実際のトピックはアジア太平洋を中心にしながら、グローバルな話題に及んだ。結果的に見て、何かが決まったとか、懸案が解決されたということではないようだ。公開されていないこともあるが、少なくともメディアに公開できるような成果は限定的だ。

では、なぜこの早い時期に、この世界の二つの重要な大国は首脳交流をおこなったのか。それは、グローバルな諸問題について、また二国間の諸案件について、両国首脳が膝をつき合わせて議論する「場」をつくっていく、ということの確認が必要になったということだろう。両者のもつ価値観も、行動スタイルも異なるし、また諸案件においてとる立場や行動も異なる。だが、正面から対立したり、力と力でぶつかり合ったりするのではなく、まずは対話の場をつくっておく、少なくとも対話していく米中関係のあり方を示した、ということである。

首脳会談のもつ効果

首脳会談では、二日にわたる直接の会議、晩餐会、また散歩もあわせて八時間もの時間が費やされ、両首脳が比較的親しく談笑する姿もメディアで紹介された。米中双方が国内外に対して外交政策、世界戦略の姿を可能な範囲で可視的に示し、また互いに最もタフな相手との間に、早いうちに対話の「場」をつくったと内外に見せることで、双方ともに国内からの支持を得られるだけでなく、国際社会にも相応の影響が出ることが期待できる。

この対話という舞台では、何も「協調」だけが強調されるわけではない。報道された通り、サイバー問題も当然ながら話題になった。だが、アジア安全保障会議（シャングリラ会合）における議論と同様、アメリカは中国側からの「サイバー問題の被害者」だとの発言を容認しつつ、協同して解決に向けて努力するとの言辞を引き出したわけである。無論、これが問題解決にどれほど結びつくのかは不明である。だが、牽制しながら協調を引き出していくという姿勢は典型的に表れている。

また、米中首脳会談には他の効果もある。この会談がおこなわれる前、北朝鮮は中国に使節を派遣して諸案件について一定の譲歩する姿勢を見せ、台湾では台湾関係法に基づくアメリカの武器売却が継続されるか否かが取り沙汰された。何かを決めずとも、また何も解決せずとも、米中両大国が首脳会議をおこなうということだけで、とくに東アジア各地で「さざ波」が立つということである。そうした意味では、尖閣諸島問題などをめぐって、固唾をのんで首脳会談を見守る日本もまた、この首脳会談のもつメディア効果にはまっているということもできるだろう。

オバマ政権の対中政策

アメリカは中国に接近している、と見るべきなのだろうか。オバマ政権では第一期からG2論などが話題になり、その対中接近が批判に晒されることになった。昨今は、ピボット、アジアへのリバランシングといった政策が話題になっている。これは、アメリカの中東やアフガニスタンへの関与が減少する分、再び東アジアに回帰してくることを意味している。

だが、これはアメリカが同盟国とともに中国包囲網を強化するということなのだろうか。今年六月にシンガポールで開催されたアジア安全保障会議で、チャック・ヘーゲル国防長官は、その講演でアジア地域の平和と安定を強く求めるスピーチをおこなったが、中国については、それを敵視したり問題視したりせず、むしろ「前向きで建設的な関係を中国と築くことが、アメリカの〝アジア回帰〟において必要不可欠な要素である」などとし、安定した地域や世界秩序の形成に、中国が積極的に関与することを求めたのである。

つまり、アメリカは中国との相違や山積する課題を認識しつつも、中国敵対路線「のみ」を採用するのではなく、むしろ「前向きで建設的な関係」を中国と築くことを念頭に置いている、ということになる。これは、オバマ第一期政権でNSCのアジア部長をつとめたジェフリー・ベーダーの回顧録の内容とも軌を一にする(『オバマと中国』東京大学出版会、春原剛訳)。オバマ政権は第一期から、民主党は親中、というイメージを払拭すべく、同盟国との関係を重視しつつも、影響力を増す中国とも建設的な関係を築き、成長著しいアジア市場にこれまで以上にコミットして、アメリカの東アジアでのプレゼンスを増していくことを企図していたのだった。

矛盾なき「日米同盟強化」と「米中協力強化」

アメリカは、日米同盟をはじめとする同盟国との関係の強化と、中国と「前向きで建設的な関係」を築くこととの間に矛盾はない、と表現している。アジアの平和と安定を求め、そこからアメリカの利益を得るという点で、バランスがとれているからだろう。もちろん、国防総省のレポートなどでは中国の軍事力増強やサイバー攻撃を批判的に捉えている。また同盟国との関係強化もうたわれている。だが、それは対中強硬論、対中包囲網強化という議論に単純には結びついていないのである。つまり、旧同盟国との関係強化＝対中包囲網強化という理解とは異なるメッセージを、アメリカは同盟国にも送ろうとしている。財政面で不安を抱えるオバマ政権は、もはやかつてのように「力」で東アジア地域に関与することは難しい、ということもその背景にあろう。

だが、アメリカにとって自明なことも、中国の周辺国、とりわけ中国と領土問題を抱えるような国からは理解されにくい。中国と領土問題を抱えている国々は、アメリカの「アジア回帰」を中国への対抗というコンテキストで読み取ろうとするし、アメリカの領土問題へのコミットメントを期待する。そうした国々にとっては、同盟の強化が中国へのヘッジ強化を意味するので、中国へのアメリカのエンゲージが減少することを期待する。

日本を選ぶのか、中国を選ぶのか

このような観点は日本で顕著である。アメリカは日本をとるのか、中国をとるのか、といった議論がそれである。尖閣諸島問題を抱え、また中国からのプレッシャーを受けている国は、日本に似た立場をとる。日本における報道も、日米同盟の尖閣諸島へのコミットメントを期待するあまり、アメリカが中国に釘を刺したといったことが強調された。だが、アメリカは主権問題に対して立ち入らないという原則を変えておらず、中国に対して日本との対話による解決を求めたのだった。

他方、中国から見れば、アメリカと同盟国の関係が強化されたり、台湾にアメリカが武器を売却したりすることは、地域の平和と安定のためというよりも、中国包囲網の強化、中国敵視政策の強化だと映る。中国から見ても、アメリカによる旧同盟国との関係強化は、中国の置かれる環境を厳しくするのだと認識される。そうした意味では、アメリカの考え方は、中国にも「わかりにくい」面がある。この点は、既にアジア安全保障会議における中国側の発言にも表れている。当面、中国としてはアメリカとの関係を強化することによって、日本を含むアメリカの同盟国を牽制していくということになるであろう【1】。

だが、注意すべきは、東アジアのすべての国が日本と同じスタンスをとるわけではない、ということだ。日本は、中国との領土問題を抱え、アメリカの関与を期待する国の代表だということにはなるかもしれない。だが、アメリカから見れば、日本こそ、東アジアの対立構造のなかにアメリカを巻き込んでいこうとする代表に見えるだろう。アメリカとしては、日本の要請を適度に受け止めつつ、過度に東アジア域内の対立構造に巻き込まれまいとするだろう。

日本としては、もちろん自らの立場、そして中国からのプレッシャーをアメリカに説明し、理解を求めつつ、アメリカのコミットメントを引き出していくことが求められる。だが、アメリカ側の基本政策を日本としても理解し、同盟国たるアメリカに利益をもたらす存在であることをアピールすることも大切だ。日本がアメリカの政策を最も理解し、パートナーとなりえる存在だということを示してこそ、アメリカからも重視される存在になるだろう。歴史や人権をめぐる問題に適切に対応することも、アメリカの関心や重視を引き出す上で重要だ。日本がアメリカの政策にとって障害物になっているというパーセプションを与えるようなことをするのは極力避けるべきだろう。

TPPをめぐるやりとり

そうした意味で興味深い案件がTPPだ。今回の米中首脳会談でも、中国側から頭出し程度の「関心」が示された。中国側がアメリカ側に、TPPへの関心を伝え、情報提供を求めたのだ。アメリカ側は、中国が現在の交渉過程に簡単に参加することはできないとしながらも、中国が他の参加国と同じ条件をクリアすれば参加することは妨げないというスタンスをとっている。

世界経済は大きな再編期にある。GATT、そしてWTOによる世界貿易の枠組み形成が限界に直面するなか、アメリカと欧州が、TPPやTTIPなどを形成することで、新たな枠組みをつくろうとしている。中国はこのところ世界的なガバナンス形成過程に関与することを重視している。また、BRICSのなかでも比較的国際的競争力のある企業などを有していることもあり、TPP

に無関心ではいられないのではないかとの観測があった。実際、中国はスイスやアイスランドともFTA締結を進め、欧州との経済協力に足がかりを見出している。今回も五月末に李克強総理がスイスを訪問してFTA交渉終結を見届けた後、商務部がTPPへの関心を示し、それが習主席のTPP発言につながっていった。

これらの過程は経済力第三位の日本の参加が、第二位の中国の関心を引き出したという面もあるだろう。日本ではTPPは中国包囲網だという議論もある。だが、中国がTPPのルールを受け入れ、国内の国有系企業による寡占を崩せるのなら、それは日本にとって有益だ。無論、中国が簡単に参加できるはずはない。だが日本としても、中国への厳しい視線を維持しつつ、条件をクリアした上でのTPP参加については、それを歓迎するといった柔軟な姿勢が必要であり、この点でもアメリカと共同歩調がとれるのではないか。

日中関係が緊張状態にあるなか、米中はお互いの安定した距離感を見出しつつある。日本としては、アメリカの関与が必要な局面が増えようが、そのアメリカの大きな方針を踏まえつつ、日中韓FTAなどでも比較的良好な対日姿勢を示す中国からのシグナルをも受け取り、より有利な外交空間を形成していくことが求められるであろう。

◇註

【1】このような日中間のアメリカ観の相違は、アメリカの対中政策が厳しくなった二〇一五年以降も基本的に変わっていない。

朴大統領訪中と日米韓・米中韓関係

Science Portal China
2013年7月16日

韓国から見たG2論と米中新政権

韓国で国際関係の議論をすると、G2という言葉が頻繁にあらわれる。この言葉自体は、オバマ政権第一期にアメリカ側で議論されたものの、温家宝総理がそれを否定、以後は米中関係を説明する用語としてはほとんど使用されていない。だが、韓国では国際関係を示す基本用語として定着してしまったようだ。

これは不思議なことではないのかもしれない。半島情勢をめぐるパワーバランスにおいて米中両国が最大の影響力を持つ存在であることは明らかなので、朝鮮半島の統一、あるいは北朝鮮問題が国際関係の第一ミッションとなる韓国では、このG2でまず世界を観てしまうのだろう。とりわけ、第二期オバマ政権がリバランスを唱え、習近平政権が胡錦濤体制よりも北朝鮮に厳しい姿勢を国連などの場で示したのだから、米中の北朝鮮へのアプローチ、すなわち朝鮮半島をめぐる新たなるG

2体制を韓国は見出したのだろう。そうした意味で米中韓関係の再定位が大きな課題になったことも頷ける。

朴大統領の訪米と米中韓関係

二〇一三年五月初旬、朴槿恵大統領が訪米し、オバマ大統領と首脳会談をおこなった。この際には米韓二国間関係とともに、中国との距離感についても話題になった。共同記者会見では、北朝鮮問題、六者協議における中国やロシアの重要性を強調する見解が披瀝された。そこでの朴大統領のコメントは以下の通りである。

And so, in order to encourage North Korea to walk that path and change its perceptions, we have to work in concert. And in this regard, China's role, China's influence can be extensive, so China taking part in these endeavors is important. And we shared views on that. With regard to China and Russia's stance, I believe that China and Russia – not to mention the international community, of course–share the need for a denuclearized Korean Peninsula and are cooperating closely to induce North Korea to take the right path. In the case of China, with regard to North Korea's missile fire and nuclear testing, China has taken an active part in adopting U.N. Security Council resolutions and is faithfully implementing those resolutions.

ここで朴大統領は下線部にあるように北朝鮮問題における中国の重要性をしきりに強調している。無論、日本への言及はない。

また、米韓首脳会談以前、アメリカは米中首脳会談をおこない、北朝鮮問題における協力関係、とりわけ半島の非核化の面での協力について確認している。アメリカは中国をグローバルな、また地域的な秩序に組み込んでいき、それと同時に日本や韓国など従前からの同盟国との関係を強化しようとしている。中国を取り込み、協調関係を築きながら、伝統的な同盟国とも関係を強化しようというわけだ。そこには、日米中関係、米中韓関係など、米中＋Xの多様な三国関係が形成される。だが、この三国関係はいつも三角形を結ぶわけではない。たとえば日米中関係のように、日米、米中の関係はあっても日中関係が緊張すれば三角形としては機能しない。それに対して、米中韓は、北朝鮮問題を「てこ」にして、米中、米韓、中韓それぞれの関係が結ばれ、そのトライアングルが形成されているということになろう。

ここではあくまでも米中が優先であるが、韓国からすれば、朴大統領が五月に訪米し、六月に訪中するということは、韓国なりのG2的な秩序観をふまえた三角形がつくられてきていると言えよう。つまり、朴大統領は、金大中のように北朝鮮に対する太陽政策をとるわけでもなく、また李明博のようにただ親米的な姿勢をとるというのでもなく、米中両国とのトライアングルを想定し、その枠組みの下に北朝鮮に対応しようということである。アメリカから見れば、韓国の言うG2論については首肯しがたくとも、中国に対するエンゲージとヘッジの双方を組み込んでいる韓国外交は、その基本的な発想が自らと近く、歓迎しているように見える。

では中国からはどう見えるのか。北朝鮮に大きな影響力をもちながらも、北朝鮮に手を焼きつつある中国の観点からしても、韓国のこのような姿勢は歓迎だろう。米中二大国と、最も当事者性の高い国である韓国とが枠組みをつくるというのは、国際問題への関与という意味でも矛盾は大きくない。中国からすれば、韓国と密接な関係を築くことは、アメリカの諸同盟国間の関係強化、とりわけ日韓関係強化に楔を打ち、それと同時に領土問題を有利に進める上でも、重要な施策となろう。

このように形成された米中韓関係であるが、韓国はこのトライアングルを「制度化」したいようである。目下、二国間関係の束にすぎないこの関係をトライアングルにして米中韓三国協議などにしようとしているように見える。その場合、その関係のターゲットは北朝鮮問題だけに限定されるのであろうか。必ずしもそうではないだろう。とりわけ、経済は中韓二国関係にとっても大きなミッションになることが予想される。

中韓二国間関係

今回の訪中に際して、朴大統領は中国により「旧い友人」と位置づけられた。また、朴大統領は得意の中国語で中国の学生に語りかけ、韓国での「国民幸福時代」、中国での「中華民族の偉大なる復興」を相互に尊重するということを確認した。中韓関係は「戦略協力パートナーシップ」の下に位置づけられ、相互にそれぞれの社会制度や発展モデルを尊重し、和平発展を支持するとした。無論、そこでは朝鮮半島の非核化をめぐる両国の協力関係も位置づけられている。

今回の朴大統領の訪中で特徴的だったのは、国民の各領域、各階層での協力を提唱した点である。

だからこそ、朴大統領は全人代のトップである張徳江にまで会ったのだろう。また、経済面でも韓国は中国への期待を明確にし、FTA締結を想定し、金融面での中韓協力も進めようとしている。総じて、包括的な協力関係が進められようとしているということだろう。このほか朴大統領から提案された、東北アジア和平協力構想、朝鮮半島信任過程構想などといったものについても、中国側は支持を与えている。

中韓両国が発した未来連合声明は、以後五年間の包括的な協力関係形成を主題としている。第一に、議会、政党、学術界などを含めた広範な国民交流、第二に経済社会の協力、第三に青少年交流、地方交流、伝統技術交流などが挙げられている。そして、首脳交流をはじめとして、外交のトップレベルの定期会合など、各分野の協力枠組みの形成もおこなわれる。このほか、中韓人文交流共同委員会が形成され、定期的に会議を開くという。

これらについての率直な印象は、一九九二年に国交をもった両国が、戦略的な環境の変化のなかで、包括的な二国間関係を形成しようとしているということであろう。これは北朝鮮問題のみならず、中韓二国間関係のさらなる発展を見越してのことのように思える。無論、中韓二国間関係が順風満帆というわけではない。領土問題などでの両国の協力は必ずしも好ましくない面もあるし、毎年、漁業をめぐる問題も生じている。相互の国民感情も必ずしも安定したものではない。そうした意味では、こうした蜜月の演出もまた暫定的な一つの戦略的パフォーマンスであり、目下、二国間の安定した関係を示すものとまでは言えないということになろう。

日本との関係

では、日本はどうだろうか。米韓首脳会談で朴大統領は、とりわけ北朝鮮問題について日本には言及しなかった。だが、中韓首脳会談で日本が話題になった際には、歴史問題でそれぞれ立場を述べただけでなく、日中韓三国関係について、まずは三国首脳会議を二〇一三年中に実現するよう努力することを約している。

韓国にとっても、日米韓関係が国家の安全保障の根幹にあることは間違いない。だが、北朝鮮問題においては、米中韓トライアングルがG２論を背景に重要になり、経済面でも韓国とＦＴＡのあるアメリカ、そして何よりも中国との関係が重視されている。アベノミクス下にある日本は、韓国にとってむしろ貿易赤字を生み出すだけの相手なのかもしれない。そうした意味で、韓国にとって日本は重要ながら、それが可視化される機会が少ないということになろう。

そうしたなかで、韓国が米中韓関係を制度化していこうとする動きや、北朝鮮問題について六者協議を四者協議にしようとする動き、あるいは五者協議にしようとする動きが、韓国、あるいは中韓で強まっていることには、日本として留意を要する。

東アジアの国際関係は、不断に発生する短期的な変容と、その連なりとしてある長期的な変化とが折り重なりながら形成されている。短期的な変容に右往左往する必要はないが、長期的な視野に基づいた慎重な観察と一定の対応は必要だろう。とりわけ、日米中関係、日米韓関係、米中韓関係の下にある日米同盟のありかたや位置づけについては、東アジアの国際関係において完全な定数というわけではなく、状況に応じて変容する変数になりえることに、一定の留意が必要である。

国宝狂奏曲

——第二次アヘン戦争で奪われた「お宝」の中国帰還？

NHKの報道

二〇一三年六月三十日朝、NHKの朝のニュース番組で次のようなニュースが流れた。

「中国で、十九世紀に破壊された清朝の離宮『円明園』から国外に流失した十二支のブロンズ像のうち、ウサギとネズミの二体が、所有していたフランスの企業家から中国に返還されました。返還されたのは、清朝が北京に造った離宮『円明園』から流出した十二支のブロンズ像のうち、ウサギとネズミの頭部の像二体です。ファッションなどの高級ブランド『イブ・サンローラン』を傘下に置くフランスの企業家が二体を所有していましたが、このほど中国に返還し、北京の国家博物館で記念の式典がおこなわれました。『円明園』は、一八六〇年、第二次アヘン戦争（アロー戦争）のさ

Science Portal China
2013年７月17日

なかにイギリスとフランスの軍隊によって破壊されました。中国政府は、その際に十二支のブロンズ像は両国の軍によって略奪されたとして返還を求め、四年前にウサギとネズミの像がパリでオークションにかけられた際、中国国内ではフランスへの反感が強まりました。今回、二体が返還されたことで、流出した十二支のブロンズ像のうち七体が中国に戻ったことになります」(http://www3.nhk.or.jp/news/html/20130630/k10015686081000.html)

このNHKのニュースを誤りだと断じることはできないが、中国政府の発表の内容をそのまま放送することにも違和感を覚えた。

円明園十二生肖獣首銅像

今回話題になったのは、十八世紀に建築され、第二次アヘン戦争に際して英仏連合軍により略奪された、北京郊外の円明園にあったとされる「円明園十二生肖獣首銅像」である。これは、円明園の噴水時計のまわりに配された十二支の獣首人身の銅像で、日本の教科書にも出ているカスティリオーネがデザインしたものとして知られている。

目下、その十二体は世界にちりぢりになっており、二〇〇九年二月二十五日、パリでクリスティーズによって競売にかけられたのがウサギとネズミであった。このオークションでは、中華海外流失文物緊急保護専門基金の関係者が落札したが、これは他への流出を防ぐための落札で、実際には落札者は支払いを拒否し、中国政府が返還を求めていた。

欧米や日本の博物館には多くのアジアやアフリカの展示物があり、それらの返還交渉が各地で発生している。一部には、先進国で保存されたからこそ現存していると主張する向きもあるが、総じて帝国主義の侵略にともなう略奪品だとして、返還されることが増えてきている。

中国の国宝回収熱

ほぼ二十世紀を通じて国権回収運動を国是とし、昨今「中華民族の偉大なる復興」を提唱する中国にとって、こうした国宝の回収は急務である。そもそも、いわゆる清代以来の「国宝」の大半が台湾の故宮博物院にある中国にとって、海外に流出した「国宝」の回収は、いまや領土を回復するのと同様に、「屈辱の近代」を取り戻す作業にほかならない。今回のネズミとウサギの像もまさに侵略により略奪された国宝を取り戻す、正義に基づく行為だと、中国では位置づけられる。

この十二支の銅像が奪われたとされる第二次アヘン戦争は、清の敗北によって、清が諸列強と天津条約、北京条約を締結して、中国をめぐる不平等条約体制が確立した戦争だ。また、この戦争期間中に締結されたロシアとのアイグン条約、北京条約によって沿海州などの広大な領域をロシアに割譲したことでも知られる。そして、円明園は、この戦争の過程で英仏連合軍が北京に進軍した際に、略奪の対象となった清王朝の離宮で、まさに「列強の侵略と中華の富の簒奪」の象徴的な場であった。

本当に略奪されたのか

しかし、果たして本当にこれらの「国宝」——ウサギとネズミ——は英仏連合軍によって略奪されたのだろうか。そして、今回中国に「返還」されたものが一五〇年前に略奪されたものなのだろうか。

中野美代子「愛国心オークション」(『図書』二〇〇九年七月号、岩波書店)が既に明らかにしているように、当時の略奪についての報告書やフランスの新聞のイラスト、以後の史料からも、この十二支像はアロー戦争に際して略奪にあったと断言するにはまだ検証が必要である。それは、そもそもアロー戦争に際して、これらの像が英仏に奪われたのか、という問題である。

次に、このような十二支像は、この円明園にあったものだけなのか、ということである。実は、アロー戦争以後も北京で十二体の銅像が確認できる。たとえば、西太后は南海（いわゆる中南海［中海と南海で構成される］の一部）の周囲に十二体の像を並べてライトアップしたともされており、アロー戦後にこうした銅像があったとされる。また、中野も参照している Carroll Brown Malone, *History of the Peking summer palaces under the Ch'ing dynasty*, The University of Illinois, 1934. は、一五二ページにこれを示す写真を掲載している。

このページのキャプションには、「北京の冬の離宮の一二の銅像」とあり、「これらの銅像は、(同書の)一四九ページにある円明園の水時計の周囲にあった銅像と同じように置かれている。だが、これらは電球をその手に持っているものの、その技術は決して高いとは言えない。これらは慈禧太后（西太后）のために製作されたという」と記されている。

これは少なくとも、十二生肖獣首銅像が一セット、第二次アヘン戦争後に北京に残されていたことを示唆している。無論、銅像が実際には略奪されず、清朝によって円明園の外に運び出された可能性もあるし、西太后が南海に設けたものがすべてレプリカ、あるいは第二次アヘン戦争後にあらためて製作されたという可能性もある。

では、今回中国に返されたというウサギとネズミはどれの一部分なのか。全体で一セットしかないのなら、第二次アヘン戦争後に円明園のものは他所に移されていた、つまりアロー戦争では盗まれていなかったということになる。また複数セットあったというのなら、今回返されたものがどのセットの一部分か明確にしなければならない。そもそも南海にあった像は現在も南海にあるのだろうか。こういったことの究明なしに、「国宝返還」と決めつけるのには疑義が残る。だが、中国では既に、そういったことを歴史学者が口に出せなくなるほど、「国宝返還」という正義の下に、話が大きくなってしまっている。

「略奪されたものを奪い返す」という国民運動と「略奪品リスト」

中国では、二十世紀初頭から条約改正が開始されたが、本格的に、アヘン戦争以来列強により奪われた国家権益を奪い返すという国権回収運動が本格的に展開したのは、一九二〇年代半ばからである。主導したのは国民党であり、やがて共産党がそれを継承した。植民地となった香港、台湾、また外国の軍隊が置かれた租借地、そして外国人居住区（あるいは特別司法・行政地帯）としての租界、鉄道や鉱山などの諸利権など、さまざまな「国権」が回収の対象となった。外国側は「条約」

を根拠に、その利権を外国側が有することを正当化しようとしたが、中国側はそうした条約さえも、不法であるとすることがあった。

しかし、ここで問題になるのは、そもそも何が奪われたのか、何を取り戻すのかという中身だ。一般的に、植民地支配を受けた国や、侵略された国では、略奪されたものを奪い返すという民族運動が多く見られる。これは決して珍しいことではない。だが、その略奪されたもののリストが頻繁に書き加えられたりしたらそれは厄介なことである。ましてその国が軍事力も含めて「大国」になってしまったとしたら、大変なことである。力に任せて、「奪われたもの」であるかどうか曖昧でグレーゾーンにあるもの、あるいは十分に検証されていないものを「略奪品」に加え、正義の名の下に回収することを「国是」とするとすれば、周辺国にとりそれは大きな脅威となる。回収の意思のみならず、その能力、パワーもあるからだ。

「ライジング・ドラゴン」(原題「十二生肖」、二〇一二年)というジャッキー・チェン主演の映画は、まさにこの十二支の銅像の「回収」を一つのモチーフにした映画である。映画のなかでの会話は、さまざまなオブラートに包まれてはいるが、そこには十二支銅像以外の「国宝」も登場し、それが中国にとって「回収すべき対象」であることが織り込まれた内容であった。「屈辱の近代」の回復運動は当面続きそうである。

中国、「公式見解」の漂流

『中央公論』
2014年1月号

二〇一三年の暮れ、もう忘年会と言ってもいい感じの中国研究者の会合。そこでの一つの話題は、「最近、『人民日報』がおかしい」ということだった。『人民日報』と言えば、中国共産党を代表する、公式見解が羅列される最も「つまらない」新聞である。日本を含め、海外の中国研究者は、この『人民日報』をもとにノートを作り、そこでの表現やトーンの変化から、中国政治の変化を読み解こうとしてきた。

どうおかしいのか。それは、紙内に明らかに異なる内容が掲載されている、社説と他の記事の方向性がずれている、公式見解とは思えない内容が掲載されることがある、といったことだった。また既に原因分析をした人もいて、『人民日報』内部の管理統制が弱まった結果だとか、逆に政権内部での多元化を映し出しているだけだ、といった話が出てきた。

確かに中国政治は大きく変化している。習近平は、鄧小平に指名された江沢民や胡錦濤と異なり、まさに選出制度に則って選ばれた現代中国最初の国家主席と言ってよい。それだけに正当性があると言えなくはないが、さまざまな勢力、すなわち発展派と保守派、いくつもの利益団体、中央・地方関係、国家と社会関係など、諸勢力間の対立軸の上で、調整者として振る舞わねばならない。調整すればするほど思い切った決断をしにくくなるし、また調整のためのコストを厭えば、一部の勢力の見解が露骨に政策に反映され、各方面の反撥を招くことになる。[1]

このような状況は対外政策でも同様で、最も敏感な相手である「日本」をめぐる政策にも影を落としている。二〇一三年十月、中国では「周辺外交工作座談会」が開かれ、周辺との関係をいっそう重視、強化する政策が採用されたとの報道があった。この「周辺」には日本も含まれている。日本は中国の対外政策の区分では、大国にも周辺国にも含まれている。ちょうど、日本との経済・文化関係に日がさしてきたので、これも対日宥和のシグナルかのように思われた。そこへ、十一月になって防空識別圏の設定である。

中国の官僚に言わせれば、周辺外交強化と主権維持のための防空識別圏設定の間に矛盾はなく、日本をとくに意識したものではない、という。周辺外交を強化するとは言っても主権に関して譲歩するわけではないし、これは東シナ海だけに設定されるわけではない、というのが彼らの立場だからである。しかし、尖閣諸島問題が収まっていないこの段階での公表、さらには国際的通例とは異なる手法での設定が、まさに周辺国からは脅威に映る。

中国の官僚が言うには、長きに亘って外交部なども含めて南京軍区を中心に検討してきたことが、たまたまこの時期に出されただけであり、識別圏は多くの国が設定している国際法に準拠した行為だということになる。だが、違和感が残る。すなわち、公表のタイミングのほか、中国の海をめぐる空間認識のように、領海や領空を延長していく意識で空間設定がされている。航行に際しての事前通報の強制などは他の国には見られないことが含まれているのである。

中国には課題が山積し、アクターも多様化した上、政権も調整型になっている。そのため、少なくとも外からは整合性がつかないと思われる政策が多々打ち出される。一昔前であれば、中国には中国の国情があるとか、中国の国内事情に口を出すのは内政干渉だなどと言えたが、いまやそのような時代ではない。周囲の国から見れば、「意思と能力」を兼ね備えた脅威となる存在である以上、不分明な政策は恐怖心を増幅させる。

『人民日報』の変化は、まさに中国における「つまらない公式見解」、つまり誰もが共有している「あたりまえ」が揺らぎ、公式見解がいっそう多面的に、可変的になったことを示すものだろう。巨大な隣人が、いっそうわかりにくく、ややこしい存在になっている。

◇註

【1】習近平政権初期には、この政権もまた調整型になると思われた。しかし、二〇一四年あたりから明確に変化が見られるようになった。

カイロ宣言の「亡霊」

『中央公論』
2014年2月号

二〇一三年はカイロ宣言七〇周年であった。そのため、多くの記念行事が中国、あるいは台湾でも開かれた。これらはみな、尖閣諸島問題、沖縄の位置づけ、ひいては敗戦国としての日本の立場などを意識したものである。

カイロ宣言は一九四三年十一月末にカイロで開催されたカイロ会談のあと、十二月一日に発表された、プレスリリース的な文書である。この会議には、アメリカのルーズベルト大統領、イギリスのチャーチル首相、そして中国の蔣介石総統が参加した。中国側は蔣介石のほかにも、その夫人の宋美齢、また王寵恵がいた。

カイロ宣言が問題となるのは、そこに領土をめぐる次の内容が含まれているからである。それは、「満洲、台湾及澎湖島ノ如キ日本国カ清国人ヨリ盗取シタル一切ノ地域ヲ中華民国ニ返還スルコトニ在リ」という部分である。中国や台湾から見れば、「中華民国ニ返還」という部分が重要になる。

サンフランシスコ講和条約では、日本は台湾などを「放棄」しただけで所属先は明示されないが、このカイロ宣言では明確にされているのである。

このカイロ宣言は署名もないプレスリリース的な文書に過ぎず、どれほどの効力があるかは疑問だ。だが、一九四五年七月末のポツダム宣言の第八項に「『カイロ』宣言ノ条項ハ履行セラルヘク又日本国ノ主権ハ本州、北海道、九州及四国並ニ吾等ノ決定スル諸小島ニ局限セラルヘシ」とあるので、カイロ宣言に意味がないとは言えない。一九五一年九月に締結されたサンフランシスコ講和条約の内容とカイロ宣言の内容が前述のように同じではなく、当然条約のほうが優先されるが、中国も台湾もサンフランシスコ講和会議には参加していないので、カイロ宣言を重視するということになる。

だが、筆者はここで一つの論点を提示したい。昨今、カイロ会談当時、ルーズベルトが蔣介石に対して、中国による沖縄の領有を再三求めたが、蔣介石がそれを拒絶したという話が話題になっている。中国側は尖閣諸島が台湾に属すると言っているのだから、この問題と尖閣諸島問題とが直接関わるわけではないが、この米中首脳会談での沖縄をめぐるやりとりは話題性が高い。だが、このカイロ会談での会議記録それ自体の作成過程が問題だ。

この文書は一九五六年になってアメリカから台湾の外交部に照会がなされて作成されたものである。実はカイロ会談には外交部長らは同行しておらず、外交部に会議記録はなかった。結局、一九五六年のアメリカからの照会を受けて、残されていた王寵恵のメモをもとにカイロ会談での会議記録が作成された。そして、その原案を蔣介石が修正した。その修正過程が、台北の中央研究院で公開されている外交文書からつぶさに明らかになる。

カイロ会談では、宋美齢が蔣の英語の通訳にもなったが、蔣は宋の通訳を通じた会議の模様の記憶と、一九五六年当時の台湾の立ち位置などを考慮して、この会議記録に手を入れたのであろう。いずれにせよ、このカイロ会談の会議記録というのは、果たして歴史学でいう一次史料なのか、という疑問が残る。後世（一九五六年）になって過去（一九四三年）を振り返って記された史料（二次史料）に依拠して議論するのは危険である。

領土については「古より」とか「固有の」とかいった言葉がつきまとうが、中華民国でも中華人民共和国でも、二十世紀にはほぼ尖閣諸島を尖閣諸島、あるいは尖頭諸島と呼んでいた。名称を変えたのは台湾であり、一九七〇年一月十四日に経済部で開かれた「正名座談会」で「釣魚台列嶼」と呼ぶことが決まった。以後次第に定着し、それにつれて中華人民共和国でも名称を変えていったのだ。

カイロ会談の「亡霊」が東アジアを跋扈した二〇一三年、あらためて「歴史」が話題になった。だが肝要なのは、あまり現在の視点に捉われず、史料に立ち戻って、史料を基点に議論することではなかろうか。

国際広報戦略という難題

『中央公論』
2014年3月号

昨今、国際広報の重要性が増している。日本のおこなう対外政策などが、その意図に即して理解されるように、また一部の国や主体が展開する日本の国益を損なう広報戦略に対して、それを是正することなどがそこに含まれる。この重要性は、中国などが内外のメディアで日本を批判するキャンペーンを張り、その言論が海外において浸透してしまっていることなどを考慮すれば首肯できるであろう。世界各国がまさに鎬《しのぎ》を削って自国のイメージアップに努めている、ということである。

しかし、国際広報はなかなか困難だ。戦前においても、一九二〇年代あたりからとりわけこれが重視されたが、それは必ずしも成功裏に進まなかった。また戦後の日本がこの課題に積極的に取り組み、ノウハウを蓄積しているかと言われれば、そうでもない。インテリジェンスやパブリックディプロマシーの重要性などは、まさに昨今かまびすしく指摘されるようになったのである。

その国際広報戦略を考えるに際してはいくつかの注意が必要だ、と筆者は考える。

第一に、これは大前提だが、「以心伝心」ではなかなか難しい、ということである。日本に来てもらえばわかる、正しいことを説明していればいつかわかってもらえる、といった論理がなかなか通用しないのがこの領域だ。相当丁寧に説明しても、それでもなかなか伝わらないものである。第二に、「相手がいる」ということ、そしてその相手が多様だということだ。その相手がいかに日本を見ているか、をきちんと個別に知り、相手に応じて広報しないと効果は期待できないだろう。第三に、目標をいかに設定するかということである。しばしば、親日とか反日とかと言われることがあるが、親日家の養成を目標とすべきかどうか疑問である。親日家がいれば心強いのは確かだが、それよりも、日本に時に批判的にもなるが、日本のことを理解した上で批判するような知日派を増やしていくほうが現地社会での信頼を得られよう。第四に、政府がおこなう国際広報では「正しい情報」を一義的に決定し、関係者一同、同じことを繰り返す〝ワンボイス〟が強調されるときがあるが、訪れる政治家も官僚も、ジャーナリストも学者も判で押したように同じことを言うのでは、逆に信用を得られないのではあるまいか。主要な部分を踏まえつつ、多様性を担保してこそ柔軟な対応が可能になる[1]。

このような点を意識しつつ、短期的、中期的、長期的な戦略が練られ、各省庁、また官民が、一定の多様性を担保しつつ、オール・ジャパンの体制の下に活動すれば、まだまだ可能性はある。中国などの国際広報戦略の予算、人員の規模は日本とは比較にならないほど大きな物である。それに対応するには、効率と資源の有効活用が求められるところである。

他方、単に「発信」するだけでなく、「防禦」も必要だ。諸外国のメディアでは、あまりに誤解に満ちた言論や、悪意に満ちた言論がある。それについては、適切に対応する必要がある。実際にそのようなことをするチームが組織的に形成され、迅速に対応できる制度ができているかと言われれば、疑わしい。

二〇一三年十二月二十六日、安倍晋三総理が靖国神社に参拝した。アメリカ側は disappointed という表現により、メッセージを伝えてきた。日本側の参拝をめぐる国際広報戦略はどのようなものであったのだろう。参拝の是非は別にして、参拝の決断に際しては対外的に説明可能かどうか、ということが考慮され、それが可能だという結論が得られてから、その決断がなされたのであろうか。また、その広報が周到に準備され、実行されたのであろうか。たとえば、参拝の意図とともに、本殿のみならず鎮霊社に参拝した意図など、いっそうの説明が必要な領域があるように感じられる。

◇註

【1】現在に至るまで対外広報は積極的におこなわれている。だが、費用対効果、きめ細やかさなど、多くの課題を残している。

再び「尖閣国有化」を考える

『中央公論』
2014年４月号

新年度を迎えても、日本外交をとりまく状況は厳しい。とりわけ日中関係は、靖国参拝問題のみならず、尖閣諸島をとりまく事態が依然予断を許さない。

二〇一二年九月十一日、尖閣諸島の三島（魚釣島、北小島、南小島）を政府が購入し、私有地が国有地となった。この「所有権の変更」が、国際的に大きな反響を引き起こしたことは周知の通りである。中国側は、この所有権の変更を、従来日中間にあった尖閣をめぐる「棚上げ」合意を破る、まさに現状変更の行為として位置づける。

中国国内では、そもそもお互い「棚上げ」によって日中双方ともに触れようとしなかった島々を、突然日本が強引に「領土化」した、と受け止められている。私有地がない中国では「国有化」がそのように受け止められることもありえようが、日本側の数十年に亘る実効支配の実績が完全に消し去られているところが重要である。

また、なぜ日本政府が尖閣諸島の一部の島嶼を購入しようとしたのかと言えば、石原慎太郎元東京都知事らによる購入計画があり、それによって尖閣諸島をめぐる現状に大きな変更が加えられる可能性があると考えられたからであろう。中国では、野田佳彦元総理と石原元都知事の間に「密約」があり、一連の経緯も茶番劇であったのではないか、という見方があるが、正確ではなかろう。

では、なぜ「尖閣諸島を購入して防衛しなければならない」という機運が日本側に高まったのだろうか。二〇一〇年九月七日の中国漁船衝突事件は確かに契機であったが、これが決定的というわけではない。二〇〇八年十二月八日の、海監四六号、海監五一号の魚釣島、久場島の領海内への約九時間に亘る侵入行為である。〇八年六月には台湾の聯合号事件等が発生し、確かに尖閣諸島周辺は騒がしかったが、年末の中国によるこの突発的な行動は日本側を驚かせた。なぜなら、日中双方は同年六月には「日中間の東シナ海における共同開発についての了解」などによって東シナ海のガス田の共同開発に向かうなど、東シナ海(の中部以北)では「和平と協力」に向けてのステップが始まっていたからである。実際、同年末以降には、共同開発をするなら尖閣諸島周辺海域を含めなければいけないので、六月の合意は意味がないということを、中国の学者も言い出すようになっていた。それまで日本の尖閣領有、実効支配に対しクレームをつけるだけだった中国が、尖閣への実効支配を目指す行動を取り出したのは、二〇〇八年からなのである。

この中国側による「現状変更」が、その後の尖閣諸島をめぐるさまざまな動きの序曲であった。中国側はそのことよりも、日本の「国有化」が現状変更の象徴だと言うが、それに対して〇八年十二月八日の公船侵入は内外メディアでも注目されていない。

二〇〇八年の中国の政策転換は、日中関係に大きな爪痕を残すことになった【1】。中国では、〇六年あたりから、それまで経済発展、国際協調重視であった対外政策に調整が加えられ始め、次第に主権や安全保障を強調する傾向が強まっていた。その後、政権内部でさまざまな駆け引きがあったことが予想される。経済発展重視を唱える温家宝らは、保守的な動向に一定程度抵抗したのであろう。だが、二〇〇八年半ば、あるいは後半には主権や安全保障が重視される傾向が決定的になったように思われる。一般には二〇〇九年から中国外交は強硬になった、と言われるが、この〇八年十二月の変化はそのさきがけであったのだろう。

この中国の対外政策の転換の時期は、日本では自民党の麻生太郎政権から民主党の鳩山由紀夫政権への移行期であった。このことがどのような意味を持ったのか、さらなる検証が必要である。

◇註

【1】中国では、二〇〇八年十一月に日本が大陸棚限界委員会に対しておこなった大陸棚延長が中国を刺戟したという話も耳にする。だが、この延長と尖閣諸島周辺海域は直接的関係はない。

中国、周辺外交で強硬路線

『日本経済新聞』

2014年3月6日

　昨年来、新興国の見通しについて厳しい見解が多く見られる。数年前には新興国の擡頭が強調され、主要八ヵ国（G8）よりも二〇ヵ国・地域（G20）の枠組みのほうが重要視されるのではないかとの見通しもあったが、昨今、それにも疑義が呈されている。

　長期的に見て、国際秩序の形成に関して新興国を包摂することは重要な課題になろうが、新興国は昨今、フラジャイルファイブ（ブラジル、インド、インドネシア、トルコ、南アフリカの「脆弱五通貨」）という言葉に象徴されるように、不安定要因として位置づけられ始めた。金融、経済面などの不安は、新興国それぞれの国内政治にも反響し、とりわけ民主化している国では政情不安定が生じている。

　その新興国の対外政策には不安定な国内政治、経済が影響するようになった。G20も、次第に新興国の首脳の演説場に化したように見える。

新興国の代表格である中国が直面している問題も同様だ。米中間の貿易収支の不均衡はあるにしても、米国の量的金融緩和の縮小は中国に大きな打撃となる。フラジャイルファイブほどではないにしても、中国経済の脆弱性はつとに指摘されるところであり、それは経済発展を正当性の根拠としていた政権にとっても大きな打撃となる可能性が高い。中国政府の統治能力に疑義が呈されていることも周知の通りである。

だが、中国経済の脆弱性はあるにせよ、その自己認識は世界第二の経済大国であり、米国には及ばないにしても、米中が世界に抜きんでた二大大国であるという認識であろう。中国側から提案し、米国側も昨今使用するようになった「新しい大国間関係」は、中国側から見れば、米中両者間にさまざまな差異があるものの、互いに相手を尊重し、相互に核心的利益は容認しあう、という関係だ。米国側は、この「新しい大国間関係」という言葉を使用して中国側の要請に応じている。しかし、米国側は核心的利益などには触れておらず、中国側がこの言葉に込めた「想い」が十分に届いているわけではなかろう。

しかし、それでも金融・経済貿易に関する案件や、国際的な諸問題、たとえば北朝鮮の核開発をめぐる六者協議や、イランの核開発問題、シリア問題、パレスチナ問題、南スーダン問題などにおいて、中国を無視して国際秩序を構想するわけにはいかない。国連安保理の常任理事国であることも大きな資源だ。中国は既にかつての内政不干渉原則を修正し、一定の条件下ではそれをおこなうとしている。新興国としての脆弱性はあっても、中国とロシアの存在感はやはり国際政治の場において抜きんでている。

中国外交は基本的に現実主義的な姿勢で貫かれ、パワーや国益を重視しているが、その外交行動の立ち現れかたは、不安定な国内政治の状況、また中国国内の地域差も反映して、その局面や領域に応じて多面的である。

中でも自らが「大国」、それも米国に次ぐ大国であると認識しつつある中国にとって、その米国はもとより、欧州、ロシア、日本などの大国との外交はきわめて重視されている。むろん、中国は自らを先進国ではなく、しばしばG77（発展途上国77ヵ国）の代表だと主張することもある。だが、先進国ではなくとも大国であり、「責任ある大国」としての振る舞いが求められていることは承知しており、さまざまな国際的課題において、欧米諸国などとの協調が重視されている。

日本との関係が凍結されている状態で、米国との「新しい大国間関係」はもちろんのこと、欧州への積極外交が顕著である。これは欧州連合（EU）との関係のみならず、欧州で優位にあるドイツとの緊密な関係構築、また新たな大西洋の経済枠組み形成をにらんだ、スイスやアイスランドとの自由貿易協定（FTA）締結も新たな動きである。

主権問題を抱える周辺諸国の中国観と異なり、諸大国から見れば、中国は市場として魅力のある大国であると同時に、さまざまな国際政治の案件に関して、少なくとも戦略的に対話可能な存在と見えるであろう。

中国が積極的に進めようとしているグローバルガバナンスへの貢献もこうした文脈で理解可能である。世界的に形成されるルールについて、それを欧米起源のものだとして批判しつつも、中国は自らを修正主義者に見立てて、ルールを公正に導くのだと唱える。そして自らの国益を重視して、金融、経済、衛生、食品、気候変動、平和構築など、さまざまな領域に関わろうとする。まったく不利益であれば、途上国側に立って反対し、修正可能と見ればその修正に関与し、完全に受益者であれば変更を加えようとしない。

中国の対外政策のなかでも、中国自身が自らの影響力を認め、その拡大を提唱しているのが周辺外交の領域だ。東南アジア諸国連合（ＡＳＥＡＮ）、中央アジア諸国、日本を含む東北アジア諸国との外交などがここに含まれる。

二〇〇六年から〇八年にかけての外交政策の調整を経て、経済や国際協調の重視を維持しつつも、主権や安全保障を同様に重視する路線へと転換した中国にとって、この周辺外交はまさに主権や安全保障重視の路線が前面に出る場となる。「海をめぐる問題」はまさにその象徴である。尖閣諸島問題をめぐる転換点とも言える、〇八年十二月八日の中国公船による領海侵入もこうした中国の政策調整の文脈の下で理解可能である。

しかし他方で、東アジアには、旧来からの先進国で、パワーの面で中国に対抗できる国も日本しかない。それだけに、韓国の対中接近がそうであるように、中国のパワーそのものを重視し、一定の警戒心を抱きつつも、現実として存在する中国の影響力の拡大を受け入れる雰囲気がある。中国としては、自らを脅威ではなく、利益をもたらす存在だと強調する。だが、その中国のもくろみは決して実現しているわけではない。ただ、周辺国は中国のパワーの拡大、つまり中国の「大きさ」を受けいれ、その結果、中国から見れば影響力が増しているように見えているだろう。

このような中国の周辺外交は、一面で主権などの面で強硬であるために問題を起こしつつも、ほとんどの国が中国経済に深く関わり、安全保障面での対抗措置をもたないなかで展開している。そのため、結果的に中国の影響力が周辺に拡大する局面を生み出している。これは台湾海峡のみならず、朝鮮半島、東シナ海、南シナ海における安全保障、そして国際政治の現状変更を導くものになっている。

これに対して米オバマ政権はアジア・ピボットであるとか、リバランスなどと言って、東アジアへの関与を強めるかのような姿勢をみせた。しかし、この政策は基本的に中国とも良好な関係を築きつつ、旧来の同盟国との関係も発展させるというもので、それが中国との「新しい大国間関係」という表現と、「日米安保の重視」という言葉の併存へとつながっていった。その双方のバランスを採りながら関与するということなのだろうが、それは至難の業であり、多くの誤解や疑念を招来する。

日本は、中国にとって、戦略的協調を旨とする大国外交の対象でもあり、主権や安全保障が前面に出がちな周辺外交の対象でもある。また、日本は周辺外交のなかでは唯一の大国であり、大国外交の対象としてはロシアを除き唯一の周辺国である。そうした立ち位置が、日中関係の難しさの背景にある。中国経済の動向によっては、その対外政策に変化が見られるかもしれないが、当面は現実主義路線に基づくグローバルな協調と、周辺への影響力強化をもくろむ外交は続くであろう。

全人代が示す習・李政権の課題

『中央公論』
2014年5月号

習・李政権成立から一年

二〇一四年三月、全国人民代表大会（全人代）が開催された。成立一年強を迎えた習近平・李克強政権が政権の成果と課題を述べたが、その基調にはまさに大国中国としての尊厳を保ちつつも、共産党政権の維持存続のための諸政策を提示しようとする政権の課題と苦衷が見えていた。

もちろん、世界第二の経済大国となり、「豊かさ」も次第に達成されるなか、これまでにない自信も見えるし、大国としてその尊厳を保とうとする姿勢も見える。昨今の政府首脳の外交関連の発言には、とりわけ周辺諸国に対する外交の面で自信を深めている姿が見て取れる。これらは中華人民共和国としての六五年の歴史の、一つの到達点である。

だが、その「豊かさ」や大国としての尊厳を求める過程で見過ごされてきた、あるいは後回しにされてきた諸課題が累積している状態にあるのも確かである。それら諸課題をめぐって、政府に対する国民の批判的な声が集まっていることも、十分に認知されているに違いない。中国共産党としては、その統治の成果を主張しつつも、同時に、現在起きている問題に対処している姿を内外に示すことに必死になっている、といったところであろう。

対処すべき問題のうち、とりわけ社会・経済をめぐる問題は深刻だ。従来、社会・経済面でも、富の再分配をめぐる都市と農村、沿海部と内陸部の格差問題、戸籍制度や檔案《とうあん》（国家による国民管理を目的に作成される個人の経歴や思想等の調査資料）など、社会的流動性や社会保障を制限する諸制度の問題が指摘されて久しい。農村部などでも年金制度が十分に機能しておらず、生活が立ちゆかなくなる者も少なくない。北京や上海でも、地方出身の大卒者が自宅を購入するなどということは、日本よりはるかにハードルが高くなってしまっている。

だが、ここに来て起きているのは、そうした社会の閉塞感や、社会主義体制に由来する社会問題だけではない。これまで党や政府が、地方の金融機関とともに土地転がしや資金運営をおこなうことによって資金を調達してきた「場」そのものが危機に瀕しているのだ。

経済・財政問題

政府は、今回の全人代で、一面では地方政府に財源を与えて財政の立て直しを促すとしたが、同時に金融機関の破綻が一定程度生じることを想定した上で、それらの全てを救うわけではない、とも明言した。地方で取り付け騒ぎが起きるであろうことは十分に想定されるということだ。また地方政府に財源を与えて財政の立て直しがなされるのは、その地方政府の官僚が中央政府と同じモチベーションを共有している場合に限られる。つまり、地方に財源を与えれば、不動産バブルを煽り、最後の一儲けを期待して、マクロ的にはより事態が混乱することがありうるからである。

だが、こうした財政の立て直しがたとえ順調にいっても、対症療法的な問題解決では中国経済はその成長を維持できないという見方も多い。

第一に、労働力人口が次第に減少局面に入ろうとしており、このままでは高成長率を保てないという点である。中国政府は、「一人っ子政策」と呼ばれる人口抑制政策を緩和して、こうした労働人口の減少に歯止めをかけようとしているが、結果は不透明である。

第二に、中国政府は経済成長のために不可欠である経済構造改革を進めようとしているが、社会主義体制下では、基本的にインフラやエネルギーなどの基幹産業が国家や党と関係のある特権企業に押さえられているために、それが決して容易ではない、ということである。

李克強総理は全人代で、七・五%の成長を目標として掲げたが、それもまた下方修正含みであるとの観測が強い。中国はもはや、経済発展を国是として国民の意識をそこに集中させ、その経済発展を共産党が主導することによって正当性を担保するということが難しくなっている。それどころか経済政策に失敗してしまえば、統治の正当性を失う可能性があるのである。そのため、経済発展とは違う、新たな求心力が必要になるとともに、経済政策の失敗や経済発展により生じる問題が大きくなることを防止しなければならないのである。

リーマンショック以後の経済政策の失敗としては、あまりに多額の景気対策経費が在庫超過を生んでしまったり、資金が不動産に流れてしまったことなどがあるが、昨今では、経済発展にともなって発生する問題が多く指摘されるようになっている。それがPM2・5などをめぐる環境問題、あるいは食の安全の問題である。これらの問題にも政府は対処を約束したが、経済成長のもたらす負の影響に対応する即効性のある技術を十分に持ち合わせていないのもまた、中国の現状なのである。

外交と安全保障の問題

このような社会・経済問題をめぐる不満や不安とバランスをとるように、対外政策や軍事安全保障の面での政策の変化も目立ち始めている。

対外政策の面では、アメリカとの間で「新たな大国間関係」を想定し、大国間協調を掲げているが、隣国との関係を示す周辺外交の領域では、自らの影響力の大きさを自任している。まさにグローバルな外交空間と、自らの庭先に対する外交とを区別する戦略を採用しているのである。また周辺との関係でも、経済面での関係を強化しながら、主権をめぐる問題では一歩も譲歩しないという姿勢を明確に示している。これは、世界第二の大国として国際的な評価を得つつ、経済面、あるいは政治外交面で周辺諸国に影響を及ぼし、国内の不満を和らげたいという、国内外からの多様な要請に応じた政策ともなっている。

これに応じて、中国は軍事や安全保障面でもその政策を調整している。日本のメディアでは、中国政府が軍事費を一二％以上増大させるとしたことや、習近平国家主席の下に軍事安全保障面での権限を集中させたことに注目が集まった。前者は中国の軍備拡張政策の象徴として見なされており、後者は国内の知識人などからの批判にさらされるなかで、習がまずは軍を掌握したとの言説に結びついている。

だが、ここで重要なことは、中国がどのような軍事改革をおこなおうとしているか、また習近平がそれをおこなえるのか、ということである。軍事改革の内容については不分明な点も多いが、一般的に、ますます重要性が増す海軍や空軍に重点的に経費を配分すべく、陸軍の経費を「合理化」することを意図しているようにも思われる。二〇一三年以来、退役軍人に関する諸制度を整備してきたことなどから類推されることでもある。

もともと、革命軍として成立した人民解放軍は、陸軍中心であり、また本来は関連企業など多くの下部組織を有していた。一九八〇年代後半の改革では、このような下部組織たる企業などを切り離し、近代的な普通の軍隊となったが、二十一世紀に入り、あらためて現代的な軍隊に改組しようという狙いがあるのであろう。習近平が、胡錦濤らのできなかった陸軍の合理化という課題を克服できたとしたら、鄧小平らがそうであったように、人民解放軍を勢力基盤とする国家主席が再登場することにつながるのかもしれない。[1]

日中関係はどうなるか

日本の立場は、このような中国政府の立ち位置、政策の変化のなかできわめて難しいと言わねばなるまい。日本が中国との間で歴史認識問題を抱えていて、それが中国の国民感情に火をつけやすいということもある。また、中国経済がＧＤＰの面で日本経済を追い抜き、少なくとも規模の面では中国が世界第二の経済大国となったことも、今や所与の条件である。

他方、ここ数年で生じている変化によって、対中政策の面で先進諸国のなかでも、また周辺諸国のなかでも日本が例外的になってきている。具体的には、G7のなかで中国と主権問題を抱え、その周辺外交の対象になっているのは日本だけである。そのため中国の協調外交に接している先進国は、中国の強い外交を皮膚感覚で知っている日本の立場とは異なる。またその皮膚感覚を共有する周辺国のなかで、中国と敵対可能な力を持つ国は日本くらいなのである。

そうした意味では、日本は中国の対外政策の大国外交の領域においても、周辺外交の領域においても、例外的なターゲットになり、不協和音を生じやすくなる。それに、海や空に重点とした軍事力の拡大は、東シナ海で対峙する日中関係に影響を与えることになる。

日中関係は構造的に厳しい局面に入っているのである。ただし、たとえ対外政策や軍事安全保障面で対日関係が難しくても、中国が直面する社会・経済問題で日本が協力できることは少なくない。日中関係の改善は、中国の国内政策における重点の置き方やプライオリティに大きく関係する、と考えられるのである。

◇註

【1】周知の通り、人民解放軍の改革、とりわけ陸軍の整理、合理化は現実のものとなった。

商船三井問題に見る新たな歴史認識問題

『中央公論』
2014年6月号

二〇一四年四月十九日、中国浙江省の嵊泗馬迹山港で商船三井の鉄鉱石運搬船“BAOSTEEL EMOTION”が上海海事法院での判決に基づいて差し押さえられた。これは、一九三六年に原告の祖父にあたる陳順通の経営する中威輪船公司が、順豊号、新太平号を大同海運株式会社に貸し出したが、それが戻らなかったとして、レンタル料や船の代金などを、原告である陳震、陳春らが一九八八年十二月三十日に上海海事法院に対して、大同海運の流れをくむ商船三井を被告として訴えをおこしたことに始まる。八七年の民法通則の施行二年以内であったため、時効は適用されなかった。

判決が出たのは二〇〇七年十二月七日で、商船三井側は二九億一六〇〇万円の支払いを命じられた。二〇一〇年八月六日には二審にあたる上海市高級人民法院で一審の結果が支持され、三審にあたる最高人民法院では同年十二月二十三日上告が棄却され、判決が確定した。しかし、商船三井側はこれを不服として支払いを拒否していた。二隻の船は、一九三七年に始まった日中戦争中に軍に徴用され、沈められており、支払い義務はないというのが商船三井側の主張であり、示談交渉も働きかけていたという。

この件は、一面で中国の裁判所で確定した民事の判決内容の履行をめぐる問題でありながら、日中双方に大きな波紋を投げかけた。中国で相次ぐ戦時中の徴用工（強制連行、強制労働）をめぐる日系企業に対する訴訟、また韓国でも同様の訴訟があり、戦前以来の企業にとって、こうした歴史的な事案がアジアビジネスの大きなリスクとして浮上しかねないからである。

日中関係では、政治外交面での関係が悪化しても、経済面での交流は緊密におこなわれているというのが、小泉政権以来の日中関係の基調であった。だが、今回の事案によって、歴史認識問題が経済の実務に暗い影を投げかけているのではないか、との懸念が生まれたのである。

これについて日本政府は、中国側の日本に対する戦争賠償請求の放棄を前提とした一九七二年の日中国交正常化の精神を揺るがしかねないものとして遺憾の意を表明し、中国側も今回の事案が戦争賠償とは無関係だと応じた。周知の通り、一九七二年九月二十九日、日中国交正常化に際して署名された日中共同声明には次の文言がある。

「中華人民共和国政府は、中日両国国民の友好のために、日本国に対する戦争賠償の請求を放棄することを宣言する」

一九七二年以来、日本の司法はこの日中共同声明で放棄されたのは国家賠償、つまり中国政府が請求する賠償だと認識してきた。だから、民間がおこす賠償請求は日本の司法の場でもおこなわれてきたのである。しかし、個人や企業が日本政府を相手取っておこなう訴訟は、時効と明治憲法の下にある「国家無答責（責任を問われない）」原則のため、基本的に原告勝訴は困難であった。そのため、中国の民間が日本の民間を相手におこなう訴訟で、何らかの事由で時効がクリアできる場合にのみ、原告勝訴がありえた。まさに、特殊事由で時効をクリアできた今回の中国での訴訟と同じである。つまり、日本でもありえたことが中国でも起きたといえるだろう。

しかし日本では、最高裁判所が二〇〇七年四月に戦争賠償についての判断を大きく変更した。「日中戦争の遂行中に生じた中華人民共和国の国民の日本国又はその国民若しくは法人に対する請求権は、日中共同声明五項によって、裁判上訴求する権能を失ったというべきである」こと、つまり日中共同声明によって、個人賠償請求権、つまり民間賠償も放棄されたとの判断を示したのである。

この国家と民間の賠償請求をめぐる判断の変更は、日中間で共有されていない。中国での今回の判決は日系企業にとって不安材料となるだけでなく、戦争賠償請求をめぐる見解の相違を浮き彫りにするものでもあった。[1]

◇註

【1】商船三井の案件は一九八〇年代の二年間の特例期のものであり、この判決が今後に直接的に影響を与えるものではない。

時代の転換点に立つ日本の情報発信

nippon.com
2014年5月7日

中国の擡頭・「瀬戸際」の時代へ

フランスのジュール・ヴェルヌの『八十日間世界一周』が刊行されたのは一八七二年であるが、ちょうどそのころ日本の岩倉使節団が欧米を訪れていた。そのヴェルヌの『世界一周』のルートと、岩倉使節団の通ったルートがほとんど重なっていることはあまり意識されないように思う。このような重なりは、スエズ運河の開通、北太平洋航路の開設、さらには世界を一周する電信網の開通など、技術革新とインフラの整備に裏打ちされていた。「冒険」ではない世界一周が可能になり、その当時の合理的なルートがまさにそれであったのである。このルートに沿って国際公共財を提供したイギリスが大英帝国を形成し、世界に主権国家とともに植民地が広がることになった。

二十世紀末からはじまったグローバル化は、それへの反撥である反グローバリズムも含めて多様な展開を見せたが、大量情報伝達が可能になり、資本の移動が瞬時におこなわれるようになったことは世界の経済活動を一体化させ、劇的に変化させることになった。新興諸国もまたそのグローバル化にのって経済発展を成し遂げ、経済大国となった。一九九〇年には考えられなかったほどの長足の発展を見せた新興国の代表が中国である。そうした新興国の擡頭が十九世紀後半のような秩序の変容や、国境線の変化を生むのかどうか。現在はまさにその瀬戸際、変化の過程にあると考える。

新たな変動の波に乗ろうとする中国

日本はいわば十九世紀後半以来の世界変動の波に乗った国である。第二次世界大戦に敗北しても、戦勝国であった中国での混乱も相俟って東アジアでの日本の優位性は基本的に揺らがなかった。それに対して中国は、十八世紀に清朝が全盛期を迎え、以後の経済成長、人口動向は抑制され、十九世紀後半以来の変化への対応には時間がかかった。一〇〇年前の日清・日露戦争は、東アジアにおいて清から日本へとパワーシフトが生じつつあることを示す象徴的な出来事だった。その中国も、第二次世界大戦でようやく国際舞台で大国として遇されるが、国共内戦と朝鮮戦争で中華人民共和国、中華民国ともに戦勝国としての果実を十分に得ることはできなかった。

中国はこの二十世紀末からの新たな変動に対応して波に乗ることができるだろうか。世界第二の経済大国となった中国自身も、自らの「大きさ」や影響力にも、また国内の問題と対外的な関係が予測不可能なことにも、戸惑っているようだ。また、昨年から新興諸国の経済成長にも陰りが見え始め、中国自身も労働力人口の減少が見込まれて、以後は安定成長に移行することが確実視されている。その中国の目線に立てば、対外政策の面では、将来的に米国の経済力に追いつくことも視野に入れながら、現在得ることができる成果を確実に得ていくことが肝要になるだろう。中国が米国や欧州との間で協力的、戦略的関係を構築しつつ、東アジアにおいては自らの影響力を自任し、強化する方向性を採っていることは、そのような志向性を示すものと考えられる。

最も難しい対中戦略を迫られる日本

日本は、このような中国の政策を厳しく受け止めねばならない。中国の周辺諸国への政策は、いっそう強硬になってきている。それは、主権や安全保障面でのことだけでなく、経済についても表れている。従前、中国の対外政策では経済も重視されていたが、それは国際協調の重視にもつながり、穏健な外交を保障するものであった。しかし、世界第二の経済大国になった今、経済はむしろ中国の武器であり、中国への経済依存度の高い周辺諸国にとっては、中国に対し強硬になれない要因となっている。

既に軍事力の面でも強大になった中国が東アジアで有するパワーは、さまざまな意味で現状変更を求めているか、あるいは現状に対して挑戦的である。尖閣諸島や南シナ海問題、あるいは防空識別圏設定の手法などがその顕著な例である。他方で、中国は周辺諸国との間で経済関係を強化し、その影響力を確保している。日本もまた、中国から見れば周辺諸国の一つであり、日本から見れば、韓国、ベトナムやフィリピンなど、中国との領土問題を抱えながらも、一方で経済面での中国と緊密な関係を考慮しなければならない、日本と「立場をともにする国」があるようにも見える。

しかし、実際、韓国は北朝鮮問題もあって中国に接近しているし、ベトナムは社会主義国であることから、政府は中国に厳しいベトナム世論と中国の間に立ってバランスをとろうとしている。フィリピンは中国に強硬な姿勢をとることもあるが、国力の問題から継続的にはとりにくい。中国の経済力、あるいは総合国力に対抗できる国は、その周辺諸国には日本くらいしかない、ということなのだろう。それだけに、日本の戦略は難しい。

多面的な日本の情報を発信して「熟慮」の糧に

現在、朝鮮半島や台湾海峡など、現代東アジアで形成されてきた「秩序」や「境界」が揺らぎ始めている。その揺らぎの発信源が中国であることは確かだが、これが世界的な変動と連動していることは言を俟たない。日本は、G7のなかで唯一中国の周辺に位置しており、また周辺諸国では中国に対峙する国力をもつ数少ない国だ。それだけに日本の対中政策は、他国からの理解を得にくい面がある。また、中国などが日本の領土問題や歴史認識に対してネガティブ・キャンペーンを張っていることもあり、日本の発する日本の自画像は世界に伝わりにくくなっているかもしれない。

この時代の転換期には、さまざまな選択肢があるのだろうし、試行錯誤も必要となろう。民間から問題提起をすることも重要であるし、国境をこえた対話や交流もいっそう重要になる。そこで、注意しなければならないのは、国内外で日本関連のことを議論したり、考慮したりする際に与えられている情報が、偏ったり、絶対量が不足しているような事態である。

日本を含めて東アジアに大きな関心が寄せられている現在、日本からの情報発信が求められていることは周知の通りである。だが、そこでは「きめうち」するような「正しい」情報に限定するような姿勢をとることは好ましくなかろう。まずは日本についての、さまざまな姿を、多様なものは多様なものとして発信することが必要になると考える。その際には、海外では日本での極端な言論が、日本を代表していると思われがちであることに留意が必要だ。日本では、偏った意見だと皮膚感覚でわかっていても、その皮膚感覚を共有しない海外では、それが偏っているとは判断できないこともある。そうした意味で、日本から情報を発信するには、単純に多様なものを多様なままで発信しさえすればいいということではないだろう。時代の転換期におこなわれる、さまざまな「熟慮」の糧に相応しい情報を提供していくことも必要だ。

「善隣」、深まるジレンマ

『読売新聞』
2014年6月12日

中国の習近平政権は、対「東アジア」外交をこれまで以上に積極的に進めている。これによる矛盾、ジレンマは目下のところ、深まるばかりである。

五月末からシンガポールで開催されたアジア安全保障会議（シャングリラ・ダイアローグ）で、中国の王冠中副総参謀長は、安倍首相やヘーゲル米国防長官に反撥して次のように述べた。

「過去二千余年に亘り、西沙諸島（パラセル諸島）、南沙諸島（スプラトリー諸島）は中国の管轄下にあった」「国連海洋法条約は、歴史的に形成された各国の主権……に対して遡及適用されたり、新たに線引きしたりすることはない」

これらの言葉は、六月初旬には中国の各紙でも報道されており、政府の公式見解だと見られる。王副総参謀長の言葉は、中国が南シナ海の領有権問題で、「法」よりも「歴史」を重視し、一歩も引かない姿勢を示す。これは、中国との主権問題などを有する周辺諸国にとっては、厳しいものだ。

一方中国国内では、二〇一三年十月二十四〜二十五日の「周辺外交工作」座談会に見られるように、隣国への外交である周辺外交が注目を集めている。そこでは、「善隣和睦　伴隣共栄」、つまり周辺諸国との善隣友好外交が基調だ。主権問題を抱える周辺諸国からすれば、中国の言う「善隣」は矛盾に満ちた言葉に聞こえる。しかし、中国から見れば、矛盾は決して大きくはないようだ。経済面での影響力を強化して、それによって主権問題でも優位性を確保しようというのが中国の姿勢であり、主権問題と経済は連関しているということになる。

実際、中国は周辺諸国との物的、人的交流など実質的な関係を深め、自由貿易圏の形成や、感染症対策や金融などの非伝統的安全保障領域での協力も積極的に進めている。中国と主権問題を抱える国も、この経済・協力関係があるので中国に強硬姿勢をとりにくい。中国にとっては、経済力が主権問題などを有利に進める資源となっている、ということだろう。そうした意味で、中国外交の「善隣」と主権問題の間の矛盾は、中国にとっては基本的に克服可能になっている。

だが、その克服が難しいのが日本だ。その中国から見れば、日本こそ周辺諸国のなかで最も敵対的で、経済力や協力の面で取り込めない存在だ。それは日本が世界第三位の経済大国であり、日米安保を有する、中国に対峙可能な国だからということにほかならない。

中国は、グローバルな大国外交では米国と新たな大国間関係を築き、協調姿勢を保とうとするが、周辺外交の領域では、自らの立場の尊重を米国に求め、その東アジアへの関与を嫌う。それは中国による東アジアにおける新たな相互不干渉（モンロー）主義かもしれない。だがこの政策自体、周辺諸国との間の主権と経済の問題で極めて難しいバランスが求められている上、日本との間では経済と主権の間の矛盾が露出している。日中関係の改善は、単に歴史認識問題云々ということではなく、中国のこのような対外政策の構造問題に関わっていると考えられる。

南シナ海にみる中国の「大国」への憧憬

『中央公論』
2014年7月号

昨今、中国の研究者と中国外交について議論すると、「大国外交」が一つのキーワードになっていることに気づかされる。習近平国家主席とオバマ大統領とがカリフォルニアで会見した際に、「新型大国関係」が提起され、アメリカ側もこの用語を使用して米中関係を説明するようになったことは周知の通りである。だが、ここに来て、共産党成立一〇〇周年（二〇二一年）、建国一〇〇周年（二〇四九年）という目標を設定して、「大国」の姿を国内にも示そうとしていることは注目に値する。

中国は目下のところ、グローバルには諸大国との協調を旨としているが、東アジアでは主導力をもった大国だとの自己認識がある。二〇一三年十月二十四～二十五日に開催された周辺外交工作座談会もこの理念の下に開かれたのだろう。だが、中国の東アジアにおける主導性については国内で偏差があって、地域のみならずグローバルな空間でも大国であるべきだという意見から、この東アジアにおいてさえも、「控えめに」行動すべきだという見解まである。実際の外交行動からみれば、総じて、主権や安全保障問題を抱える東アジア諸国との関係では中国の強硬姿勢が目立ち、主権問題のない東アジア以外の地域との関係では協調が重視されている。

中国の対東アジア外交にはどのような変化が見られるか。従来は、経済関係を重視して、南シナ海の主権問題を棚上げにする一幕もあったが（二〇〇二年の南シナ海行動宣言）、昨今の南シナ海西沙諸島（ベトナム名ホアンサ諸島）でのトラブルにみられるように、経済を優先して主権問題を据え置くような姿勢は、現在の中国にはみられない。目下のところ、中国側はベトナムに経済力を用いた外交を展開していないようであるが、昨今では経済関係を維持するために主権問題を据え置くのではなく、経済を武器に主権問題を有利に進めるという論理が出てきた。

実のところ、中国とベトナムは特殊な関係にある。ともに社会主義国であるために、政府のみならず、党や軍の間に緊密な関係が築かれているのだ。この点はフィリピンと大きく異なり、ベトナムの政府・党・軍は、国内の反中感情を背にしながら、中国政府との間に立って調整を進めているようだ。今回も、紛争が生じてから直ちに中越間の国防相どうしの会談がもたれた。しかし、この場においては中国側からベトナム側に、ベトナムが既に「紅線（レッドライン）」を越えたとの警告がなされ、これ以上、ベトナム側に軍事的な行動があれば、中国側が本格的な軍事行動をとることを示唆した、との話もある。

中国の東アジア諸国との外交、あるいは周辺諸国との外交は、経済関係を積極的に強化し、相手国の経済社会にとって必要な存在になっていこうとする姿勢と、主権や安全保障の面で譲歩しない姿勢の両面から形成されている。この点は日本も例外ではない。中国が政経分離ではなく、経済を武器に主権や安全保障の諸問題を解決しようとすれば、東アジア諸国にとってそれは大きな課題となる。

今後、ASEANの主導する、この東アジアの地域協力、地域統合に対して、中国がとる姿勢も観察、考慮しなければならない。『環球』(一月号)の特集「〝習外交〟元年」は、周辺外交の領域における、周辺諸国との「運命共同体」を強調するとともに、グローバル、地域のガバナンスをめぐる、マルチな外交空間で、中国が「ドライバー」=主導者となることを提唱する。東アジアでは、長らくASEANが地域協力の「ドライバー」だとされ、中国もそれを受け入れてきた。経済関係が緊密になった後、中国がASEANを尊重するといいながら、実際には自らが「ドライバー」となろうとするのか。そこに注意を払う必要がある【1】。

◇註

【1】目下のところ、中国政府は言葉の上では、ASEANの主導性尊重の姿勢を変えていない。

ネパールから見た中国の「周辺外交」

『中央公論』
2014年8月号

このところ、中国の「周辺」から中国を見るというプロジェクトを進めている。中国の強硬外交の象徴とされる周辺外交は、往々にして中国自身の宣伝に近い言葉だったり、あるいはそれを警戒する日本語や英語のメディアの言葉だったりする。それを、中国の周辺に身を置いて見直そうということである。

その一環として、今春、中国と国境を接するネパールを訪れた。カトマンズの中国大使館、ネパール政府の諸部門、メディアの関係者からインタビューを取り、また車で半日かけて行ったチベット国境で、ネパール側の国境管理関係者から話を聞くことができた。この調査を通じて以下のような印象をもった。

第一に、東南アジア、とりわけ大陸部東南アジア諸国から中国を見る場合と異なり、中国のネパールへの影響は相当に限定的であるし、中国の対ネパール政策も相対的に慎重で、控えめなようだ。[1]

この背景には、ネパールは基本的にインドの影響が強く、中国が食い込むには限界があること、チベット問題に関連してチベットと境界を接するネパールとの関係を悪化させられないこと、ヒマラヤ山脈という地理的な障害があること、などがあろう。だが、だからといって中国の影響がないわけでなく、インドからの影響を嫌う勢力は中国への接近を図るであろう。二〇〇一年に王宮で暗殺されたというビレンドラ国王も対中関係を強化していたし、ネパール経済界もカトマンズから直行便のある広州や上海などとの取引を重視している。しかし、目下のところ、中国の影響力は限定的だし[2]、現地ではむしろ日本との関係強化を望む声を多く聞いた。日本のODAで作られた信号のある道路は現地でも賞賛され、周辺の地価が上がるほどだという。

第二に、中国―ネパール関係ではやはりチベットが敏感な問題だ。国境地帯では、中国・ネパールの国境管理機関の間での往来、協議は定期的におこなわれている。中国領内のチベット人一般にパスポートは発行されておらず、チベット人が国境を越えてネパール領内で貿易をおこなうのではなく、許可を得たネパール人が国境を越えて中国領で貿易している。国境が緊張しているわけではないが、チベット国境管理が両国関係のデリケートな一面を表していることは理解できる。

カトマンズにあるチベット人の難民キャンプなども訪問したが、チベット難民の置かれている状況は、国連やNGOなどの支援にもかかわらず、出国時期などにより、多様な問題がある。たとえば、カトマンズのチベット難民の一部は、パスポートが発行されないために、事実上無国籍となり、出国することができない。

新たな側面も見られる。まず、青海省からラサに敷かれた青蔵鉄道は最終的にカトマンズまで延長される予定である。この鉄道は両国関係の動脈になろうが、これは中国人民解放軍が国境地帯に容易に展開できることをも意味しており、ネパール、あるいはインドとしては経済効果への期待だけでは済まない面がある。

筆者がカトマンズを訪問する直前、雲南省長の李紀恒が二〇一四年六月に昆明で開催予定の「中国—南アジア博覧会」にネパールを招くために来訪していたことなども新たな動きである。中国の広西チュワン族自治区の南寧で毎年九月に開催される「中国—ASEAN博覧会」に対抗して、雲南省がこのような動きをしている点は注目に値する。チベットは除くが、中国の国境線に近い諸省・自治区は、まさに中国の「周辺外交」のアクターである。この点、中国—東南アジア関係と類似している。

中国の周辺外交については、対象に応じて異なる面もあるが、共通点もあろう。また相手国の反応もさまざまだ。日本としても、在外公館等を通じて、それらの情勢を適切に把握する必要があると筆者は考える。

◇註

【1】この段階では「控えめ」だったが、その後次第に関係強化が図られていったようである。

【2】このほか、ネパール産の冬虫夏草が中国にさまざまなルートを通じて流れていることも注目される。

九月三日と「中国の歴史戦」

『中央公論』
2014年9月号

二〇一四年二月、中国の全国人民代表大会常務委員会は、九月三日を「抗日戦争勝利記念日」に、十二月十三日を「南京大虐殺犠牲者国家追悼日」と定めた。これは、国内において歴史認識問題を制度化する試みでもあるし、同時に九月三日のような忘れ去られる可能性のある記念日を風化させないようにする意味合いもあろう。

日本人には九月三日という日はなじみが薄い。この日が記念日となったのは、九月二日の翌日だからである。九月二日が何の日かということは、日本の高等学校の日本史の教科書などにはしっかりと書かれているのだが、受験が終われば忘却される日付のようだ。一九四五年九月二日は、日本が東京湾に停泊している戦艦ミズーリ艦上で正式に連合国に降伏した日である。調印したのは中国を含む九ヵ国、中国の代表は国民党の国民政府から派遣された徐永昌であった。日本は中国に宣戦布告していなかったが、英米中ソから発せられたポツダム宣言を受諾し、中国に降伏したのである。

その翌日の三日、国民政府の臨時首都だった重慶で抗日戦争勝利、反ファシスト戦争勝利を祝う記念式典がおこなわれた。この記念式典の実施が九月三日を抗日戦争勝利記念日にする根拠だ。

九月三日を記念日にしたのは、国民党の中華民国国民政府であった。実は中華民国が台湾に遷ったあとも九月三日は記念日であり続け、軍人節となった。一方、一九四九年十月一日に成立した中華人民共和国は、同年十二月二十三日の「統一全国年節和紀念日放仮弁法」によって、九月三日ではなく、八月十五日を抗日勝利日とした。だが、朝鮮戦争中の一九五一年八月になって胡喬木という人物が、九月三日のほうが抗日戦争勝利記念日として適当であるとの案を毛沢東に示し、八月十三日に「政務規定九月三日為抗日戦争勝利紀念日通告」によって九月三日と定められた。

八月十五日よりも九月三日が適当とされたのは、実際の日本の降伏が八月十五日ではないこともあるが（八月十四日にポツダム宣言受諾、八月十五日に玉音放送）、やはりソ連との関係が重要であったようである。当時は、「向ソ一辺倒」とされたように、中国の対外政策はソ連に依存したものであった。上記の一九五一年八月十三日の「通告」は次のように言う。「毎年九月三日に、全国人民は、わが国の軍民による八年間の偉大なる抗日戦争、およびソ連軍の東北解放支援にもよる抗日戦争勝利、という光栄なる歴史を紀念する」。

アメリカなどのＶＪ Ｄａｙ（日本への勝利記念日）は九月二日だが、ソ連やモンゴルなど社会主義圏の諸国は九月三日に記念日を設定した。中国はソ連とおなじ日に設定することで、一九四五年八月に日ソ中立条約を破棄して満洲や樺太・千島に侵攻したソ連の業績を称えたのである。実際、中国共産党は、戦後にソ連が接収した満洲を足場にして、ソ連の支援の下に国民党との国共内戦に勝利したのだった。

二〇一五年は戦後七〇周年に当たるが、来年、中国はロシアと合同で抗日戦争勝利記念事業をおこなうことに決めており、この七月におこなわれたロシアのセルゲイ・イワノフ大統領府長官と中国の栗戦書・共産党中央辦公庁主任との会談でも確認されている。中国の全国人民代表大会が国内措置として九月三日を抗日戦争勝利記念日と定めたことは、このような対外政策ともリンクしている。

毎年、中国では、七月七日（盧溝橋事件記念日）から九月十八日（満洲事変記念日）まで、メディアで戦争勝利／反日キャンペーンがおこなわれる。来年の七〇周年を視野に入れながら、中国から仕掛けられている「歴史戦」に、日本はいかに応じるのか、相応の考慮が求められる。

中国の「アジア新安全保障観」一読

『中央公論』
2014年10月号

二〇一四年五月二十一日、上海で開催されていた第四回アジア相互協力信頼醸成措置会議において、習近平国家主席が「アジアの安全保障観を積極的に樹立し、安全保障協力の新局面を共同創出」することをテーマに講演をおこなった。五月末から六月初旬におこなわれたシャングリラ・ダイアローグ（アジア安全保障会議）でも中国はこの「アジア新安全保障観」を提唱し、大いに物議を醸している。この「アジア新安全保障観」は、習近平が公の場で語ることで、国家の方針として明確に位置づけられた。

その内容は一九九七年に中国が発表した「新安全保障観」を継承し、伝統的安全保障のみならず非伝統的安全保障領域を含んでおり、安全保障の内容自体に大きな変化はない。中国側は、「共同、総合、協力、持続可能」といったアジア域内の持続可能で、総合的な相互協力体制が重要だとするが、次のような注目点もある。

それは、「アジアのことは、つまるところアジアの人々がやればよい。アジアの問題は、つまるところアジアの人々が処理すればよい。アジアの安全保障も、つまるところアジアの人々が保っていけばよい。アジアの人民には、相互協力を強化することによりアジアの和平安定を実現するだけの能力も知恵も備わっている」、そして「中国はアジア安全保障観の積極的な唱導者であり、また確実に実践していく」という部分である。

この部分には二つの含意がある。一つは「アジア人」がアジアの安全保障を担うという点であり、いま一つは中国がそのアジアの安全保障の主導者だという点である。前者については、アジア域外の存在をアジアの安全保障から除外するようにも読める。むろん、習近平は「アジアは開かれている」とも言うのだが、「中国版モンロー主義」ではないかとの批判を受けるほどになっている。「アジア」という枠組みは、元来、中国よりも日本のほうが多く語ってきた。戦前のアジア主義もそうだし、戦後のアジア太平洋の枠組みなどもそうである。中国には「アジア」を語る空間的な概念が希薄であるとさえ言われてきた。だが、中国は一九九〇年代後半から周辺諸国との経済協力を重視し、胡錦濤政権期には「アジアの中の中国」という言葉が散見されるようになった。そして、習近平のアジア新安全保障観では中国を主導者とするアジア像が垣間見える。

東アジアでは元来、ASEANが地域協力のドライバー（運転手）だとされてきた。これは、日中のパワーが拮抗していたことも背景の一つとしていた。だが、中国が日本のパワーを凌駕するなかで、中国のASEANへの配慮が変わりつつある。無論、二〇一五年に完成するASEAN―中国自由貿易地域の設定などは前向きに進められているが、主権や安全保障をめぐる領域では中国の

ＡＳＥＡＮ諸国に対する強硬姿勢は際立つようになってきている。

シャングリラ・ダイアローグでも提起されたこの中国のアジア新安全保障観はアジア諸国からも歓迎されたと中国のメディアは報じているが、実際には必ずしもそうではない。何よりも、アメリカを含む「アジア以外」の国が加盟しているＡＳＥＡＮ地域フォーラム（ＡＲＦ）の枠組みと、この中国のアジア安全保障観はいかに関わるのであろうか。ＡＲＦは、政治・安全保障問題に関する対話と協力を通じてアジア太平洋地域の安全保障環境を向上させることを目的としており、ＡＳＥＡＮの中心性を重視した組織である。中国の新安全保障観は、アメリカのアジアの安全保障への関与や、日米同盟をはじめとするアメリカとアジア諸国の同盟関係に対する疑義だけでなく、ＡＳＥＡＮを中心とする地域協力の枠組みに対する疑義をも含んでいると見ることもできる。昨今議論されるアジアインフラ投資銀行（ＡＩＩＢ）のことも含め、中国の「アジア」政策の新たな展開は注視してしかるべきであろう。

岐路に立つ中韓関係

——日米韓関係と中韓関係の断層面

『外交』vol. 27
2014年9月号

中国重視の背景——韓国

中国の習近平国家主席は二〇一四年七月初旬、韓国を訪問した。韓国の朴槿恵政権が、中国を重視する外交をおこなっているとの印象を内外に与えていたこともあり、習国家主席の訪韓には注目が集まった。

韓国が中国との関係を重視する理由には、一般的に以下の二点が挙げられる。第一は、経済関係である。韓国の対外貿易は既に中国が第一位であり、対日、対米貿易を合わせても対中貿易に及ばない。とくに中小企業は対中国貿易頼みであり、サムソンなどの大企業も中国とのサプライチェーンが重要なので、韓国としては中国との外交関係を重視しなければならない、というのである。第二は、北朝鮮問題である。北朝鮮に対して最も大きな影響力を有しているのが中国であり、アメリカの朝鮮半島問題に対するコミットメントは下がる傾向にある。中国のプレゼンスが高まるなか、朝鮮半島問題を国際情勢認識、国家戦略の最上位に置く韓国の中国重視は当然の帰結だというのである。

これに対しては、中国との外交関係を良好に保たずとも、経済貿易関係を維持することはできるという反論や、中国が北朝鮮に対してそれほどの影響力を持っているのかという疑義がある。だが、それでも韓国の対中重視は変わらなかったし、それについては以上のような説明がなされることが少なくない。だが、筆者は、韓国の中国重視について考える時、韓国における国際認識、とりわけG2論が広まっていることが重要だと考える。

韓国に広がるG2論

G2というのは米国と中国であり、G2論というのは米中二国が国際社会を主導していくという国際秩序観である。中国側では、胡錦濤政権の際にはこのような国際秩序観を明確に否定したが、習近平政権はこれに近い国際秩序観を抱きつつあるようだ。日本では、米国の国際社会における主導性の低下を認めつつも、米国を中心とした多極的な国際秩序が形成されていると認識する向きが強い。それに対して、朝鮮半島問題を基軸に国際秩序を構想する韓国では、米中両国がこの問題に大きな影響力を有しているということもあって、このG2論が国際認識の基礎になりつつある。韓国の対外政策が米中中心になるのも、この国際認識が背景にあるようだ。

このような傾向は言論NPOが実施した「第二回日韓共同世論調査」に明確に現れる。日本側はアメリカを中心としながらも、G7やG8、中国、EU、日本など多様な主体が世界をリードすると想定しているのに対して、韓国では圧倒的に米中が主導者として想定されているのである（http://www.genron-npo.net/world/genre/cat212/post-287.html#6〔二〇一四年八月二十日閲覧〕）。

米中関係の帰趨

だが、韓国のG2論に基づく外交戦略は、逆に米中関係に左右されやすいということを意味する。朴政権は良好な米韓関係を背景に対中関係を強化したのだが、それを後押ししたことには、オバマ政権が当初、習近平政権に対して「大国への配慮」を明確に示したことがあった。米国が「新しい大国間関係」という中国側のターミノロジー（言葉遣い）を受容したかに見えたことも、韓国側の外交戦略を後押ししたのであろう。

しかし、習近平政権に対する米国側の評価はここ一年で次第に厳しいものになってきている。米中関係は確かに緊密になり、また米国も中国への大国としての配慮を忘れないし、中国側も米国側との協力関係を極めて重視している。しかし、この東アジアでは異なる様相を呈してきている。つまり、中国が「周辺外交」を強化し、この東アジアにおいては、安全保障の面も含めて、明確に域外国、つまりアメリカの関与を嫌う姿勢を従前より強く示すようになった。つまり、東南アジアを含む東アジアや東シナ海、南シナ海を含む中国の周辺においては、中国が主導者としてその影響力を行使する、ということである。

このような地政学的なバランスの変更、それも軍事力をともなう具体的な行為について、米国は次第に厳しい目線を向けるようになった。それだけに、米国側から見ても中韓の過度な接近、それも中国側による東アジアでの「現状変更」に韓国が追随するようなことについては、批判的になる。習近平国家主席の訪韓は、そうした点で「警戒」すべき対象であったし、実際に相当な「ブリーフィング」が米国から韓国政府になされたようである。

中国側の思惑

韓国の対中重視外交は、中国から見ても歓迎すべきことであるが、その思惑が韓国と一致しているとは限らないだろう。

周辺外交を強化し、東アジア地域における主導性を獲得したい中国にとって、中国との経済関係を重視し、かつ朝鮮半島問題という国際問題に対する中国の影響力を重視して接近してくる韓国は、まさに中国自身の政策に適合した存在に映る。まして、その韓国が米国との関係を薄くし、次第に対中関係を強化するというのなら、なおさら望ましいということになる。中国から見た場合、東アジアにおける米国の軍事安全保障面での影響力低下は当然好ましいことだが、その米国が西太平洋の同盟諸国への自己負担増加や、米国との共同作戦を考慮した編成、あるいは同盟国同士の関係強化を進めていることは、警戒すべき事態である。だからこそ、日韓関係が悪化し、日米間関係に亀裂が入ることは中国の国益にかなうということになる。中韓を連帯させる「歴史認識問題」は、まさに米国の同盟諸国間に亀裂を与えるインパクトを持つ。

だが、中国は韓国が接近してきたからといって、朝鮮半島問題について韓国に有利に進めようとするわけではないだろう。無論、統一後の朝鮮半島に対する米国の影響力を低下させるために韓国との関係を強化しておくことは中国にとって大切だが、中韓がこの問題を主導するということにはならず、あくまでも米国に配慮しつつ六者協議の枠組みを重視するということになろう。

「歴史」問題を避けた中韓共同声明

二〇一四年七月三日、習近平国家主席が訪韓して、朴大統領とともに、中韓共同声明を発表した。これは、二〇一三年六月に朴大統領が訪中した際に発表した「未来に向けての共同声明」を受け継ぐかたちで作られており、戦略的協力パートナーシップの発展深化が提唱されている。この声明は一〇項目からなるが、中国語版を見ると、経済、環境、文化、青少年交流などにわたる広汎な関係の深化が目指されている。興味深いのは、二〇一五年からの海の境界画定交渉の開始、また人民元とウォンによる直接決済システムの構築、さらには「アジア」を場とした中韓協力などであろう。こうしたことは、中国の周辺外交の指針が如実に示されている部分である。

だが、朝鮮半島問題に関する部分は、「双方は朝鮮半島の核兵器開発についての既定の立場を再確認する。また双方は朝鮮半島の非核化、朝鮮半島の和平安定の保持を実現することが六者協議構成国の共同利益に符合することであり、参加している六ヵ国は対話を通じてこれらの重大な問題を解決していくことで、双方が一致した」という程度、つまり六者協議の枠組みを繰り返すにとどまり、ある意味で目新しい内容は盛り込まれなかった。無論、第七項目で韓国の対北朝鮮政策が説明され、中国側がそれに肯定的な評価を与えてはいるが、六者協議の枠組み以外で、中韓共同による北朝鮮政策は明記されなかった。あくまでも六者協議の枠組みの下で、北朝鮮問題に関する韓国との協力を位置づける中国の姿勢が見て取れる。

この共同声明作成に当たっては韓国の外交通商部も米国に相当に配慮したようである。慰安婦をめぐる問題も共同声明の正式な文書には書き込まれなかった。これは中国側が進めたい「歴史」による中韓の対日共同戦線形成を、韓国側が一定程度押し戻したものであるかのようにも捉えられた。

付属文書に滲む対日戦線志向

それに対して、その共同声明の付属文書には比較的、具体的な内容が盛り込まれている。というよりも、共同声明の本文に盛り込むことが躊躇された内容が、重要度が下がる付属文書に書き込まれたということだろう。ここには、中韓国防戦略対話の継続や、黄海の漁業資源共同管理など、共同声明を具体化した内容も含まれているが、重要なのは日中韓FTAをはじめとして東アジアの地域協力における中韓提携を強調している点であろう。中国の周辺外交の大きな柱が東アジアにあるとすれば、韓国をそこでの協力パートナーとして位置づけようとする志向性が見られる。総じて、二〇一五年には貿易額の目標を三〇〇〇億ドルと設定するなど、緊密な経済関係を背景に、さまざまな分野での協力や対話が中韓間で進行するということである。これは米中の間でもおこなわれていることではあるが、冷え込んでいる日中関係とは対照的である。

また、この付属文書には次のような内容が含まれている。「双方は、関連機関が〝慰安婦〟問題に関する資料についての共同研究を推進し、相互に資料の複写物を交換するといった協力を進めることとした」。これは、「歴史」をめぐる内容ではあるが、相当に抑制的にも見える。中国は、ユネスコの世界記憶遺産に慰安婦関連の資料を申請しており、そうした〝歴史戦〟の一環として、ロシアと同様に韓国との共闘を想定していると見てよいだろう。

青瓦台外交安保首席秘書官発言

このように共同声明、付属文書、あるいは記者会見においても、米国の牽制を受けてのことかもしれないが、日本への言及もあまりなく、比較的、抑制的な内容となった。しかし、四日の朱鉄基外交安保首席秘書官の発言は、「日本」が中韓首脳会談の一つの焦点だったことを示し、内外の注目を集めた。

同首席秘書官の発言によれば、習近平国家主席と朴槿恵大統領は、日本の〝歴史修正的な姿勢〟、集団的自衛権の問題について憂慮する点で一致したという。また、具体的に日朝協議や河野談話、解放・光復七〇周年記念式典などが話し合われたことも明らかにされた。首席秘書官のこの発言が、朴大統領の指示なのか、あるいは外交通商部との協議を経ておこなわれたものなのかよくわからない。だが、いずれにしても、記録として残された部分と、この発言との間に温度差があることは確かである。

とりわけ、日本の集団的自衛権については、米国側が既に支持を表明していたので、米韓でスタンスが異なるということになった。これは米国と同盟国間の、また米国の同盟諸国間の関係強化を防ぎたい中国としては、歓迎すべきことだということになる。

習近平国家主席のソウル大講演

二〇一四年七月四日、訪韓中の習近平はソウル大学で講演をおこなった。その講演は冒頭から歴史に言及した。まずは〝壬辰の倭乱〟（文禄・慶長の役──筆者註）に触れ、その後に次のように述べた。

「前世紀の前半、日本軍国主義は中韓に対して野蛮な侵略戦争をおこし、朝鮮半島を併呑し、中国の国土を侵略占領し、中韓両国に塗炭の苦しみを与え、山河を荒廃させた。抗日戦争中のたいへん厳しい日々のなかで、われわれ両国人民は生死を共にし、相互に支援し合ってきた。中国国内にも、大韓帝国臨時政府旧址、尹奉吉義士を記念した上海の梅軒（の扁額──筆者註）、西安光復軍の駐屯地旧址などがあるが、これらはみな忘れがたい苦難の歴史を証明している」

これは「日本」を敵として中韓が共通の歴史を育んできたことを強調したものである。日中戦争、第二次世界大戦についても、韓国は中国と共に日本と戦ったというロジックになっているのが特徴的である。二〇一五年は、戦後七〇周年であり、中国側から記念式典の共同開催の提案が韓国側にあったとされる。

また、習近平はこの講演で「中華民族の偉大な復興という中国の夢」についての説明を加え、「五千年以上の文明史を持つ国家」として中国がどのような国かという点について縷々説明を加えた。そこでは、中国が平和を守る国であり、協力を促進する国であり、そして一生懸命学習してきた国だ、と強調したのだった。さらに、現在の中韓関係が最高の状態にあるとした上で、「中韓は共にアジアの重要な国家である」と述べ、アジアでの中韓協調を進め、共に「アジアの夢」を持とうと提案したのだった。そこでは「アジアはアジア人民のアジアであり、世界のアジアである」という昨今中国首脳がよく用いるフレーズにも触れている。これは、中国が「アジア新安全保障観」において域外勢力（米国）を排除した、アジア人によるアジアの安全保障を唱えていることと関連したロジックである。韓国と米国との同盟、また日米韓の枠組みに楔を打ち込もうとしているともとれるこうした発言の後に、青少年交流の重要性などを唱えて講演は終わっている。この習近平講演には、相当に踏み込んだ日本や米国に対するメッセージが込められたと見ることもできる。

微妙にすれ違う中韓の思惑

習近平国家主席の訪韓は中韓の〝蜜月〟を演出した側面もあるが、それと同時に中国側の意図が韓国社会にも認識され、米韓関係を憂慮する言論が強まる契機となった面もあろう。いずれにしても、韓国の中国重視外交は、対中経済依存、また半島統一という政策目標からすれば合理的に説明できるのかもしれないが、中国側には中国側の意図がある。それはより大きな地政学的なバランスの変更を求めるものであり、韓国の観点と必ずしも符合するものではないだろう。

中国の影響力の拡大を、大陸の東端に位置する韓国は、海を隔てた日本よりも強く感じるであろうし、それを前提に対外政策を考慮しなければならないことも理解できる。しかし、グローバルには協力関係にある米中関係も、この東アジア地域では中国の周辺外交の強化によって、緊張度を増している状態にある。その中国から見て韓国がどのように見えるのか、その点を十分に考慮しなければならない時期にあると考えられる。

「歴史」を前面に出した中国側の提案にいかに応じるのか。まずは中国側の意図を把握し、提案に応じた場合に生じる結果について考慮することが韓国には求められていると考える。

香港・台湾における「民主と自由」への問い

『中央公論』
2014年11月号

香港の「民主」と「自由」

香港ではここ数年、一九九七年の返還記念日にあたる七月一日前後になると、一〇万人規模の民主化要求、反政府デモが生じている。従来は香港政府への不満であったが、少なくとも昨年以来、明確に北京の中央政府への反撥が際立っている。さまざまな見方があろうが、問題の根源は、一九九七年の香港返還に際して、中国政府が一国二制度を五〇年間堅持すること、つまり中国と異なる香港の民主主義や資本主義の諸制度を維持すると約束したのに、それが守られていないことにある。香港には香港特別行政区立法会があり、選挙で議員が選ばれるのだが、この立法会で何を決めても、それが必ずしも「統治」と深く関わらないために、「民主」が「統治」に与える影響が限定されることになるのである。

だが、このような事態はここ一、二年に始まったことではない。昨今生じている事態は、「民主はなくとも自由はある」と言われた香港の「自由」が奪われていくのではないかという危機感に基づく面もある。二〇〇四年、香港の地位に関わる「憲法」にあたる香港特別行政区基本法に基づき、北京の全人代常務委員会が香港の政治体制解釈についての見解を表明し、香港の民主化については香港側に主導権がないことが明確になり、香港の住民は大いに失望した。さらに今年六月、北京が発表した「香港白書」が中央政府の「全面統治権」を主張したことで、「民主と自由」が奪われる危機感が香港住民に広まった。昨今のデモにはこうした背景がある。

台湾の政治的課題

台湾は一九八〇年代後半から制度的な民主化が始まり、一九九六年には直接選挙による大統領(総統)選挙がおこなわれ、二〇〇〇年には国民党から民進党への政権交代も体験した。しかし、今年三月に学生を中心とする集団が立法院(議会に相当)を占拠し、一時は行政院も占拠しようとしたことは内外に大きな衝撃を与えた。これは、中国に対してサービス業での市場開放を認めるサービス貿易協定批准の審議への反対運動として発生したものであり、中国との統一に反対する独立派の動きだと一概には言えないものだった。この背景には、中国資本の流入への反撥、議論の進め方、手続きへの反撥など、さまざまなものがあった。この運動が成功したか否かは議論があろうが、これ以後、台湾社会内部で、教育、社会、経済など多岐に亘る領域の政策上の問題がソーシャルメディアなどを通じて指摘され、政府批判が高まった。

重要なのは、これらの対立点がもはや「統一・独立」問題でもなく、二大政党である「国民党・

民進党」の議論にも回収されないことである。より深刻なのは、こうした社会の動きに応じて、第三勢力が形成されるわけでは必ずしもないことである。[1] メディアや政治資金などは国民党、民進党に押さえられ、第三勢力の入る余地がなかなか見出せないのだ。民主化した台湾では「自由」というよりも、この社会と政治の乖離、政治制度の「民主」とのズレ、これこそが問題だということになろう。無論、そこには馬英九政権批判や中国への過度の接近に対する警戒もあるのだが、それはより大きな課題の一部分のように見える。

中国の目線

中国から見れば、中国との関係性が主題となっている、あるいは問題の一部となっている香港と、台湾の政治の動揺はともに大きな関心事だろう。これに対して、中国は硬軟組み合わせた対応をしているが、それでも効果はあがらない。香港での政策を誤れば台湾との統一は大きく後退するであろうし、かといって香港の民主化運動を認めれば、中国国内の民主化をどうするかという課題に直面する。

いわゆる「中国の大国化」、あるいは習近平政権の強硬政策の与える影響は、最も近いところにある香港と台湾にまず現れている。この両所の帰趨は、東アジアの国際関係だけでなく、中国国内の民主化運動にも反射する。そうした意味で、注目度を高め、日本として何ができるかを考えることが必要であろう。

◇註

【1】その後、「時代力量」などの新政党が生まれ、立法院でも議席を獲得した。

対外広報の一環として「日本研究」の戦略的支援強化を

nippon.com
2014年10月16日

海外の日本研究が抱える三つの課題

海外の日本研究はさまざまな意味で大きな転換点を迎えている。それを概観すれば以下のようになるだろう。

第一に、日本に対する関心の持ち方が、文学や経済といったことから、アニメやゲームなどといったソフトカルチャーに急速に傾斜している。これは今に始まったことではないが、もはや定着したといってもいい。アニメやゲームを通じて日本に関心を持った学生が「日本語学科」にやってきて、日本語を学ぶのはいいが、現実にある「日本」と彼らの考える「日本」との乖離は否めない。そうしたソフトカルチャーへの学生たちの関心を、日本を深く知る、学ぶということに結びつけるのが一つの課題になっているという。

第二に、これは欧米で顕著なことだが、日本研究がアジア研究の一部に組み込まれているため、中国研究や韓国研究に教員のポストや学生が流れ、日本研究が講座やポストを維持できない、あるいは日本研究者にも中国について教えることが求められるということが言われる。これには違う見方もあるであろうが、欧米での中国への関心の高まりは顕著であるし、ビジネススクールのクラスで日系企業が事例として挙げられることは、一九八〇年代に比べれば激減しているであろう。そうした意味で、日本研究そのものの価値、日本を学び研究することの意味を今一度考え直すことが求められている。

第三に、日本の「日本研究」と海外の「日本研究」との関心の相違、対話の不足である。日本には「日本研究」というジャンルがあるわけではなく、国際日本文化研究センターなどは別にして、日本史、日本思想、日本政治、といったような学会がそれぞれ分立している。しかし、海外では外国研究としての「日本研究」というジャンルがある。[1]

日本を伝える重要な「メディア」としての役割

この海外の日本研究では、たとえば、欧米の日本をめぐる戦争史研究ではドイツとの比較が重視され、日本軍の欧米捕虜の扱いが関心事となる。日本でもそうした研究があるものの、関心の持たれ方が異なっている。こうした関心の相違は当然のことで、日本国内の研究と海外の日本研究には一定の距離感があったほうがいいだろう。

しかし、海外の日本研究は独自に進化、発展している向きもあり、必ずしも日本国内の研究と連携してできあがっているわけではない。逆に外国語で発表された「日本研究」の論文が、日本国内の学術誌で引用されることも決して多くない。

日本政府は、国際交流基金などを通じて海外の日本研究に助成をおこなっている。しかし、それらは一般に文化交流として位置づけられている。だが、海外の日本研究は、日本を海外に伝えていく重要な窓口、メディアの一つである。日本で何かあった場合、海外で日本について解説するのは、海外の日本研究者である。また、海外で日本に関心を持つ学生たちに日本を伝えるのは誰だろうか。それは、日本から派遣された日本語教師、日本研究者ということもあるが、主に海外の日本研究者である。

“親日”よりも“知日”派の養成と対話促進を

上記のような海外の大学の日本語学科、日本研究の世界は諸問題に直面してはいるものの、海外の日本研究への支援、働きかけを「対外広報」と位置づけ、見直すことはできないであろうか。日本から人が出かけていって対外広報をおこなうということを日本政府は重視しているようであるが、海外の日本研究者との対話を促進することによって、「対外広報」をおこなうという発想もありえるだろう。

たとえば、言論NPOの世論調査において、日本国内で近年ナショナリズムが強まったと認識している人は一定の数値以下であるが、海外では日本のナショナリズムが強まったとみなしている回答の比率が高まっている。それは海外の日本研究者も同様である。こうした認識のギャップを修正していくためにも、海外の日本研究者からの発信が重視されよう。

無論、海外の日本研究者が日本に対して好意的というわけではない。欧米の日本研究者のなかには〝リベラル〟な研究者が少なくなく、日本の政策などについては批判的な言論をおこなう向きも強い。中国の日本研究者の立場もより明確に日本政府に批判的だ。

だが、結論が日本政府に批判的であろうとも、紹介される事実やコンテキストが実証的であれば、それはそれで評価に値するものと考える。〝親日〟ではなく、〝知日〟派を養成すること、その知日派と日本との関わりをいっそう深めていくことが大切ではなかろうか。

こうした観点にたって、ソフトカルチャー中心の日本への関心の持ち方、日本研究よりも中国研究や韓国研究を重視する風潮、あるいは日本の学界との対話不足などといった課題を踏まえつつ、海外の日本研究への支援を対外広報の一環として位置づけ、積極的、かつ戦略的な支援をしていくことが必要だ。

戦略的支援に関する三つの留意点

ただ、その際にいくつか注意しなければならないことがあろう。

第一に、前述のように日本にとって有利か不利か、という観点ではなく、事実認識の面、実証分析の面での「信用」を重視するということである。有利不利だけを重視しては戦前の文化事業を想起させるものになってしまう。

第二に、これまで重視されがちだった「日本文化」、あるいは昨今つとに重視されている領土問題や歴史認識問題などの争点ばかりを対外発信するのではなく、日本自身が直面しているさまざまな社会問題、いわば日本の日常を発信することが重要ではないか、ということである。日本は課題先進国といわれる。高齢化をはじめ、日本はさまざまな意味で「先端」を走っていることは自覚していい。

第三に、日本側も海外からの日本論に耳を傾ける必要があることである。「日本のことは日本人にしか分からない」という声もあるが、日本の内部では気がつかないこともあるし、日本社会では全く気にされていないことが、海外からは強く注目されていることもある。日本社会で意識が至らず、海外で問題視されていると知らないがために、世界からの批判に晒されていることもあるのではないか。対外発信とは、単に自分の主張を外に押し出すことだけではないだろう。

◇註

【1】ここ数年、日本では「国際日本学」が一つの流行となった。そうした意味で、以前よりも国内外の日本研究の距離は縮まったかもしれない。

日中関係は「改善」するのか

『中央公論』
2014年12月号

日中対話のプロセス

来るAPECでの日中首脳会談への期待が日本では高まっている。中国側でも夏前には日中関係に関する専門家会合がもたれ、対日関係改善への働きかけが始められていた。また、中国側がかねてから関係改善の切り札として期待していた高村正彦自民党副総裁が五月に訪中し、程永華駐日大使とも深い関係を維持する公明党の太田昭宏国土交通大臣が六月に訪中、次いで七月末に福田康夫元総理が訪中するなど、外務大臣や自民党の閣僚ではない線からのアプローチが続き、その後、外務大臣の会合等へと高められていった。

他方、二〇一三年十二月の安倍晋三総理の靖国神社参拝後も、日中間では経済面や自治体間交流が活潑におこなわれ、また中国から日本への観光客も激増していた。そして、四月末に日中韓環境大臣会合が韓国の大邱で開催されるなど、日中間の閣僚会合が継続していた。経済や環境などの実務面では対話のチャネルは維持されていたのである。

「経済重視」は改善に結びつくか

日本の対中直接投資はここ二年ほど減少傾向が顕著になり、投資先は東南アジアなどに移っている。経済の見通しが厳しい中国側からすれば、たとえ内需拡大など経済の「体質改善」が求められるとはいえ、外国からの投資は是非とも必要な資源である。無論、日本側としても中国市場は依然魅力的で、賃金上昇のために製造業等の対中投資は減少しているとはいっても、小売販売業や金融保険業の対中投資は好調だ。

それだけに日本の経済界では中国との良好な関係を望み、関係改善の「兆し」に期待する声も多い。だからこそ、この九月に日中経済協会の代表団が訪中した際には、これまで同様に汪洋副首相だけでなく、より上位のリーダーとの会見を求めたとされている。だが、実際には二〇一三年秋同様、汪副首相としか面会できなかった。

冒頭に述べたように、日中首脳会談に向けての「お膳立て」は整いつつあるように見える。中国の内政面でも七月三十日の中国共産党中央政治局会議において、上半期の経済情勢分析と下半期の経済政策が審議されるなど、経済重視の姿勢が明確に打ち出された。そして、八月二十二日の鄧小平の生誕一一〇周年における習近平の講話や記念日前後のCCTV（中国中央電視台）の宣伝でも、経済を重視した鄧小平路線が大いに讃えられた。経済重視という方向性は、主権や安全保障を重視する保守的な路線とは異なり、対外政策の面での協調路線とつながることから、日本を含む周辺諸国に対する政策が柔軟になるのではないか、との期待に結びつく。さらに九月三日の抗日戦争勝利記念日に際しての座談会における習近平の発言について、日本のメディアなどでは、習近平が日本との関係改善を示唆した、などと報じられた。

しかし、九月三日の習の発言の九割以上は歴史をめぐる対日批判であった。九割以上が批判である以上、それは対日批判の文章として見るべきだ。また、現在の中国にとって経済が重要視されつつあるのは確かだが、尖閣諸島や金門島周辺での中国漁船の動きは活潑であるし、危機回避への対話は進みつつあるものの、安全保障面で何か顕著な譲歩をしてきたわけでもない。

こうした意味で、経済重視が対外政策の柔軟化に結びつくかは、まだ未知数だ。対日関係については中国内部でさまざまな「せめぎあい」があるのだろう。すなわち、日中関係は依然、観察期間にある、と見てよい。

そもそも、日中関係の「改善」を図るとして、果たして「戦略的互恵関係」に戻るのか、新たな関係にリセットするのか、判然としない。尖閣諸島問題にせよ、「原状回復」の「原状」がどこにあるのか、判断が難しい。

当面は、危機状態の悪化を回避するメカニズムの構築や、経済・環境交流など、今できる交流・対話に注力していくことになるのであろう。

Ⅱ 展開

2015～2016

外交懸案、長期の視野で

『日本経済新聞』
2015年1月8日

二〇一四年末の衆院選を受け、安倍晋三政権には一八年まで続く長期政権の道が開けた。近年の短期政権は長期的な課題に取り組めず、支持率の維持、向上を強く意識した政策しかとりえなかったが、さまざまな外交上の懸案に取り組む希少な機会が到来したといえる。本稿はこの機に進展が期待される懸案について五つの提言を試みる。

第一の提言は外交政策の地ならしをすべく、国際広報を従来以上に重視することである。一部の国の宣伝活動もあり、安倍政権が憲法改正を目指し、歴史認識にも修正を加えようとする右傾化政権であり、衆院選の結果は日本社会の右傾化を示すという認識が世界の一部に広がっている。

これに対し、安倍政権はあくまでも普遍的価値を重視し、歴史認識問題に適切に対応できる政権であることを明確に示すことが求められる。

その際、とくに重要なのが、（1）相手国の日本認識や東アジア認識も踏まえ、きめ細やかな広報を展開する、(2) 統一見解にこだわらず、一定の幅のなかで日本国内の多様な声を伝えたほうが民主主義国家として信用を得られる、(3)ネガティブキャンペーンを張る国の主張への対抗・修正も重視しつつ、それだけではなく、たとえば課題先進国たる日本のありのままの姿を包括的に示すような形で広報内容を練り上げる――という三点である。

国際広報を含め、二〇一五年の焦点は歴史認識問題である。第二の提言は、この問題で明確なメッセージを世界に伝えることである。まず戦後賠償やアジア女性基金といった戦後の日本の取り組みや、中国の温家宝前総理、韓国の金大中元大統領による、日本のこの問題への取り組みに対する高い評価などを踏まえる必要がある。

次に敗戦国としての日本がいかに戦勝国や植民地だった地域との間で「和解」を進めてきたのかという足跡を世界に示すべきであろう。米国、オーストラリアなどの同盟国やアジア諸国との間、とりわけ日米間の首脳会談などの機会に、「和解」が成し遂げられてきた事実が象徴的に表現されることを期待したい。

なお、慰安婦問題は、誤解について反論するのは当然としても、人権問題として世界から注目されていることに留意すべきだ。少なくとも普遍的価値を重視する立場から、一歩踏み込んで世界からの理解を得ることが望ましい。

中国や韓国との「和解」については長期的な視野にたって考えるべきである。日本としての立場はもちろんあるが、相手側にも主張があり、まずは対話が求められる。

中国が慰安婦問題や南京虐殺事件をめぐる資料の世界記憶遺産登録を申請するなど、中韓は自らの立場が普遍的だとみなし、歴史や領土をめぐる対外広報に熱心である。一五年は戦後七〇周年と同時に、日韓基本条約締結五〇周年に当たる。中韓は一層、日本への批判を内外で展開するであろう。

そこで第三の提言だが、日本はまず国際的な舞台でこれらに適切に対処しつつ、同時に中韓との和解にも真剣に取り組んでいる姿勢を示す必要がある。実際、双方が主張を繰り返すだけであろうと「対話」を継続していれば、和解に向けた努力の表現になる。実質的に進展がなくても、決して無駄ではないのである。

現在の日本外交にとって主戦場の一つは東南アジアである。中国は米中関係を「新型の大国間関係」と表現する。主権・安全保障・経済発展といった「核心的利益」を相互に尊重し合うパートナーシップだという立場だ。地球規模の課題には米国と協力しつつも、主権と安全保障問題が顕著に表れる周辺領域、つまり東アジアや中央アジアでは自らの立場を尊重するよう米国に求める、ということである。

無論、南シナ海の問題にみられるように、米国のリバランス政策は一面で中国との協調を、もう一面で同盟国との関係強化を唱えるので、米国がそうした地域での中国の主権や安全保障に関わる「核心的利益」について妥協するわけではない。しかし、習近平政権は自らの周辺地域での「主導権」を得ようとする姿勢を明確にしている。

その象徴が、アジアの安全保障はアジア人が担い、そのアジアでは中国が主導権を持つと明言した「アジア新安全保障観」などにみられるように、これまで日本が多く語ってきた「アジア」を中国が積極的に語り始めたことである。さらにアジアインフラ投資銀行（ＡＩＩＢ）にみられるように、具体的なガバナンス（統治）や、制度づくりにも踏み出してきている。

日本として、こうした動きにどう対処するのか。日本は日米同盟、またオーストラリアや韓国などの同盟国との面的関係の構築、さらにそのための国内法制の整備を重視すべきであり、そうしてこそ中国を軍事安全保障面で牽制できる、とも言える。

だが、これは第四の提言だが、日本は中国が形成しようとする地域的な枠組みや制度にただ批判的であるだけでなく、ときには懐に入って、他の東アジア諸国とともに中国にコミット（関与）しつつも、中国が国際的なルールに従うよう促していくべきだ。

中国との対話でまず必要なのは、可能な限り言葉の意味をそろえ、ゲームのルールを共有することである。そうしなければ価値やコスト認識の共有も難しいだろう。ＡＩＩＢについては議論もあろうが、アジア開発銀行との役割分担案などは日米側で準備し、日本がＡＩＩＢのルールづくりに食い込む選択肢もあったのではないか。

最後に、安倍政権が長期政権だからこそ期待する点を述べて第五の提言としたい。

戦後七〇年を経て、戦後初期に東アジアに形成され、冷戦崩壊以後も維持された朝鮮半島と台湾海峡に引かれた分断線が目下、中国の擡頭とともに揺らぎ始めていることに注目したい。北朝鮮問題にしても中台問題にしても、これらの「東アジアの冷戦」の基礎であったラインが次第に揺らいでいることの表れである。

日本は朝鮮半島や台湾海峡がどんな状態であることが望ましいのか、あるいは望ましくないのかを明確にし、常に最悪の事態を防ぐために努力すべきである。北朝鮮との関係づくりは、戦後外交の使命である植民地支配の総決算という意味でも、また拉致問題、ひいては朝鮮半島の将来を考える上で重要である。

また、何よりも台湾との関係を重視することが求められる。台湾とは国交はないが、既にいわゆる漁業協定や投資協定など、多くの経済・文化交流面での枠組みが形成されている。今後は懸案の自由貿易協定（ＦＴＡ）締結が視野に入ろうし、軍事安全保障面でも一定の対話が必要だろう。

このほか、北方領土問題など、歴史認識問題と深く関わり、日本の近隣諸国との関係を妨げる長期的な課題群を一つでも解決できれば、日本の将来にとって大きな布石になろう。二〇一五年の安倍外交には、こうした長期的な視野にたった、時間的な意味での「俯瞰する外交」を展開してほしいものである。

歴史イヤーを迎えて
——連続する記念行事への展望

nippon.com
2015年3月16日

記念日と新たな記憶の創出

二〇一五年も既に三月目に入ろうとしているが、「五」のつく年は、もともと歴史イベントが多いことで知られる。一八九五年の下関条約、一九〇五年のポーツマス条約、一九四五年の敗戦／終戦、一九五五年の「五五年体制」、一九六五年の日韓国交正常化など、教科書の基本事項だけでも、枚挙に暇がない。今年は、戦後七〇周年ということで、何かと話題になることもあり、こうした歴史記念日に対して、例年よりも切迫した感じが漂う。

このような記念日は、歴史の記憶を想起させるだけでなく、現在の政権なり、社会なりによって新しい解釈が付与される契機ともなる。過去の回顧や既存の解釈の再確認だけでなく、新たな記憶の創出のために、そうした記念日が配されているという面もあるのである。だからこそ、記念日関連の行事などには、当然歴史そのものというよりも、その時々の政治や社会の思惑がまとわりつくということになる。

ここでは、日本と中国、台湾に絞って二〇一五年に訪れる数十周年の歴史記念日についてまとめておきたい。これらに関わる行事などにも、各国の、またそれぞれの社会の思惑がからんでいくことであろう。

一九一五年五月七／九日

この日付をご存じだろうか。ちょうど一〇〇年前の一九一五年一月十八日、日本政府が中国政府に対して、「対華二一ヵ条要求」と呼ばれる要求を突き付けた。これは近代日中関係の転換点とされるが、今年はその一〇〇周年にあたるのである。日本が中国に突き付けた二一ヵ条については、そのまま中国政府に受け入れられはしなかったものの、修正案が作成され、五月七日に日本が最後通牒を発し、五月九日に中国政府がこれを受諾している。それ以後、少なくとも二十世紀前半のうちは、中国では五月七日、あるいは九日を「国恥記念日」としていた。

この要求には、日中警察の合同など欧米列強からみても行き過ぎと思われる要求が多々含まれており、中国国内からだけでなく、欧米からも反対の声が上がった。これを受けて、日本は一部の要求を取り下げて修正案を作成した。しかし、それでも、日本への反撥は内外で強まった。日本の対中要求は欧米列強と協調したものというよりも突出したものであったし、また中国国内で国民意識が強まっていた時期に日本が単独でこの要求をおこなったために、日本こそが「侵略者」の代表として、中国での記憶のなかに刻まれた面があった。

中国政府の修正案受諾後、この要求に基づいて日中間で諸条約、協定が締結されることになった。その内容は多岐にわたるが、基本的に日本は日露戦争で獲得した満洲利権を延長して、より確実なものにしようとし、また第一次世界大戦に参戦して青島のドイツ軍を降伏させたことにともない、山東省のドイツ利権を日本が継承することを中国に認めさせたのである。

この二一ヵ条要求は、第一次大戦の最中におこなわれた。時の総理大臣は大隈重信、外相が加藤高明、駐華公使が日置益であった。日中関係の近現代史を見渡した際、もちろん日清戦争や満洲事変などが大きな転換点になっていることは確かなのだが、この二一ヵ条要求をもって、日中関係悪化への転換点とする見方も少なくない。また、日本が欧米から独立した対中政策を展開し始めたという点で、欧米から日本への警戒心が生じた契機であったともいえる。今年、この日にとくに記念行事があるわけではないだろうが、戦前期には記念日に指定されていた日付が五月七日／九日であった。

一九四五年九月三日

六月二十二日には日韓基本条約五〇周年、そして七月になれば、七月七日の「盧溝橋事件記念日（日中戦争開始）」であるとか、八月十五日の終戦の日などがあるが、今年とくに注目が集まっているのが九月三日である。日本がポツダム宣言を受諾したのが一九四五年八月十四日であり、その翌日の八月十五日に昭和天皇がラジオ放送で戦争終結を国民に伝えた。その後、九月二日、東京湾に浮かぶ戦艦ミズーリ上で降伏文書に調印する儀式がおこなわれた。日本側の署名者は重光葵外相、梅津美治郎参謀総長であった。

この時、サインした国や地域は英米中ソの連合国四大国に加えて、フランス、オランダ、オーストラリア、カナダ、ニュージーランドであった。そのため、一般には「VJ Day」（日本への勝利記念日）といえば九月二日である。だが、国民党の統治する中国では翌九月三日に重慶で抗日戦争勝利を記念した行事をおこなったこともあり、九月三日を記念日とした。また、ソ連などの社会主義国も九月三日を勝利の記念日とした。一九四九年十月一日に成立した中華人民共和国は、当初、八月十五日を記念日としたが、やがてソ連と平仄《ひょうそく》を合わせて九月三日を抗日戦争の勝利記念日にしたのである。

二〇一四年、中国の全国人民代表大会はこの九月三日を改めて「中国人民抗日戦争勝利記念日」として制度化した。そして、戦後七〇年にあたる二〇一五年の九月三日、ロシアのプーチン大統領なども参加する軍事パレードを含めて多くの行事が予定されているという。プーチン大統領の参加は、五月八日にモスクワでおこなわれるロシアの対ドイツ勝利記念日の行事に、習近平国家主席が参加することへの返礼とされている。

また、現在台湾にある中華民国も九月三日を抗日戦争勝利記念日とし、一九五〇年代にこれを「軍人節」としたが、現在の馬英九政権も何かしらの七〇周年行事をおこなうことが示唆されており、九月三日が一つの候補となることもあるだろう。[1]

一九四五年十月二十五日

秋になると、九月十八日の「満洲事変記念日」、十月一日の「中華人民共和国建国記念日（国慶節）」、十月十日には台湾の中華民国の「建国記念日（双十節）」がある。だが、注意しておきたいのは十月二十五日だ。日本では、この日はほとんど意識されないであろう。だが、台湾では一九四七年の「二・二八事件」の記念日である二月二十八日や第二次世界大戦の終戦の日である八月十五日ほどではないにしても、一つの歴史上の節目を示す記念日である。

一九四五年十月二十五日、日本の台湾に対する植民地統治が終焉を迎え、安藤利吉総督が統治権を、連合国を代表する中華民国の陳儀に「返還」し、陳はそれを「受領」した。日本の朝鮮半島への統治は一九四五年八月十五日で終了したのだが、台湾では十月二十五日まで続いたのである。その台湾では、十月二十五日は戦後ながらく「光復節」として休日であったが、今世紀に入ってから休日ではなくなっている。

国民レベルでも広い視野の歴史観を

戦後七〇年を迎える二〇一五年は、こうした記念日に再び息吹が与えられる契機となろう。それは日本にとっては〝歴史をめぐる外交〟の試練であり、チャレンジである。しばしば言われる〝適切な対応〟〝適切な処理〟とは何かを考えることも必要となる。だが、国家レベルの対応とは別に、国民レベルでの認識もまた重要である。東アジアで交流が活潑な現在、統一の歴史観をもつことは極めて困難であるし、そうした必要性があるかどうかも議論が必要だ。だが、少なくとも、隣国にとっての歴史記念日などから、隣国の歴史観を感じることはできるであろう。

一九四五年八月十五日を起点としている日本の「戦後」、そしてその七〇周年の起点としての八月十五日という「終戦」「敗戦」、あるいは植民地統治の終結の記念日でさえ、九月三日を重視する中国、そして十月二十五日を光復節としてきた台湾と、記念日として十全には共有できないのである。そうした歴史観の多様性は受け入れるべきだが、自らの歴史観を広い視野で把握することも必要ではなかろうか。これらの記念日をめぐる行事が、それぞれの国や地域の国家や社会のコンテキストの下で展開されればされるほど、相互のナショナリズムが刺戟されてしまう危険性がある。だからこそ、歴史の記念日をめぐる行事や活動にまとわりつく論理や思いを、少しずつ相対化していくことが必要なのである。

◇註

【1】実際、中国は九月三日にプーチン大統領らを招いて軍事パレードをおこなった。台湾では、九月三日ではない時期に記念行事をおこなったが、台湾の本省人の記憶に「戦勝」が留まっているわけではないので、歴史論争が展開された。

ＡＩＩＢ狂奏曲

Science Portal China
2015年４月３日

ＡＩＩＢをめぐる議論

昨今、アジアインフラ投資銀行（ＡＩＩＢ）をめぐる議論がかまびすしい、と言ったら言いすぎであろうか。参加期限前に欧州諸国が参加を表明し、さらにロシアや台湾まで参加を表明したが、日米は参加しないまま時が過ぎた。筆者は、「外交懸案、長期の視野で」（『日本経済新聞』二〇一五年一月八日。本書一八五〜一八九頁）などといった小論で、ＡＩＩＢ参加などについて無下に断るのではなく、参加の可能性を模索するべきだと主張してきた。しかし、それはＡＩＩＢという組織に必ず参加すべきということではなくて、中国が主導する国際組織なり秩序が今後ともさまざまなかたちで展開されるので、それに対して全て距離をとったり、敵対したりすることはない、という意味である。

ADBとAIIB

日本とアメリカはアジア開発銀行（ADB）の主要な出資国であり、その運営にも深く関与してきた。そのADB自身が、アジアには広汎なインフラ投資需要があることを認めているし、ADBだけではそれを担えないことを自覚しているだろう。そうした意味で、ADBとAIIBは重なりをもちつつも、質を重んじるか、量を重んじるかということなど、さまざまな意味での棲み分けが可能だろう。

AIIBをめぐっては、国際政治やガバナンス論を重視する立場からすると、そこに参加して中国を牽制しつつも、既存の秩序と敵対させないようにしていくべきだという見解が目立つ。新興の勢力が現れた場合に、その勢力が既存の秩序に対して融和的であるか否かが、パワー・シフトがどのように生じるのかの大きな焦点になるからだ。イギリスに挑戦しつつも既存の秩序を受け入れたアメリカになるのか、イギリス・アメリカに挑戦し世界大戦を二度も戦ったドイツになるのかによって、中国に対するイメージは大きく変わってくるし、世界政治も大きく変化する。国際政治、世界政治からすれば、今後の変容が平和裏に進むことが望まれるので、AIIBのように中国が新たな枠組みを形成しようとした場合には、それに寄り添うのが筋だという主張もあり得る。

それに対して、国際金融の観点に立てば、ことはそれほど単純ではないらしい。出資比率の問題や、融資決定に至るプロセスなどをはじめ、あくまでも「銀行」であるAIIBの内部で、最大の出資国である中国を〝牽制〟するということは決して簡単なことではない、というのである。それだけの出資を確保し、さらに手続き面で相当に踏み込まないと意味がない、というのがその主張である。ＡＤＢとの役割分担もしばしば話題に上るが、それだけが問題ではないようである。

中国内部の議論

中国内部に目を向けると事態はさらに複雑になる。中国では「大国」に相応しい外交をいかに展開するのかということが課題になっており、とりわけ「周辺」と呼ばれる地域において、いかに国際公共財を提供するのかということが課題になってきていた。また、経済の面でも、だぶつく外貨や資材をどこに投資するのかということが問題になっていた。そこに合致したのが、このインフラ投資銀行である。それは、空間的にも、昨今習近平政権が掲げているシルクロード戦略に合致し、対ユーラシア・インフラ投資が基軸になっている。こうした枠組みは、シルクロード基金、ＢＲＩＣＳ銀行など、多々計画されている。

しかし、中国内部の議論は日本から見るとやや新鮮、あるいはなじみ深いものかもしれない。新鮮というのは、日本と見方が異なるからであるし、なじみ深いというのは、かつて日本国内でも似たような議論があったからである。つまり、この巨額の外貨を諸外国のインフラに投資するという点について、中国内部から国内における貧困や経済問題に使うべきだという批判論が出ているのである。また、二〇一五年の中国の財政が相当に厳しい事態に直面しており、こうした投資を積極的におこなうことへの異論もあるようである。これらは、かつて日本で耳にした議論とも通じる。

日本の立場

今回、ＡＩＩＢへの参加を見合わせた日本だが、何もそこまで「出遅れた」感を持つ必要もなかろう。ＡＩＩＢについては様子を見守り、むしろＡＤＢ改革などをおこなうことが先決だ。また、ＡＩＩＢへの不参加を前例とするよりも、今後、中国なり、新興国が形成する新たな枠組みについては、一つ一つ国益に照らして状況を見て判断し、適宜その外側に立ち、また時には内側に入るという、多様な距離感をもって接することが肝要ではないかと考える。

船や電車に乗り遅れたと思うと焦燥感もあろうが、船も電車も、当面はいくつも目の前を通るであろうから、その都度乗るか乗らないか考えることが大切だろう。

綱渡りの続く日中関係

nippon.com
2015年４月20日

改善への兆しはあるが……

二〇一五年は日中関係試練の年だが、これから夏にかけて関係改善の行方を左右するさまざまな試金石が待ち受けている。

歴史をめぐる問題があるのは言うまでもないが、二〇一四年十一月の日中首脳会談を経て、ここまでのところ中国人観光客の激増と「爆買い」、日本人学生の中国への留学の増加、自民党・公明党と中国共産党の新たなパイプ作り、など比較的明るい話題が少なくない。また、三月には中国の防災担当の民政部長が来日した。閣僚レベルの来日としては三年ぶりだ。

中でも注目に値するのは、まず首脳会談を受けて「海上連絡メカニズム」（日中両国の海上での偶発的な衝突を避けるための仕組み）をめぐる日中協議が二年半ぶりに再開され、大方の合意が形成されたことである。次に注目すべきは、三月二十一日にソウルで実施された第七回日中韓外相会談である。これは九〇分にも満たない短い会議であったが、終了後には共同記者発表がなされた。

ここでは防災、環境、青少年交流など、日中韓三国協力に向けての「最低限の」前向きな課題が話し合われた。だが、この会議では歴史認識問題が少なからず取り上げられたことが知られている。共同記者発表の文書にも、「歴史を直視し、未来に向かうとの精神の下」というフレーズが盛り込まれた。また、とくに議長国韓国ではなく、中国の王毅外交部長から日本に対して歴史認識問題が提起されていたという。外務省の記録には、「会議の中で歴史問題についても発言があり、当方から、歴史認識については二国間会談を含むさまざまな機会に述べてきているとおりである等述べた」と記載されている。

歴史認識問題が二〇一五年の日中関係の大きな問題となっていることは周知の通りである。「海上連絡メカニズム」についても、最終局面まであと一歩まで迫りながら、中国側は最後の一手を躊躇しているというし、日中韓外相会談は実現しながらも三国首脳会談については、中国がまだ躊躇していると伝えられている。

中国国内の政争と対日政策のリンク

歴史認識問題とともに、日中関係で重要なのは日中双方の国内情勢、とりわけ中国の国内情勢だ。日本との領土問題や歴史認識問題、あるいは対日経済関係などは中国の国内の政策をめぐる争いに関連づけられている。とりわけ、保守派にとっては敏感な話題である。それだけに、中国の内政面で不安のある段階では思い切った対日政策の転換はおこないにくいのである。

二〇一四年は、中国国内で周永康（元共産党政治局常務委員）らの政治指導者の汚職が摘発された。四月末に周の側近であった李春城（元四川省党委員会副書記）が党籍剝奪、公職追放となり、五月下旬には民営複合企業・四川漢龍集団主席の劉漢に死刑宣告がなされた。周永康が中国共産党中央規律検査委員会によって、「重大な規律違反」で立件されたと報じられたのは七月二十九日である。この一連の動きと習近平政権の対日関係改善はほぼ軌を一にする。福田康夫元総理が北京で楊潔篪国務委員や王毅外交部長と接触したのが六月、帰国後に安倍晋三総理と相談の上、再び北京を訪れて習近平国家主席と会談したのは七月二十八日であった。

こうした意味では、二〇一五年もまた日中関係を考える上で、中国の国内情勢は看過できないということであろう。今年は、郭伯雄（前中央軍事委員会副主席）の汚職問題などが取り上げられているが、重大な国内での案件が中国の対日姿勢と関わる可能性があろう。それだけに、少なくとも関係改善が望まれる時期までに国内情勢が落ち着いていることが望まれよう。日本からすれば、中国の国内情勢は注視してもしすぎることはない。

中国側の安倍談話への注目

中国では、歴史認識問題、とりわけ八月に公表されると思われる安倍談話に注目する向きが強い。そして、その安倍談話の内容いかんによって、九月三日の抗日戦争勝利記念日の軍事パレードの内容のみならず、日中首脳会談の有無、そして冒頭に述べた「海上連絡メカニズム」をめぐる協議などの進捗も決定するという話が出ているようだ。実際、これらのすべてを八月十五日までストップさせるのか否かわからないが、中国は環境や経済などの案件を進めながらも、重要と思える案件は安倍談話の内容次第で先に進めるか否かを考慮するということであるようにも見える。

王毅外交部長は、三月八日の全国人民代表大会関連の記者会見でも、歴史をめぐる発言をおこなっている。だが、興味深いのは、中国側から求められているのが、日本が「過去を背負うこと」や「忘れないこと」であり、またフレーズとしても「歴史を直視し、未来に向かう」という、従来と変わらぬ内容だということである。

無論、明確な要求内容として提示されていることではないが、中国としては四つの基本文書[1]をはじめとする、これまでの日中関係の基調を変えないようにと言っているようにも思える。「歴史を直視し、未来に向かうという精神」については、二〇一四年十一月七日に日中間で合意した「日中関係の改善に向けた話合い」の四項目に明確に示されている言葉であり、日中韓三国外相会談でこのフレーズの使用を容認したことは至極当然のことである。そうした意味で、王毅外相がかなり強い主張をしているように見えるものの、実際に求められているハードルは従来通りのラインだと解釈できる。これ以上のことを中国側が求めるのなら、さらに強い意思表示をしなければ日本側には伝わりにくい。

歴史認識問題ソフトランディングを阻む不安定要素

二〇一五年の日中関係にとって、また日中双方の国内情勢において、歴史認識問題が一つの重要な案件となることは明確であるが、いよいよ五月から夏に向けて一連の行事が始まることになる。

五月九日にロシアでおこなわれる対独戦勝記念日に習近平国家主席が参加することは既に報道されているが、これが外交面での最初の大型セレモニーになる。目下、米ロ関係が緊張するなかで、中国としても過度に中ロ蜜月を演出することには躊躇があろう。

中国としては、国内情勢の安定を図りつつ、また安倍政権に対しては一定のメッセージを送り、かついくつかの案件を止めて日本側に圧力をかけながら、歴史認識問題をソフトランディングさせようとしているのだろう。そして、九月三日の抗日戦争勝利パレード終了後に、日中首脳会談をあらためて模索するといった線を想定し、日本側とイメージを共有しようとしているように思える。

無論、このソフトランディング路線は一つの選択肢に過ぎず、中国の国内情勢や、日本の教科書検定、中国による「南京大虐殺」「従軍慰安婦」に関する歴史資料のユネスコ世界記憶遺産への登録申請など、多くの不安定要素がある。また、安倍談話それ自体というよりも、それをめぐる日本国内での議論、とりわけメディアでの扱われ方を中国側が注視しようとしている面もある。

二〇一五年の日中関係をソフトランディングさせるには、多くの条件が揃わねばならないだろうが、まずは両国の政府や国民がその路線を支持しなければならないであろう。夏の一連の行事をはじめ、上記の不安定要素がどのように展開するのか、予断を許さない状況は当面続くと言うことであろう。

追記

本稿脱稿後、四月二十二日にジャカルタで日中首脳会談がおこなわれた。習近平国家主席は再び

「日中関係の政治基礎に関わる大原則問題だ」とし、「アジアの隣国の関心に対して日本側が真摯に向き合い、対外的に歴史を直視していることについて積極的に対外発信する」よう求めた。双方とも、日本語・中国語の通訳を帯同しての会見であったので、この会議が急遽決まったものではないことがわかるが、この会見もまた中国側がアジアインフラ投資銀行（ＡＩＩＢ）についての日本側の感触を確かめるという意味合いとともに、歴史認識問題について日本側に昨年同様、従来の姿勢を変えないよう求めたものだとみることができるだろう。

◇註

【1】①日中共同声明（一九七二年）②日中平和友好条約（一九七八年）③平和と発展のための友好協力パートナーシップの構築に関する日中共同宣言（一九九八年）④「戦略的互恵関係」の包括的推進に関する日中共同宣言（二〇〇八年）

ひまわり学生運動（太陽花学運）から一年

Science Portal China
2015年4月27日

二〇一五年三月に一〇日間ほど台湾で集中講義をおこなった。中山大学という高雄の沿岸部にある国立大学で、日中関係や東アジアの国際関係を背景にした日本外交や、日本の安全保障政策について大学院生向けに話をした。三月十八日、講義とは別に学部生向けの講演が予定されていた。しかし、講演当日、（筆者自身はそれほどこだわらなかったが）主催者が思ったほどの〝観客〟が集まらなかった。それは、この日が二〇一四年に始まった「ひまわり学生運動」の一周年にあたり、台北や高雄で記念集会がおこなわれていたからだった。学生たちは、当然学内の〝講演〟などよりも、その集会への参加を優先したわけである。

ひまわり学生運動は、台湾と中国の間の投資協定についての議会（立法院）での審議の進め方や法案の内容などをめぐり、主に学生を中心とする団体がそれに反撥して立法院を占拠し、最終的には同法案の審議を事実上停止に至らしめた事件であった。また、運動の過程で大陸との投資協定の問題だけでなく、諸問題に対する馬英九政権への不満も噴出し、さながら馬政権への抗議運動の様相を呈した。総統選挙が四年に一度しかない台湾では、四年前の民主、つまり〝過去の民主〟が実態にそぐわなくなろうとも存続するという問題が指摘されるようになり、議院内閣制を模索すべきだなどといった声も聞こえるようになった。

だが、この運動自体に対する批判も少なくなかった。確かに、警察が暴力に訴えて取り締まりにあたったことで運動への同情が市民から多く集まったものの、行政院占拠についての足並みの乱れや、最終的な目標の不一致などから、運動者側にも矛盾が多々見られた。そして、馬英九総統が政治的に手続きを踏まない抗議運動に対して比較的冷淡な姿勢を示し、それに対して王金平立法院院長が学生運動との対話姿勢を示したように、政治に利用される側面もあった。

この「ひまわり学生運動」は結果的に国民党政権にどれほどの打撃を与えたのだろうか。実のところ、直接的に政府それ自体に与えた影響は決して大きなものではない。また、この運動自体多様な主体を含みこんでおり、「結集核」をもった運動であるわけでは必ずしもなく、新たな「政党」へと結実していったわけでもない。そうした意味で、この運動の評価はまだ定まったわけでない。

しかし、二〇一四年のこの運動は台湾の政治、社会に大きな足跡を残した。目下のところそれはどのように見ることができるのだろうか。

第一に、現在の二十代から三十代にかけての「若者」たちは、権利や手続きについて相当に敏感になり、政治的、社会的正義の体現を求めているということである。彼らの目線は、必ずしも統一か独立かという点にあるのではなく、公正性、民主的手続き、民主諸制度、立憲主義などといった点にある。台湾は既に民主化しているが、国民党一党独裁時代の残滓があるともされ、それが批判の的になっている。この層が政治的にいかなる影響力をもつのか、この点はまだ未知数であるが、今後、長期に亘り、この「世代」のもつ影響力は看過できない。

第二に、具体的な政治への影響だが、二〇一四年の台北市長選挙で柯文哲が当選し、当選後もさまざまな施策が打ち出されて話題となっているように、ある意味でひまわり学生運動の影響を受けやすい世代が有権者として多く存在し、かつ適切な候補者を得た選挙区、とりわけ地方の首長選挙の選挙区では、新たな旋風が巻き起こる可能性がある。これは、里長選挙などでも同じく指摘されたことである。また、地方議会などで、若い世代の支持を受けた議員が生まれ始めたことも確かである。だが、彼らが多数を占めるには全く至っていない。

第三に、こうした若い世代の影響力を過大評価することも適当ではないということだ。とくに、二〇一六年一月に実施が予定されている総統選挙では、無所属からの立候補は想定されず、あくまでも政党からの候補ということになるために、国民党と民進党の二大政党が候補者を出すことになる。そうなると、この若い世代の票は、主に民進党の候補者に流れることになるであろう。なぜなら、この若い世代は、国民党の現政権への批判精神を強くもっているからである。

こうした意味で、この若い世代の影響力は限定的だ。「政党」という「結集核」をもたない政治運動は総統選挙という台湾政治の最大の舞台で依然として具体的な成果を得ることは難しく、反馬英九政権、反国民党としての意味しかもたないことになってしまう。しかしながら、総統選挙と同時におこなわれる立法院委員選挙（国会議員選挙に相当）では、政党こそないものの、同じ傾向をもつ候補が無所属で立候補し、もし柯文哲台北市長が後押しなどする場合、政党ではなく、立法院における「政治団体」を組織できる可能性が生まれてくる。そして、その人数が五名を越えてきた場合、立法院において一定のキャスティングボートを握る可能性さえ見えてくる[1]。

以上のように、短期的には「ひまわり学生運動」の政治的な影響は限定的であり、いくつかの条件をクリアしなければ影響力を担保できないだろう。筆者が中国政府の国務院台湾辦公室のスタッフにインタビューした際、「ひまわり学生運動にともなう新たな動向には注目しているが、まだ彼らは既存の政治に反対し、ある意味で〝壊す〟ことしかおこなってきていない。彼らがこれから何を〝創る〟のかに注目したい」と述べていた。これは的を射た観点だと言うこともできる。運動一周年を経て、確かに政治的、社会的な足跡を確認できるものの、二大政党制の下でこの潮流がどのような動きを見せるのか、今後とも観察が必要であろう。

◇註

【1】最終的に時代力量など新政党が若い世代の票を吸収し、立法院で議席を得るに至った。

「国家の安全」という論理と「民主・自由」

——中国の香港への目線

nippon.com
2015年5月7日

香港住民の危機感と「雨傘運動」

二〇一四年、香港での「雨傘運動」がメディアを賑わせた。これは、香港の民意を政治や行政により直接的に反映させることを求める人々による運動であった。具体的には二〇一七年におこなわれる行政長官選挙をどのように実施するのかということであり、中国政府は候補者の選定に制限を加えようとし、運動側はそれに反撥した。

中国の「一国二制度」の下にある香港は、高度の自治を認められていたはずであるが、ここにきて民主や自由、とりわけ香港の人々が謳歌してきた自由までもが奪われようとしているという印象をもってのことであろう。

中国版NSCと「国家の安全」論理の拡大

きわめて興味深かったのは、この香港をめぐる問題が中国では「国家の安全」という論理に関連づけられて論じられる傾向にあったということだ。習近平政権が誕生してから、アメリカのNSC（国家安全保障会議）に倣って国家安全委員会が中国で組織されたことは周知の通りだが、その第一回会議は二〇一四年四月十五日に開催された。そこでは、「政治安全、国土安全、軍事安全、経済安全、文化安全、社会安全、科学技術安全、情報安全、生態安全、資源安全、核安全」などを含む〝総体（総合的な）国家安全観〟が提起された。

これを受けて、中国におけるさまざまな問題が、この「国家の安全」という論理で語られ始めた。つまり、この論理は国防等の対外的な安全保障という側面だけでなく、国内での安全という論理を色濃く含んでいたのである。

そのため、この国家の安全こそが第一、優先すべきという論理の下に、さまざまな社会活動などが国家の安全を脅かすものと認識され、抑制される可能性があったのである。二〇一四年、政治腐敗問題やいわゆる少数民族の独立運動等とともに、歴史をめぐる言論、公民の権利を求める運動などが抑圧されたこととの背景の一つには、この「国家の安全」という論理の拡大があったと考えられる。

中国共産党№3・張徳江の香港言説

そして、香港での問題もまた、この（香港そのものではなく中国の）「国家の安全」の論理の下に語られることになった。とくに、全国人民代表大会常務委員会委員長で、共産党の党内序列第三位の張徳江の発言が、しばしば香港側を刺戟することになった。

国家安全委員会が開催される前、二〇一四年三月に北京で実施された全国人民代表大会の香港特別行政区代表団全体会議において張は香港の代表団と会見した。その際、張は「香港行政長官の普通選挙は政治制度の大きな改革であるが、それは香港の長期的な繁栄と安定に関わるだけでなく、国家の主権、安全、そして発展利益に関わるのである」と述べた[1]。

一年後の二〇一五年三月、張徳江は再び香港情勢を国家の主権や安全と関連づけて論じたが、雨傘運動を経たこともあって、その言論は一年前よりも踏み込んだものになっていた。「香港社会では過激な勢力が擡頭し、『香港独立』思潮などの、香港の社会の安定と国家主権・安全・発展利益を損なう言論や行動が現れるようになった」。張はさらに、「『一国二制度』の下で国家主権・安全・発展利益を維持するということは、明らかに最終的な原則であって、これへの挑戦や変更は認められない。『香港独立』、『都市自決』などといった分裂志向の言行は人心を得られないし、決して認められるものではない」と述べた[2]。

“西洋思想”の影響を警戒

では、香港の雨傘運動にせよ、普通選挙実施の制度にまつわる諸要求にせよ、これらが何故中国の国家の安全に関わるのか。まずは、地方としての香港の独立について、住民自決という原則が適用されないということがある。また、香港の現在と将来をめぐる香港基本法の解釈においても、香港側が決めていいということではない、という点がある。それらは、あくまでも中国の中央政府、あるいは中国全体で決めること、とされるのである。

欧米メディアや政治家などが香港の雨傘運動に言及して、民主化運動としてそれを支持していることも、中国としては警戒すべき動向だとされている。さらに、国外勢力が〝西洋思想〟を香港に扶植し、「反共反華」思想を煽っているという批判もなされる。

そうした議論は、香港の選挙をめぐる状況が、中国全体の「国家の安全」にも深く関わっているという認識と結びつく。そして、香港にも国家安全法を適用するか、あるいは香港としての国家安全法を制定すべきだという言論が中国で多く見られるようになってきたのである。

つまり、香港の民主や自由という論点と、中国全体の「国家の安全」という論理が対立しており、中国では「国家の安全」が優先されることになっているのだ。そこでは、「民主と自由」が西洋の論理として中国に浸透して共産党の統治を脅かすということが指摘されているのである。

「国家の安全」対「民主・自由」は先進国共通の問題

この「国家の安全」と「民主・自由」が対立する局面は、目下のところ香港で噴出しているが、これは中国全体の問題でもある。中国では昨今、「西洋思想」の浸透が共産党の統治を脅かすとして、(香港を含む)海外NGOの中国国内での活動を制限する法律が制定されようとしているし、歴史をめぐる言論などについても、「西側の影響」が問題視され、少なからぬ歴史家の言論が批判されている。これは日本を含む諸外国にとっても大きな問題であろう。

だが、翻ってみれば、この「国家の安全」と「民主と自由」の対峙、対立という点は、何も中国だけに見られる現象ではない。先進国においてでさえ、国家の安全や安全保障の論理と、民主や自由といった権利との間の緊張関係が多々見られる。

アメリカや日本における、国家機密とされるインテリジェンスの取り扱いや、その報道をめぐる議論についても、「国家の安全」が次第に「民主と自由」を圧迫しつつあるものとして見る向きもあろう。そうした意味では、自らの国内では「国家の安全」のために「民主と自由」を圧迫していると批判されている西側諸国の政府が、香港の民主化運動を支持するというのも、内政と外政の間の難しい綱渡りなのかもしれない。

◇註

【1】「習近平李克強張徳江俞正声分別参加両会一些団組審議討論」（二〇一四年三月七日、人民網、http://cpc.people.com.cn/n/2014/0307/c64094-24553922-3.html〔二〇一五年四月二十一日閲覧〕）。

【2】「張徳江：国家主権安全是紅線港独言行不能容忍」（二〇一五年三月七日、二〇一五両会専題サイト、http://news.china.com/2015lh/news/11170076/20150307/19357412.html〔二〇一五年四月二十一日閲覧〕）。

「和解」への可能性
——"Forgive, but never forget"への道程

nippon.com
2015年8月10日

戦後の「和解」を焦点に

戦後七〇年の議論が多々なされている。メディアでは、「侵略」「植民地支配」「痛切な反省」「お詫び」という四つの言葉が話題になることが多い。これは、村山談話（一九九五年八月）や小泉談話（二〇〇五年八月）で用いられてきた、いわばキーワードであり、二〇〇七年四月の温家宝演説がそうであったように、アジア諸国からも一定の評価を得てきたものだった。現政権も、「全体として」これらの談話を継承するとしている。これはこれで一つの見識であろうが、この四つの言葉が歴史をめぐる問題のすべて、というわけではなかろう。

昨今公表された安倍晋三首相の私的諮問機関「21世紀構想懇談会」の報告書のモチーフは、過去に向き合うこととともに、戦後の和解、そして未来に向けての展望だった。過去に向き合うのは当

然としても、戦後の和解に焦点をあてるのが、この構想懇談会の報告書の特徴であった。

東アジアの「平和構築」の過程を検証

世界大戦であれ、地域紛争であれ、多くの死者を出した武力衝突は地域社会に大きな禍根を残す。勝者と敗者、また敗戦側の国内における責任論、戦勝側の手柄争いなど、それはさまざまなかたちで現れる。こうした意味で、歴史認識問題は世界各地にある。

国際関係論や国際政治学では、「平和構築」というジャンルがある。戦争や紛争をおこなった国や地域において、その戦いが終わった後にいかに平和的に社会を再構築していくのかということを探求する研究分野だと言ってよいだろう。日中戦争から第二次世界大戦を経た東アジアは、戦後、いかに平和構築されてきたのだろうか。そして、そこに「和解」といわれるような状態はできあがっているのだろうか。

「和解」に向けてのプロセスは、逆もあるが、まず外交面でおこなわれ、それが次第に社会に向かうと言ってよい。「和解」の主体には国家と社会があり、国家間関係と社会間関係の双方における「和解」が重要となる。

外交面では、「講和」を通じて戦争状態を終わらせて、国交を開くということが最初のステップだ。しかし、それは平和構築の第一歩、それも形式的な第一歩に過ぎない。無論、国家と国家の関係では講和なくして何もできないだろう。だからこそ必要不可欠な第一歩だ。だが、たとえこの条約で賠償問題が解決されていようとも、それだけでは国民それぞれの傷は癒えないし、またそれぞれの国での歴史教育において、自国の正当性を強調すれば、心情的な敵対はむしろ増幅、固定化されることになる。

日本に求められる真摯な反省とお詫びの継続

東アジアでは、昨今の歴史認識問題に見られるように、「和解」に至っていると見るのは難しいが、それでも日本と台湾、日本と東南アジア諸国との和解は、日中、日韓に比べれば一定の段階に達しているようにも見える。和解には、加害者側、被害者側双方の歩み寄り、加害者側の真摯な反省とお詫び、被害者側の寛容さ、「赦す」心などが必要だとされる。

日本と台湾、あるいは東南アジアとの間で、このような定式通りの「和解」がおこなわれたかは疑わしい。つまり、現在の状況としては、"Forgive, but never forget"の状態に至っていると見ることもできるのだが、それが日本の、あるいは相手国の「和解」のための意図、施策の結果かどうかは検証が必要だということである。

これは「和解」がきわめて難しい均衡の上に成立していることを示している。国際環境や国内政治の状況など、さまざまな要素が絡み合った状況の上に「和解」がある。だからこそ、一度「和解」に見えるような状況に至ったとしても、それはまた変化し得る。つまり、可逆的なものなのである。

だからこそ、歴史問題において、一度「和解」に至ったように見えるからといって、それ以後日本側が不作為のままでいいということにはならない。加害者側の日本が常に過去に対する真摯な反省とお詫びを見せ続けなければならないということであろう。いつまで謝り続けるのかという点については、頻度こそ減少することは間違いないものの、象徴的な儀式や教育などは、継続しておこなわれることが求められるし、さまざまな情勢の変化に敏感に対応しなければならない。

目下、中韓に至っては、"Forgive, but never forget"の状態に至っているとは到底思われない。両国の国内の歴史教育においても日本の侵略や植民地支配は批判的に記され、また独立神話にそれらが深く関わっている。それに、両国の新聞やテレビなどのメディアも歴史問題に敏感に反応し、国境を跨いで互いに刺戟し合っているし、SNSにおいても過激な言論が巻き起こっている。国際的な場でも中韓は自らに有利な言論の宣伝を怠らないし、昨今では世界遺産をめぐってもさまざまな試みがなされている。

そうした意味では、日韓、日中は当面和解には至らないように思える。だが、忘れてならないのは、相手が「歴史」をさまざまな政治の道具にしているからといって、こちらが和解への努力を怠っていいということにはならないということである。無論、過度な要請に応じる必要などはまったくないし、相手と同じ歴史認識をもつ必要もないが、それでも和解への姿勢を示し続ける必要があるのではないか、ということである。

戦争を知らない世代が取り組むべき課題

戦後、日中、日韓間で多くの和解への取り組みがなされてきたのも確かである。日中間でも、日中友好運動のみならず、日本の経済人が味わってきた辛苦、そこで築かれたさまざまな絆も特筆すべきだろう。また、日本の各自治体の中国との姉妹自治体提携はしばしば戦争中での体験を基礎になされており、その地域の師団や連隊が侵略した中国の地域と交流を進めたところも少なくない。日本の知識人も、戦争責任論を多く議論してきたし、「一五年戦争論」、あるいは戦争への道程をめぐるさまざまな議論を通じて、戦前の日本の失敗、過ちを検証する試みをおこなってきた。

現在必要なのは、日本が犯した過去の過ちをこれまでと同様、真摯に検証しつつ、また同時にこれまでの和解への取り組みの過程を考察し、その至らなかった点を認識することだと思われる。和解という観点に立つとき、戦争に行ったことがない、また戦争に直接に関わっていない戦後世代にとっての課題が明確になるように思われる。今また一九五〇~七〇年代と同じ言動をとる必要があるかどうかは議論があろうが、二十一世紀の日本、日本社会にとっての和解のありかたを模索していくことが求められよう。

その際に、反省とお詫びが重要であることは言うまでもないが、どのような言葉を用いるのかということよりも、「和解」に向けての言動において、至らなかった点を実際の行動で克服し、実際の行動で「忘れていない」ということと、「つぐないの気持ち」を表現することを続けることが肝要だと考える。

国際社会は政治や経済だけでなく、次第に「感情」の時代に入ってきているという。その国民感情に歴史認識は深く関わるし、この領域の問題にいかに向き合っているのかということが、国家のスタイルにも関わる。そのためにも、相手の言動に対して常に受け身になるのではない、「和解」に対しての自らの姿勢を明確にし、そのスタンスに基づいて、実際の言動をともなう行為を継続していくことが大切だろう。これは国家にとっての課題でもあり、そしてメディアを含む社会、そして個人においても課題になるものと思われる。

「歴史的」中台首脳会談から日本の対中・対台湾政策を再考する

nippon.com
2015年12月9日

習近平、馬英九の「歴史的」会談で何が変わるのか

二〇一五年十一月七日、シンガポールで中華人民共和国の習近平国家主席と、中華民国（台湾）の馬英九総統が会談し、内外では歴史的な会談だと大きく報じられた。一九四六年に中国大陸で国民党と共産党による国共内戦がはじまり、四九年十月に中華人民共和国が成立して、十二月に中華民国が四川省から台湾に移ってからというもの、双方は基本的に敵対的に対峙してきた。

一九九一年に中華民国側が大陸反攻政策を放棄してからは、さまざまな交流が模索され、とくに二〇〇八年に馬英九総統が就任してからは、双方に直行便が行き交い、多くの中国人観光客が台湾を闊歩するような時代となった。そうした意味で、中国と台湾の関係は緊密化してきており、その象徴として首脳会談が実現したと考えれば、確かにそれは「歴史的」な会談であり、双方が統一に

向けて動き出したかのように見える。しかし、そのような楽観的な見方は、日本を含む一部の外国のメディアの論調に見られるだけで、中国政府でさえしていないだろう。

だが、長期的に見れば、中華人民共和国と中華民国の首脳が会談したこと、そして「九二年合意/コンセンサス」(後述)について一定の了解を確認したことは、確かに〝歴史的〟ではある。しかし、これで短期的に何かが変わるのかと言われれば、それには大きな疑問符がつく。

台湾総統選挙にはさして影響なし

今回の会談は二〇一六年一月に予定されている台湾の総統選挙、立法院委員(国会議員に相当)選挙にいかに影響するのか、あるいはしないのか。そもそも任期があと半年となった馬英九総統は二期務めたので再選はない。国民党は新北市市長の朱立倫を総統候補に立てて総統選挙を戦っているが、蔡英文・民進党主席の当選が確実視されている。

周知の通り、二〇一四年三月にはひまわり学生運動が発生して、馬英九政権の対中国政策の進め方、法案審議の手法などについて青年層を中心に疑義が呈されていた。馬英九総統は既に国民からの支持を失っており、その支持率は、長らく一〇%前後に低迷している。今回の習近平との会談が彼の支持率を上げるわけでもなく、またこれによって国民党が有利に選挙戦を戦えるわけでもない。それどころか、習近平との会談を突然セットし、かつ会見において「九二年合意/コンセンサス」を確認し、かつ「中華の振興」という習近平のスローガンを台湾側も受け入れた程度で、大きな成果がなかったこともあり、馬への批判が強まっている。そうした意味では、選挙において国民党に有利に働いているのではない。

実のところ、台湾の国民の多くは今回の会談それ自体には肯定的である。だからといって、国民が統一を支持しているとか、台湾海峡をめぐる問題が平和的に解決する方向に向かったなどということは言えない。そのように見る日本のメディアもあったが、それはむしろ周回遅れの理解である。台湾の国民の多くは、中華民国が国際的に国家として承認されていなくても、実質的な統治空間としての中華民国、台湾が継続していることから、その現状維持を望んでいる。そして、その統治空間を代表する人物が、最も関係の深い〝外国〟の一つである中国の首脳と会談することに、国民が賛同しているのであろう。

中国側から見れば、今回の首脳会談において「九二年合意／コンセンサス」を合意事項にできた意義は大きい。なぜなら、民進党がこのコンセンサスの有効性を認めてこなかったからである。中国側としては、馬英九との会談で「九二年合意／コンセンサス」について釘をさし、たとえ国民党政権が継続しなくとも、民進党政権もこの合意事項を継承するように圧力をかけたのである。ではその「九二年合意／コンセンサス」とはどのようなものか。

習近平政権にとっては〝大きな進展〟

一九九一年、それまで中華民国の大陸反攻政策の基礎となっていた「動員戡乱《かんらん》時期臨時条款」（注：中国国民党と共産党は内戦状態にあるとして、憲法を停止して国家総動員体制を敷くことを可能にした臨時法案）が廃止されたことを受けて、九二年に中国と台湾の交流窓口どうしが香港で話し合って形成された「合意／コンセンサス」がこの「九二年合意／コンセンサス」である。これは同時代的に公表されたのではなく、二〇〇〇年三月に国民党が選挙で敗れて、五月に民進党政権が成立する前に、国民党の李登輝政権の行政院大陸委員会主任委員・蘇起が公表したものである。

内容としては、双方が「一つの中国」を認めることにあるが、それに関して台湾側は「一中各表」、つまり「一つの中国」は認めるが、その解釈については、それぞれが各々おこなう、ということを強調している。だが、中国側がそれを公式に認めたことはない。また、言葉遣いも中国側が「合意」、台湾側が「コンセンサス（共識）」とズレがある。そして、中国側の対応も江沢民政権（一九八九～二〇〇二年）と胡錦濤政権（二〇〇二～一二年）で異なっていた。江沢民政権期には、台湾側の言う「一中各表」の「各表」（「一つの中国」の内容、解釈については、それぞれが各々おこなうこと）を認めなかったが、胡錦濤政権期には肯定否定を明確にしないように変わった。

今回の首脳会談で、習近平政権は胡錦濤政権の路線を継承した、あるいはより積極的に台湾側のスタンスを認めたということになるのだろう。だが、民進党政権が成立することが予想されるなか、「九二年合意／コンセンサス」を再び両岸の合意事項であるように見せることができたことは、大きな進展だと中国側には捉えられるし、民進党に対しては大きな圧力になるであろう。

馬英九の計算と政界再編の可能性

しかし、馬英九総統はなぜこのタイミングで習近平との会談に意欲を見せたのか。中国側の目線は上記のように、長期的には両岸関係を進展させること、短期的には来年誕生するであろう民進党政権に圧力をかけること、の二点において会談に応じる意義がある。だが、馬総統からすれば、両岸関係の歴史に名を残す、ということにしかならず、国民党にとっては利がないことのようにも見える。

確かに、馬総統が中国を訪問したわけではなく、シンガポールという第三地を選んだこと、食事などの経費も「割り勘」であったといわれていることなどにあらわれているように、この会談はある意味で「対等」であった。そのことは、一定程度台湾でも評価されている面がある。だが、会合のロジスティックスや仕切りは中国側であり、食事のメニューには台湾料理は含まれず、現代中国の歴代指導者の出身地ゆかりの料理が選ばれた。

では、馬総統にはこの会談の向こう側に何が見えているのだろうか。二〇一六年一月の選挙で民進党の蔡英文候補が圧倒的に優勢で、馬総統の属する与党国民党の朱立倫候補にはほとんど勝算がない。問題は、総統選挙と同時に実施される立法院委員選挙だ。こちらの選挙でも民進党優勢が伝えられているし、民進党、国民党以外の第三勢力が議席を一定程度増やすことが予想されてはいるものの、基本的に二大政党制であることもあり、国民党が第二党になることは間違いない。その国民党は最大野党としてどうなるのか、これがおそらく馬総統の視野に入っていることだろう。

恐らく、二〇一六年五月に誕生すると思われる民進党政権は中国との関係に苦しむことになる。だからこそ、最大野党となる国民党は中国とのパイプを資源にして民進党政権に圧力をかけることが想定される。そこで、その国民党内で誰が中国とのパイプを握るのか、が重要になる。それを今回の首脳会談を経た馬総統が狙っているのではないか、と思われる。これまでその役を果たしてきた連戦元副総統は高齢になりつつある。

そして、選挙が終わった後、おそらくは朱立倫国民党主席は敗北の責任をとって党主席を辞任する。馬総統は、国民党主席のポストを狙い、本省人で土着派の王金平・立法院院長らの勢力を押さえて、国民党の主導権を握ろうとしているのではないか。[1] その算段があっての、このタイミングでの首脳会談ではないか、とも思われる。だが、二〇一六年五月以降の国民党が中国大陸との関係を資源に民進党に対峙すれば、「親中的」との印象が強くなり、党内でも王金平らとの亀裂が深まって政界再編にもなりかねない。

中台首脳会談が日本に示唆すること

日本にとって台湾海峡の帰趨は、安全保障の面でも経済面でも極めて重要である。そうした意味では、中台首脳会談をはじめ、今後の両岸関係がどのように展開していくのかということから目が離せない。

だが、中国と台湾の首脳が会談するということは、日本の対中、対台湾政策においていくつか考察し直すべき契機となりそうである。たとえば、一九七二年の日中国交正常化にともなって、日本は中華人民共和国を唯一の合法政府として承認し、台湾が中華人民共和国の不可欠な領土の一部分であるという中華人民共和国の立場を日本が理解し、尊重する、ということになっている。だからこそ、日本と台湾の関係は、交流協会と亜東関係協会という〝民間〟組織が実務を担っている。

そして、日本の外務省、防衛省などの官庁、あるいは政治家なども、台湾と国交がないことから、一定の職に就く人々は台湾側と接触しないということになっている。そこには四〇年以上にわたって築かれた日中間での暗黙の了解としてのルールが多々存在している。しかしながら、中国と台湾の関係は大きく変化し、閣僚級の相互訪問どころか、首脳会談まで実現した。日本としてもこうした情勢の変化に対応してはどうか。

諸外国の動きは敏感だ。日本が台湾においている大使館に相当する機関の名称は交流協会台北事務所であり、大使に相当するのはその所長である。しかし、韓国はそれぞれ駐台北韓国代表部、代表としている。両岸関係の変化に対応して日本も中国の目線に配慮しつつも、台湾との関係を抑制する度合いを緩和してはどうだろうか。

中台の首脳会談によって国際政治や安全保障面での変化が直ちに訪れるわけではないにしても、こうした行政面での調整をおこなう上では重要な契機となるように思われる。毛沢東と蔣介石の時代に作られた日中、日台間のルールを、首脳会談がおこなわれた習近平と馬英九の時代にも適用し続けるのか。日本としては台湾との関係のレベルアップにチャレンジする、あるいは考察する機会が与えられたと見ることもできるだろう。

◇註

【1】目下のところ、国民党主席には洪秀柱が就任し、馬英九の目立った活動は見られない。

南シナ海情勢と中国の対外政策
――日本はどう関与すべきか

nippon.com
2015年12月21日

「強国」を自認する中国から見た南シナ海情勢

習近平政権（二〇一二年十一月～）になって以来、中国の東シナ海、南シナ海に対する政策はいっそう強硬になった、というのが世界の中国専門家のほぼ共通の見解だろう。中国の外交専門家からも、習近平国家主席は（胡錦濤前国家主席とは異なって）海洋や領土の面で妥協することはないだろう、という話も聞く。

実際、二〇〇二年の南シナ海共同宣言、あるいは〇八年の日中間における東シナ海の共同開発に向けての覚え書きなど、江沢民政権（一九八九～二〇〇二年）から胡錦濤政権（二〇〇二～一二年）には、まだ領土主権や海洋権益の面で、中国が交渉に応じる余地があった。しかし、習近平政権は南シナ海の岩礁、暗礁での埋め立てを進め、そこに滑走路を建設、さらに軍事施設の建設などを進め、当事国や周辺国、あるいは米国などからの抗議があっても、これらの活動を停止していない。中国国内では、かつて国力がない時代には南シナ海の島々が中国領であると抗議をおこなうしかなかったが、いまや実力行使する力をもったのだから、かつての主張を実現させるという理解が一般的だろう。

習近平政権の判断「米国も強硬策はとらない」

このような自己認識は習近平政権の対外行動を支える国内的な論理になっている。つまり、胡錦濤政権の後半期に、中国の対外政策が次第に強硬になり、リーマン・ショックでさらに米国の国力が落ちたという認識の下に、いっそう強硬になったのも確かだが、習近平政権はその方向性を継続しつつも、その政策をさらに進めた。

そのような変化の背景には、国内世論を踏まえているということだけでなく、中国の自己認識が世界第二、少なくとも東アジアで圧倒的優位にあるとの認識になり、東アジア、東ユーラシアの主導国として、地域構想や国際公共財を提供するようになったことがある。

無論、こうした地域覇権国となったことが、直ちに領土や海洋権益で強硬な政策をとることにはつながらないが、島を埋め立てて基地を作る能力が中国にあるだけでなく、それに抗議する力は周辺国になく、さらに米国でさえ、これらを止めるために強引な政策はとらない、と習近平政権は判断したのであろう。この判断の根拠は軍事力の増強、そして米国の対中政策、東南アジア諸国連合（ASEAN）諸国の軍事力と中国との経済関係などにあると思われる。

米国の「航行の自由」作戦とその限界

このような中国の姿勢は当然ながら米国の関心を集めた。米国は、リバランス政策をとって東アジアの経済発展にコミットし、中国重視の政策をとってきた。日本をはじめ、同盟国との安全保障関係の強化もあるが、それは中国との関係を緊張させることを意図してはいない。オバマ政権は、一期と二期で中国に対する姿勢が異なり、次第に警戒心を強めているようにも見えるが、あくまでも対話路線を維持している。

その米国でさえ、ようやく重い腰をあげ、イージス駆逐艦を南シナ海に派遣した。「航行の自由」作戦である。だが、米国は領土問題それ自体には介入せず、あくまでも暗礁の埋め立てによる権利の発生の有無など、国連海洋法条約の解釈をめぐる中国への警告と、航行の自由という原則とその解釈の確認をおこなっているにすぎない。あるいは、領海における「無害通航」に対して事前通告を求めている中国に対して、事前通告をしないで航行するといったこともあろう。

確かに海洋をめぐるルールに対する中国の認識は必ずしも欧米や日本と同じではない。だからといって、中国の解釈がすべて中国独自というわけでもない。中国と同様の解釈をしている国も少なくはないのである。

また、米国の中国への姿勢は中国からどう見えるのだろうか。米国が、イージス駆逐艦を南シナ海に派遣したからといって、中国の飛行場建設や軍事施設の建設などを止めることはできないだろう。そもそも、米国もそこまでの効力があるとは思っていないのではないか。米国はイージス駆逐艦を南シナ海に派遣しながらも、他方で上海近海において中米合同軍事演習をおこない、RIMPAC（環太平洋合同演習）に中国を招待している。中国の認識では米国の南シナ海に対する動きを決して強硬だとは見ていないだろう。そうした意味で、オバマ政権は多少中国への抑止を強めたように見えるが、中国から見れば、自らの姿勢を変えるほどには感じられていないであろう。

ASEAN諸国――経済関係と安全保障問題のジレンマ

南シナ海の事態が緊迫化しても、ASEAN諸国が基本的に正面からそれに対応することは難しい。欧州のNATOのような組織は東アジアには形成されていないのである。しかし、強硬な中国に対峙する国々の間の連絡や結束が高まっているのも確かである。これらの国々は、自らの置かれている状況、中国への対応などについて情報交換をおこないだした。もともと、多くの当事国が中国との緊密な経済関係をもち、その経済関係と主権、安全保障の問題をいかに両立するのかという問題に悩んでいた。そして、コーストガード（沿岸警備隊）のケイパビリティーをいかに向上させるのかという課題を共有している。

こうしたなかで、フィリピンが常設仲裁裁判所にこの問題を訴えたことは一定の抑止力になるだろう。たとえ、中国が対応を変えなくても、各国からおこなわれている対外発信もまた一定程度国際社会にインパクトを与えることが期待できる。

日本も南シナ海問題の「当事国」

日本にとって南シナ海問題は〝他人事〟ではない。そもそも、歴史的に日本は戦時中南シナ海の島々をほぼ占領して、サンフランシスコ講和条約でも、あるいは台湾（中華民国）との日華平和条約でも、日本の「新南群島（南沙諸島）」放棄が明記されている。二十世紀後半の、南沙諸島をめぐる争いは、日本が放棄したあとの領有権争いだと見ることもできる。

また、現在の日本にとっても、南シナ海が日本の重要なシーレーンであること、あるいは東シナ海の領土問題と南シナ海のそれが連動していることなどに鑑みれば、日本もまたこの問題に対して一定の当事者性がある。

ベトナムなどの当事国は、米国の関与が限定的であることを知り、日本の強い関与を期待している。ただ、残念ながら、目下のところ日本が海上自衛隊を南シナ海に派遣することは相当に難しい。海上保安庁の関与は視野に入るのかもしれないが、東シナ海での中国への対応でそのキャパシティーは限界に達しつつあると見られる。やはり、ベトナムやフィリピンへの艦船（巡視船）の供与、人材研修を含めたケイパビリティーの向上への貢献などが当面は求められる。

考え得る五つの対応策

では、強硬な政策を崩しそうにない中国に対して何ができるのか。もちろん、中国が埋め立てた島々の軍事基地化に反対の声をあげることもあるが、これまで述べてきたように、それだけでは効果が期待できない。現在、あるいは今後できうるとしたら、以下の五点だろう。

第一に、これ以上の暗礁や岩礁の埋め立て、飛行場設置を防ぐ努力を具体的にすることである。そこでは米国の関与がいっそう求められるだろうが、日本の役割も重要である。

第二に、問題となっている地域における海上事故防止協定や、緊急時のホットラインなど、事態の拡大抑制装置をつくることである。これは東シナ海だけでなく、南シナ海でもおこないうる。

第三に、当事国のコーストガードや海上兵力の能力を向上させ、中国に対抗する能力を持つようにしていくことである。ここでは、日本の役割がとくに重要である。

第四に、国際法解釈などの認識の幅を縮める努力と対話を、中国を含めておこなうことである。その際には、非当事国、欧米諸国などを加えることが肝要である。

第五に、世界の非当事国に対するパブリック・ディプロマシーを展開し、中国側の宣伝を相対化することである。その際には、単に主権や領土問題だけでは効果が小さいだろう。

ここで注目されるのが環境問題である。南シナ海での中国の岩礁や暗礁の埋め立ては明らかに環境破壊である。欧米のNGO、メディアなどは遥か遠い地の領土問題よりも、美しい珊瑚礁の破壊に高い関心を示す。これは日本政府から、日本にとっての〝正しい〟領土問題についての説明を受けた欧米の研究者が筆者に述べたことでもある。自らにとっての〝正しさ〟もあろうが、相手にとって関心を持てること、引き込まれること、を意識した対外広報が肝要となろう。

◇註

【1】二〇一六年七月に下された常設仲裁裁判所の採決は中国にダメージを与えたが、その南シナ海での活動

が大きく変わったわけではない。

慰安婦問題をめぐる日韓の和解

『聯合早報』（日本語原文）
2016年１月11日

戦争や植民地支配において、日本がおこなった残虐行為については、日本政府も国民も深くこの事実を知る努力を継続し、また政府も戦後生まれの国民も、被害者や被害国との和解に努めるべきである。中でも、慰安婦問題は、そうした残虐行為の代表的なものであるだけでなく、人権問題としても重視されるべきものであり、日本政府としても最も解決が急がれていた。

一九九二年、河野洋平官房長官が談話を発表し、慰安婦については政府や軍の直接的な関与があったことが明言され、九五年には「民間」組織であるアジア女性基金が設立され、慰安婦問題の事実究明とともに、補償事業をおこなってきた（二〇〇七年解散）。しかし、韓国社会からはこのような日本の姿勢が受け入れられてきたわけではない。

最大の問題は、一九六五年の日韓基本条約で国家賠償とともに、民間の賠償は解決済み、という日本政府の立場であった。安倍晋三総理は、二〇一五年四月の訪米に際して河野談話の継承を明言し、事実認定については歴代総理と同じ姿勢をとるようになった。他方、韓国の朴槿恵政権は政権成立当初から慰安婦問題の「解決」を目指し、日本政府が事実関係だけではなく、自らの法的責任を認めることなど、一定の譲歩と問題解決に向けての努力を求めてきた。だが、慰安婦問題を日韓首脳会談の条件とするなどといったことは、李明博政権をはじめとして、これまでの韓国の政権にはみられないことで、日本側は戸惑いを隠せなかった。

また、日本側には、一九九八年に金大中大統領訪日に際して、歴史認識問題に終止符を打つことで合意し、大統領に国会演説の舞台を用意しながら、結局、そうした約束が守られなかったという苦い経験があった。それだけに、日本側には、慰安婦問題をはじめとする歴史認識問題をめぐる「口約束」に対する懸念も存在していた。

そうしたなかで、二〇一五年十二月二十八日、日韓外相会談において慰安婦をめぐる問題についての解決案がまとまった。これは日韓の外交当局の地道な交渉の賜物であり、また同盟国間の関係改善を望むアメリカにとっても、朗報であっただろう。交渉が妥結した背景には、戦後七〇周年、日韓基本条約五〇周年の二〇一五年のうちに話をまとめようとしたこともあるが、朴槿恵政権が一六年四月の国会議員選挙を控え、政権の成立当初に掲げた対日政策の原則たる慰安婦問題の解決についての具体的成果を求めたということもあるだろう。また、安倍総理は前述の河野談話の継承のほか、二〇一五年八月の安倍談話で未来の世代に対して謝罪などを引き継がせないと、この世代での問題解決に意欲を見せていた。

両者の妥結点を見れば、日本側が謝罪と反省を明確におこなって、かつ日本側が責任を明示しなから、「法的な責任」には言及せず、かつこの解決が「不可逆的」、つまり今後蒸し返さないことを韓国側が約した点が注目できる。また、補償そのほかをおこなう基金は韓国側がその組織を設立し、日本側が経費を支出するという方式となったことも大切だ。そして、ソウルの日本大使館前の慰安婦像については撤去について努力すると韓国政府側が約束した。さらに、韓国側は国連などの国際的な舞台で、慰安婦問題について日本を攻撃することを控えることも約したのだった。二〇一六年以後、ユネスコの世界記憶遺産のことが懸念されていただけに大きな進展であった。

これらのことを、双方の外相がメディアを入れた場で明言し、またアメリカも公式に歓迎の意を示したのであるから、これらの合意は一定の拘束力をもつだろう。しかし、幾つかの懸念もある。第一に、この合意について文書が作成されていないことである。たとえ公表したからといっても、文書がなければ、その拘束性は強くない。「不可逆」が「可逆」になれば、日韓間の信頼醸成に決定的な溝が生まれることになろう。第二に、朴政権が国内を説得できるのか、ということがある。今回の外交交渉では、韓国側も少なからず譲歩した。だが、慰安婦問題をめぐってはさまざまな保守的な団体が韓国国内、あるいは国際的に関与しており、朴政権の決断を受け入れるという保証はない。これらの組織がいっそう激しい活動をした場合、「民間」の活動だとして韓国政府としては制御できないだけでなく、世論のあおりをうけて政府も影響を受ける可能性もあろう。

他方、日本としては、この合意によって、韓国以外の地域の慰安婦問題にも同様の手法であらためて対処しなければならなくなる可能性もある。アジア女性基金の活動は注目すべきものであったが、決して十全であったわけではない。そのため、韓国と同様の手法での「解決」が台湾などからも求められる可能性がある。日本としては和解に努める大原則に基づいて対応する必要があろう。

最後に、このような問題や課題があるが、今回の合意が画期的であることは強調しておきたい。「日韓新時代」という言葉が外相会談であがっていたが、確かに慰安婦問題が「解決」した日韓関係は新しい。しかしながら、その新時代がどのようなものになるかはまだまだ未知数である。

二〇一六年の東アジアを読み解くために

――中国が目指す地域秩序と内政問題

nippon.com
2016年1月6日

「歴史認識」に彩られた二〇一五年

二〇一五年の東アジアには大きな論点が三つあったように思われる。
第一は〝歴史〟である。第二次世界大戦の戦後七〇年、日韓基本条約締結五〇周年、ベトナム戦争終結四〇周年など、さまざまな〝記念〟が重なった。このような歴史を記念する動きは、当然歴史学によるものではなく、現在の国内政治、国際政治に深く関わっていた。

とくに東アジアで社会の分極化が進み、政府が歴史を自らに有利に引き付けようとするなど、国内でも歴史認識が問題になっていただけでなく、中国の擡頭にともなって、東アジア史全体の語りに変化が生じてきたので、いっそう歴史が敏感な課題になった。国内政治での問題の事例としては、たとえば台湾内部で歴史認識論争が生じたことが挙げられるし、国際政治に関わる事例では、八月十四日の安倍晋三首相の「戦後七〇年談話」、習近平による九月三日の軍事パレードなどが挙げられる。

だが、この一年を振り返れば、とりわけ国際的な舞台で、歴史問題は比較的抑制的に取り扱われ、年末の十二月二十八日には日韓間でも慰安婦問題に一定の目処がつけられ、日韓が和解に向けてスタートラインに立つなど、未来志向の「和解」への試みが見られたことも特筆に値する。ただし、政府レベルでは最終決着や不可逆的な取り決めがあるとしても、歴史認識問題の全体で「不可逆的」ということはないだろう。在ソウル日本大使館前にある「少女像」の移転問題のみならず、世界遺産登録をめぐる対立などもこれで終止符となるかどうか引き続き注意する必要がある。そうした意味では、二〇一六年も、和解への試みは継続していかねばならない。

南シナ海問題は引き続き重要課題

二〇一五年の東アジアを見る場合、やはり中国が大国としての自己認識を明確にしてきたことは看過できない。既に明らかなように、習近平外交は胡錦濤外交の時よりも、明確に「大国としての形象（shape）」を打ち出してきている。中国内部では、中国が大国として周囲に対しても利益を与える存在だということが強調されている。だが、大国としての自画像を明確に持ち、そして新しい「アジア像」や国際公共財を提供し始めたことは、同時に、領土や主権にまつわる問題で譲歩しない姿勢をもともなっていた。

その典型が南シナ海問題である。南沙諸島（スプラトリー諸島）などでの主権問題で譲歩しないだけでなく、岩礁や暗礁を埋め立てて人工島を作り、さらに飛行場を建設していったことは、当事国のみならず、世界各国にも、中国が現状変更を試みているという印象を与えることになった。

米国のオバマ政権もこれに対して「航行の自由」作戦をもって対応したが、これはあくまでも航行の自由など、国際法的な問題をもって対応しているのであって、領土問題に踏み込んだものではない。また米国は中国との合同演習の実施など、対話も進めている。従って、米国の対応は、中国が南シナ海での政策を全面転換する契機にはならないだろう。

だが、この問題は既に国際社会の注目の集まるところであり、米国の政策のみならず、東南アジア諸国連合（ASEAN）諸国の主権問題への対応能力の問題、日本の南シナ海問題への関与のあり方、台湾の新政権の南シナ海政策など、多くの論点が山積している。これらが二〇一六年にいかに展開するのか、引き続き重要な課題となる。

中国が唱える新たな〝アジア〟

東アジア地域の国際関係は一つの大きな転換点にさしかかりつつある。それは、単に中国が擡頭したということではなく、中国自身がアジアの秩序観を唱え、そしてアジアインフラ投資銀行（AIIB）などの国際公共財の提供に意欲を見せ始めていることなどによる。もともと、この地域の秩序観は日本やオーストラリア、あるいは韓国などが提起してきただけに、この変化は大きい。中国が提案する〝アジア〟がどのようにして形作られるのかということは、二〇一四年の「アジア新安全保障観」あたりから提起され始め、そして以後も継続している問題である。

中国は二〇一五年に前年から提起されていた周辺外交に関する概念を統合して「一帯一路」という表現を明確にとるようになった。この表現の意味するところには不分明な点が少なくないが、これまでの周辺外交のさまざまな政策をこの表現の下に整理統合するということだろう。一帯一路というスローガンには、国内での過剰生産、過剰投資を回避する国内的な意味合いが含意されているが、結果的に太平洋に形成されつつある環太平洋パートナーシップ（TPP）協定に対峙するように捉えられることもあり、二〇一六年も要注目である。

そして、こうした中国から提起される秩序観や南シナ海で展開している主権をめぐる諸問題にともない、従来はこの地域の地域統合の「ドライバー」であったはずのASEANがその中心性を今後も保ちえるかという問題が生じてきている。すなわち、TPPや一帯一路などといった新たな枠組みや構想が生じているだけでなく、ASEANが主権問題に有効に対処することが難しいなかで、ASEAN自身にも、それを中心にした地域協力にも疑問符が呈されているということである。

このような地域協力や地域秩序のありかたがどのようになるのかということが、二〇一六年の東アジアの一つの焦点である。無論、この問題はそれぞれの国や地域の内部の政治社会状況と深く関わる。

東アジア各地で選挙、民主化の試金石

二〇一四年から二〇一五年にかけて東アジア諸国の国内で発生していたのは、立憲主義、あるいは民主主義の問題であった。香港の雨傘運動、台湾のひまわり学生運動、あるいは日本での安保法

制制定前後の諸議論はそれにあたるだろう。香港では民主をめぐる制度それ自体が問題になり、台湾でも独裁政治の遺制や手続き的な民主（有権者、住民の意思が尊重され、政治に反映されること）、数年に一度の選挙による民主の有効性が問題となった。日本でも、類似する問題が生じたと見ることもできるだろう。

二〇一六年は東アジア各地で選挙が実施される。そこでの民意と、その後の国内政治の展開がそれぞれの国で大きな課題となり、それが外政に影響するだろう。台湾の総統選挙、立法院委員選挙、韓国の国会議員選挙、日本の参議院議員選挙がそれらにあたる。台湾では、選挙に勝利すると思われる民進党が、いかに中国大陸との関係を位置づけ、「九二年コンセンサス」問題を処理するかということが注目される。とくに、民意をいかに汲むのかということが問題となろう。

中国では、民主的な選挙がおこなわれているわけではないが、二〇一七年におこなわれる中央政治局常務委員の人事交代を控え、いかにルールに基づきながら、それをおこなうのか、国家主席や総理の後継者を決めるのかという重大問題が迫っている。二〇一六年はその前哨戦がおこなわれる年でもある。現在の習近平政権は反腐敗運動などで国内政治でも強権的な政治を続けている。その習政権が、江沢民期以来積み上げてきた人事の諸ルールを守っていけるのかということも二〇一六年の大きな注目点だろう。

中国内政は軍事、国有企業改革が焦点

中国の国内状況からは依然目が離せない。前述の人事だけでなく、二〇一六年も案件が山積して

いる。二〇一五年は歴史問題、軍事パレード、そして南シナ海問題などがあったが、国内では軍事改革への動きが注目されている。

二〇一五年九月三日、習近平国家主席は三〇万人の兵員の削減に言及し、十一月二十四日から二十六日におこなわれた中央軍事委員会の改革工作会議において軍事改革の推進が決まった。ここには軍の制度、組織、装備などさまざまな面での改革が含まれていた。この改革が実施されれば、中央集権的な軍事組織が形成されることになり、習近平政権の大きな後ろ盾となる。

次に国有企業問題が焦点となろう。国家の安全保障関連事業、広義の国家の安全保障に関わる事業、公共事業、エネルギー関連事業、基幹産業やハイテク産業などといった中核的な分野を担う大型の国有企業は、優先的に資金配分を受け、許認可を優先的に得るなどの特権を有する。その分だけ、効率性や競争力の面で問題を抱える。だが、中国政府、共産党からすれば、重要な産業は自らの管理下においておきたいし、これらの幹部たちは共産党員で、現行体制の重要な支持者でもある。しかし、改革をおこなわなければ、中国経済の構造改革はなし得ない。

そうしたなかで、二〇一五年九月、中国共産党、中国政府は「国有企業改革の深化のための指導意見」を発表した。これは、市場経済の徹底を述べたものであるが、同時に国有企業（国有資産）に対する監督強化も強調され、民営化とは逆行する。この改革の帰趨も重要な論点だろう。

無論、民主化運動や民族独立運動など、国際社会にとって関心の高い論点もある。だが、二〇一六年には、人事のほか、軍事、国有企業改革が大きな焦点となると思われる。「新常態」と言われる安定成長へと向かう調整期の下で、共産党政権の統治を保ち、対外的には大国としての表現を実質的におこなっていくための措置だということになるだろう。だが、これらにはさまざまな不安定要素があり、結果を予測することは容易ではない。また内政の状況が外政にも深い影響を与えるだけに、この内政問題の動向には注目してもしすぎることはないだろう。

台湾の116選挙の読み方

――戦後台湾と東アジアの将来の岐路に立つ蔡英文・新政権

nippon.com
2016年1月24日

民進党の勝因、国民党の敗因

二〇一六年一月十六日、台湾で総統選挙と立法委員（国会議員に相当）選挙が実施された。これによって、民進党の蔡英文候補が総統に選出され、立法委員選挙では、過半数の五七議席を超える六八議席を民進党が獲得することになった。親民党の宋楚瑜候補と国民党の朱立倫候補の得票数を合わせても、蔡候補の得票数に及ばなかった。また総統選挙だけでなく立法委員でも民進党の圧勝であった。これまで民進党が総統選で勝利したことはあるが（二〇〇〇年、二〇〇四年）、そのときには立法院で国民党が多数を占めていた。そうした意味では、今回の選挙において、はじめて民進党が完全勝利をおさめたということになろう。

民進党の勝因は、蔡英文候補が二〇一二年の敗北を踏まえ、弱点を克服し、この数年間、安定的かつ適切なパフォーマンスを続けたこと、また中国との関係においても、「現状維持」という語を用いて切り抜けたこと、などによる。副総統の人選においても、また立法委員選挙での比例代表のリストの序列などでも、有権者の肯定的な評価を得ていた。

他方、国民党側の馬英九総統による失政、選挙に向けての朱立倫陣営の失点もまた、蔡英文候補の当選を大きく後押しした。馬総統の任期中、とりわけ牛肉問題や油問題、災害などでの馬政権のリーダーシップの問題、またガバナンス形成の面での失政など、国民の信頼が失われるような事態が相次いで発生していた。そこには、二〇一四年三月のひまわり学生運動なども含まれる。無論、馬政権の中国との距離感への危惧もあったろう。

だが、馬政権への、あるいは国民党政権に厳しい目線が向けられた要因として忘れてはならないのは「経済」である。二〇〇八年、二〇一二年の総統選挙で馬英九総統を当選させたのも「経済」という点であった。経済成長著しい中国との関係を良好に保ち、中国の発展を梃子にして台湾経済を好転させようとした馬政権は、中国との経済関係を緊密に保ち、一定程度台湾の経済を良好に導いたが、ここ数年、台湾経済は一定の成長を見せていたものの、少なくとも有権者を満足させる状況にはなっていない。

また、この選挙に至るプロセスにおいても、国民党は失点を重ねた面がある。総統選挙の候補者を絞りきれなかったこと、やっと出馬を決断した朱立倫候補が選んだ副総統候補にスキャンダルが発生したこと、そして朱候補の党内基盤が弱かったために、立法委員選挙の比例代表名簿が党内各派の長老への配慮がそのまま表れるかたちになったことも、否定的な評価につながった。そして、投票直前に起きた、周子瑜というタレントの「謝罪事件」もまた民進党の得票の押し上げ要因になったとされる。

韓国のテレビ番組で周が中華民国国旗を掲げたために、周が中国で「台湾独立」派だと認識されたことは、馬英九の主張している両岸関係の基本政策を根本的に否定するものと、とくに若い有権者に捉えられたのだろう。つまり、「九二年合意／コンセンサス」における「一つの中国」を、中華人民共和国と中華民国と両岸それぞれが解釈することで現状維持を想定する馬英九の考えは、もし中国が中華民国の存在をも台湾独立とみなすのなら、成立し得ないということなのである。実際のところ、周子瑜への中国での批判は中国政府によりなされたわけではないので、この判断の是非は難しい。しかし、台湾の若い有権者にそうした印象を与え、この事件が国民党に不利に働いたことは確かであったろう。

二つの評価

では、この選挙をいかに位置づけるのか。大きく二つの評価が可能だろう。

一つは、戦後の台湾史の大きな流れ、あるいは一九八〇年代後半以来の民主化、台湾化の集大成として今回の選挙を見る観点である。周知の通り、台湾は一九八〇年代後半に戒厳令が解かれ、国民党一党独裁が崩れて、民進党が結成された。それ以後、徐々に民主化が進み、一九九六年に最初の総統選挙がおこなわれて国民党の李登輝総統が勝利したが、李政権下で民主化とともに、戦前から台湾に居住する本省人たちが台湾政治、社会の主人公となる台湾化が進行した。二〇〇〇年に民進党の陳水扁が総統となって、二〇〇四年にも再選されたが、二〇〇〇年の選挙時には国民党が統一候補を立てられずに分裂したし、二〇〇四年には「疑惑の銃弾」にともなう同情票が陳に集まった。また、陳政権下では、そもそも立法院では国民党が優勢であった。そのため陳水扁の政権運営は苦渋を極めたのであった。

だが、一九九六年から現在に至る過程でおこなわれた総統選挙、立法委員選挙、地方自治体選挙などの得票率、得票数の推移を見ると、大勢として民進党が次第に勢力を拡大してきたことがわかる。その集大成がまさに今回の選挙であり、これこそが本省人が政治の主人公となったことを示す、というのが一つ目の観点だ。蔡英文候補の得票数は、朱立倫候補と宋楚瑜候補の合計を上回るし、立法院でも圧倒的多数の議席を得た。この観点に立つ場合、以後、国民党の劣勢は変わらず、よほどの体質転換をしない限り、中国の意見を代弁するだけのマイナー政党になるのではないか、ということになる。

いま一つは、今回の選挙結果はあくまでも二大政党制に基づく大統領選挙のスウィングに過ぎない、と見る観点である。有権者は、馬英九政権の八年に対してNo!と言ったのであって、今後ずっと民進党を支持するとは限らないし、蔡英文とて馬総統同様の批判を一年後には受けている可能性もある、という解釈だ。実際、陳水扁政権終了時に民進党の再建は極めて困難とまで言われたことに鑑みれば、国民党とて再建の可能性もある、という見方も成り立つのかもしれない。

また、今回国民党が大きく議席を失ったのは、新北市、桃園市などであるが、そこでの候補者の多くは、国民党内部での非本土派（外省人候補など）であったのに対し、他方、中南部では国民党の本土派（台湾土着派、本省人中心）が議席を比較的守った、とする見方もある。この観点にたつと、有権者が否定的であったのは、国民党の非本土派に対してであった、ということになろう。

そして、国民党から見れば、民進党と支持率が拮抗していた五つ以上の選挙区において、最後の周子瑜事件により、その均衡が崩れて、一気に敗北したという見方も成り立つ。このように、民進党の議席が六八議席にもふくれあがったこと、新政党の「時代力量」が五議席を得たことについては、さまざまな解釈がある。

岐路に立つ国民党・民進党

では、果たして今回の選挙は、戦後台湾の「歴史の終わり」、つまり国民党から民進党への完全なる政権交代を意味するのだろうか。これによって、国民党の将来はなくなった、と見るべきなのだろうか。

この点について、実際にはこのどちらかが正しいというのではなく、今後の情況に応じて「説明」が組み立てられていくことになるのだろうと思われる。簡単に言えば、民進党が中国政策、経済政策、突発的案件への対応などにおいて、適切な判断に基づく政治をおこなえれば、国民党の出番は急速に減り、「歴史的必然」としての民進党政権の存在がクローズアップされるだろう。だが、それらに蔡英文政権が失敗すれば、国民党に復活の機会を与えていき、やはり「スウィング」として二〇一六年一月の選挙が説明されるようになっていくのだと思われる。そうした意味では、民進党が長期政権として今後政権を維持できるのか否か、蔡英文政権はまさにその岐路に立つ政権だということになる。

他方で、国民党にとっても事態は深刻だ。これまでの問題を馬英九政権にだけ帰して、国民党本体は生き残ることができるのか、あるいは中国の代弁者になってマイノリティ政党に変質していってしまうのか。国民党としては、マイノリティ政党になることを防ぎつつ、政権奪取可能な野党としての位置を築けるのかという問題である。

朱立倫党主席は選挙の結果を受けて辞任した。次期主席に誰がなるのか、そして国民党内の王金平などの本土派が馬英九ら中国との関係を重視する外省人グループと袂《たもと》を分かち、党の再編問題へと発展するのか、予断をゆるさない。その背景には、そもそも国民党が今後台湾社会においてどのような人々を代表する政党になるのかという、根本的な問題がある。無論、民進党政権が失政を続ければ、その受け皿になるということだけでも存在意義が見出せるのかも知れないが。

目下のところ、一時、総統候補になった洪秀柱が党主席候補になるという話もある。だが、外省人の洪では本土派の支持は得られず、本土派と非本土派の分裂はさけられないであろう。そして、民進党の主導する立法院では、国民党の資産のうち、本来は国家に属するべき、日本からの継承資産の摘発と国庫への返納要請が本格的に進むだろう。そのとき、国民党が従来の地方派系を再構築しつつ、財務面での基盤を保ち得るかが課題である。

ひまわり学生運動の系譜

二〇一四年三月に発生した「ひまわり学生運動」は日本のメディアでも多く報道された。中国とのサービス・貿易協定に対して、あるいはそれをめぐる審議のプロセスに対して異議を唱える学生たちが立法院を占拠したその事件は、台湾における新たな民主を感じさせるのに十分な事件だった。この事件は、とりわけ台北などの大都市の二十代から三十代の世代が民主や自由という概念に対して敏感になり、極めて強い政治意識をもつに至る契機となった。彼らは馬英九政権に対して反撥を抱くだけでなく、必ずしも二大政党制には満足せず、新しい政治を求めている。

この動きは確かに新たな政治潮流を作りつつある。二〇一四年十一月末の統一地方選挙で台北市長に無所属の柯文哲が当選したことなどはその代表的な動きだろう。二〇一六年一月の総統選挙では、この新しい世代の票の多くは民進党の蔡候補に流れたと思われるが、立法委員選挙については、黄国昌率いる「時代力量」という新たな政党に五つの議席をもたらし、さらに台北や新北市などで国民党の議席を大きく減らす一つの原因になったと言えるだろう。この世代はやがて、台湾政治の行く末に大きな影響を与えることになるのだろうが、いかなる影響をどの程度与えるのかは未知数である。目下のところは、過大評価も過小評価もできないだろう。

大切なことは、この世代のひとたちも、今回の選挙の勝利で、「戦いが終わった」とは思っていないことだ。彼らは彼らの想定する民主を実現するために、非常に注意深く情勢を観察しており、民進党政権の失政の可能性も、国民党の土着派による復活の可能性も、視野に入れているものと思われる。

当面の課題

蔡英文が総統に就任するのは、二〇一六年五月二十日である。[1] だが、立法委員が就任するのはそれより前の二月一日である。新たな立法院は三ヵ月間馬英九総統と対峙することになる。既に行政院院長のポストをめぐって綱引きがあるが、少なくとも今後数ヵ月間、台湾では新法案を通すことが難しくなるなど、政治は停滞することになる。だが、その期間こそ、蔡英文にとっては閣僚名簿の作成のみならず、今後の内外政、対中国政策についての準備期間となる。場合によっては、あるいは既に中国側との下交渉をするであろうし、日本やアメリカ側も既に蔡英文にコンタクトをはかっている。

蔡政権にとっての大きな課題は、対中国政策のマネージである。二〇一五年末の馬英九・習近平の会談で「九二年コンセンサス」の事実上の確認をおこなった。そこで習近平は、この合意の「核心部分」を今後の政権も継承していくよう求めると述べていた。両岸関係の現状維持を唱えてきた蔡英文に対して中国政府がどのような政策を採るのか、また蔡英文が両岸関係を表現する新たな「言葉」を見出すのか、注目されるところである。

馬政権下の八年間で、「三通」（通商、通航、通郵）は実現し、両岸の交流はきわめて活撥になった。だが、台湾の人々の「台湾人意識」は増していった。中国人との「相違」を明確に意識した八年だったと言ってよい。だが、それと同時に政治、安全保障、経済などでの中国の台湾への影響は増した。関係性の強化とアイデンティティの分化が同時並行で進んでいる。そこで、蔡英文政権はいかにバランスをとって対中国政策を展開するのだろうか。目下のところ、「現状維持」、あるいは「九二年コンセンサスがあるという歴史的事実を認める」などといった文言が飛び交っている。中国がどのあたりで折り合うかが焦点だろう。

内政面も予断を許さない。とくに経済政策をいかに調えるのかが新政権にとっては大きな課題である。中国経済が失速するなか、それに依存した台湾経済がいかに現状に適応していくのかということが課題であろう。

いずれにしても、立法院院長を国民党の政治家が務めてきたことからもわかるように、立法院で民進党が過半数を占めるのは初めてのことである。果たしてそこで何をするのかが問われることになる。国民党の党財産の不正取得を問題にして没収するような法案もできていくであろうが、前政権をただ批判し、否定することは必ずしも好ましくない。民進党政権には一定の自制心が求められることになる。これは多くの国で政権交代に際して共通に抱える課題でもあろう。

日台関係の今後

東アジアの国際政治において台湾の位置づけが重要なことは言を俟たない。まして、中国の政治、経済、軍事安全保障上のパワーが増し、東シナ海、南シナ海での問題が発生している現在、台湾の帰趨は東アジアや西太平洋全体にとって重要だ。

だが、日本やこの地域にとり、台湾が中国に対して強硬手段を採ることが望ましいのかと問われると回答は難しい。無論、台湾が中国に過度に接近することはこの地域に新たな地政学的な変化をもたらすが、陳水扁政権の時のような強硬政策は、逆の化学変化を生み出す面もある。馬政権の下での中台関係の安定は、日本と台湾との間の投資協定や漁業協定等を後押ししていった[2]。アメリカの観点から見ても、たとえ南シナ海などで米中関係が多少緊張していても、台湾海峡が不安定になることは望んでいないであろう。これはまた現状維持を想定している蔡英文政権も同様である。問題は、それを中華人民共和国がどのように受け止めるかということである。既に訪台観光客の減少がはじまっているともいうが、二〇一六年前半の「つばぜりあい」が注目されよう。

◇註

【1】二〇一六年五月二十日におこなわれた蔡英文の総統就任儀式には、日本からも日華議員懇談会の国会議員らも参加した。儀式では、中華民国の国歌のバックコーラスをパイワン族の子どもたちが唄い、中華民国の台湾への土着化、すなわち「中華民国在台湾」が象徴的に示された。日本のマスメディアで最も関心が高かったのは、総統の就任演説の中国大陸との関係に関する部分だったが、この演説にしても、三時間にわたる儀式全体にしても、強調されていたのは中国との関係ではなく、台湾内部の問題であった。蔡総統は現在の若者たちが暮らしやすい台湾を建設するとし、経済、社会保障、環境など多様な課題に取り組む決意表明をおこなった。また、台湾社会のさまざまな亀裂、それも歴史的に形成された亀裂を紡ぐべく、移行期正義の観点も提起した。だが、蔡総統は同時に、こうした取り組みには「時間がかかる」ことも強調した。

【2】中国は、蔡政権下に日台関係に対する警戒感をもっていると耳にする。中国は蔡政権の対外関係に対して強い牽制を加えるだろう。そのような状況下でいかに日台関係を進展させるかということが問題になると考えられる。

馬英九総統の太平島上陸

台湾の馬英九総統が二〇一六年一月二十八日に南沙諸島の太平島に上陸した。アメリカはこれに対して「失望」を伝え、中国は「一つの中国」を前提にして、共同で国家主権と領土の完全性を維持する責任があると述べたのだった。なお、馬総統は一月十六日の選挙で当選した蔡英文の同行を求めたが、蔡はそれを断ったという。二〇〇八年二月二日には陳水扁総統が太平島に上陸していたが、その時にはアメリカは陳を批判していないし、中国はそれを歓迎してはいない。この二〇〇八年と二〇一六年の米中両国の反応の相違こそ、この八年の南シナ海情勢の変化を物語る。

アメリカが失望したのは、馬の太平島上陸が南シナ海での緊張を高めるものだと判断したからだろう。これは、米国務省のトナー副報道官の発言からも理解できる。他方、中国政府も一月二十八日に外交部報道官の華春瑩が「南沙諸島は古より中国の領土であり、両岸の中国人はともに中華民族の祖先伝来の領土を守るべきだ」などと肯定的に評価した。中国から見れば馬総統の太平島上陸

『聯合早報』（日本語原文）
2016年2月29日

は歓迎すべきことだということだろう。

馬総統は、二〇一五年に「南シナ海平和イニシアティブ」を提唱していた。この提言は、東シナ海に対する提言と同様で、領土問題は棚上げした上で、国際法遵守、資源の共同開発をおこなうことを骨子としていた。東シナ海の尖閣諸島をめぐっては、日本との漁業協定の締結というかたちで、馬の提言は結実した。だが、馬総統の太平島上陸は、東シナ海と異なって何かしらの「結実」は難しい。そもそも、尖閣諸島については台湾が実効支配しているわけではない。だからこそ、主権棚上げ、資源共同開発という言葉に意味があった。だが、南シナ海の最大の島の一つである太平島を台湾は実効支配している。それに対し、フィリピンが常設仲裁裁判所に、太平島が島嶼でなく、岩礁だと訴えたのである。馬の太平島上陸は、このフィリピンの提訴に抗議しようとしたものだ。[1] このような馬の言動は、当然ながら、フィリピン、そしてベトナムからの反撥を招くことになった。これは「航行の自由」作戦を進めているアメリカにとっても好ましい事態ではない。また、アメリカは中国に対して「対話と圧力」の面で接しており、馬の行動が中国の立場を強化したこともまた、アメリカからすれば「失望」することであったろう。

日本政府は、アメリカがイージス駆逐艦ラッセンを南シナ海に派遣して、「航行の自由」作戦を実施したことを支持すると、菅官房長官発言として明言した。また、岸田外相は二〇一六年一月十六日の台湾総統選挙後の談話で、「台湾は我が国にとって、基本的な価値観を共有し、緊密な経済関係と人的往来を有する重要なパートナーであり、大切な友人です」と述べていた。そうしたこともあってか、馬総統の太平島上陸に対して日本政府は明言を避けている。目下、日本政府は南シナ海問題への関与を慎重に検討しているさなかにあり、馬総統の言動に対しても静観しようとしている。だが、南シナ海をめぐる問題において台湾の存在が重要であることは間違いなく、台湾との対話もまた必要である。

現在東シナ海では、アメリカの迎撃ミサイルシステムを韓国の朴槿恵大統領が受け入れるか否かについて中国が牽制し、また馬英九総統が太平島に上陸するとアメリカが「失望」する。東アジアのこうした複雑な状況に対して、日本の立場は日米安保重視ときわめてシンプルだ。それだけに、日本政府はこうした複雑な状況に柔軟に適応できない面があることに留意が必要だろう。

◇註

【1】二〇一六年七月の常設仲裁裁判所の採決は、太平島もまた「島」ではなく、「岩礁」だとした。

ＡＩＩＢ発足

二〇一六年一月、アジアインフラ投資銀行（ＡＩＩＢ）が発足した。世界には巨額のインフラ需要があり、経済成長著しいアジアがその需要の中心だとすれば、この銀行のもつ意味は大きい。実際、この組織への注目度は高く、既にユーラシアを中心に五七の国が参加している。議決権については中国に拒否権が確保されることなどが決まっているが、二〇一六年の一月から二月にかけて頭取（中国の金立群）や副頭取（イギリス、ドイツ、韓国、インド、インドネシア）など主要な組織形成を終えたところである。

だが、アジアインフラ銀行には不安も残る。ガバナンスや透明性を担保しながらいかにこの銀行を運営するのかという点や、銀行債券の格付けがアジア開発銀行（ＡＤＢ）のようにＡＡＡなどではなく、まさに「格付け外」、つまり格付けのない状態でスタートしたことなどは、懸念材料として指摘される。

『聯合早報』（日本語原文）
2016年４月25日

周知の通り、アメリカや日本はこれに参加していない。また、台湾は最終的に参加を見送った。日本がＡＩＩＢに参加しなかった理由は、上記のような懸念材料もあるが、ＡＤＢとのデマケーション、つまりいかに両者が棲み分け、役割分担していくのかという問題があった。だが、周知の通り、二〇一五年三月には中国の李克強総理とＡＤＢの中尾武彦総裁が会見したが、中尾もＡＩＩＢを積極的に評価して両者の協力を求め、李総理もＡＤＢとＡＩＩＢとの間の相互補完を目指すとした。この両者の対話と棲み分けが進めば、日本が抱いていた最大の懸念の一つは払拭されることになる。つまり、日本がＡＩＩＢに参加する可能性も開けるということである。

しかし、アメリカのＡＩＩＢ参加は決して簡単ではないし、アメリカの不参加は日本にも影響することになろう。アメリカ、とりわけ議会は国際機関への出資にはきわめて敏感であり、アメリカ自身のＩＭＦへの増資についても賛成していない。また、日本のＡＤＢへの増資についても、（アメリカ政府の）検討課題になってはいるものの、やはりアメリカ議会での動向次第である。二〇一五年末、アメリカ議会は中国のＩＭＦへの増資を容認する判断をしたものの、自らの増資については依然慎重だ。ＩＭＦへの増資でさえ困難なアメリカが、ＡＩＩＢへの新規出資を決断することは極めて困難だ。日本が果たして、アメリカが参加しない組織に参加するか否か。当面は、アメリカとともにＡＤＢへの増資や融資枠の拡大を検討しながら、ＡＩＩＢへの関心を保ち続けるという政策を採用するように思える。

だが、もしＡＩＩＢ加盟国の企業などがインフラ投資の分野で大型事業の受注など、目に見えるような成果をあげるようになっていけば、日本の財界から政府に対する加盟要請が高まることも予想される。

二〇一六年六月、アジアインフラ投資銀行は第一回の理事会をおこなう。この理事会でガバナンス面や透明性の面での懸念が払拭され、かつ今後ADBとの役割分担が明確になり、実際の事業が推進されて加盟国にも利益がもたらされるようになると、日本としても、アメリカと調整をおこないながら、AIIBへの参加を目指すことになっていくと思われる。

日中外相会談

二〇一六年四月末、日本の岸田文雄外相が訪中した。岸田外相は、日本ではポスト安倍総理と目されており、次期総理候補の一人である。岸田外相の地盤は広島県であり、その広島で同じく四月の上旬にG7外相会談が開かれた。その際、「海洋安全保障に関するG7外相声明」をとりまとめたが、これは名指しこそしていないものの、明らかに中国を牽制したものであったので、中国もまたこれに強く反撥した。この声明は、航行の自由を含めた国連海洋法条約の重視を基調とし、「我々は、すべての国に対し、仲裁手続きを含む適用可能な国際的に認められた法的な紛争解決メカニズムの活用が法の支配に基づく国際秩序の維持及び促進に合致するとの認識」を示している。この声明は、フィリピンが南シナ海の問題を常設仲裁裁判所に提訴しているのに対して、その裁定を受け入れないと中国側が明言していることを踏まえて出されたものとも捉えられる。中国側はそれに不快感を示したということになる。

『聯合早報』（日本語原文）
2016年5月27日

南シナ海問題は、目下、日中関係の最大の懸案の一つになっている。第二次安倍政権が誕生した二〇一二年十二月当時、日中関係は最悪の状態にあった。それは、民主党の野田政権によるいわゆる尖閣国有化によって中国側が態度を硬化させたことに由来する。以後、一年間、日中関係に進展がないなかで、二〇一三年十二月に安倍首相が靖国神社に参拝した。しかし、二〇一四年一月以降、安倍総理は関係改善を目指し、同年秋には四点からなる合意文書を日中間で作成して首脳会談が実現した。二〇一五年に入り、安倍談話などで、とくに大きな問題が生じなかったこともあってか、首脳会談が再びおこなわれた。

二〇一五年末から、日本では日中関係が改善されつつあるという印象があった。だが、中国側の解釈では決してそうではなかった。中国は日中関係が改善基調だとは表現しなかった。おそらくは、二〇一五年秋におこなわれた首脳会談、あるいは閣僚級の会談において、日本側が南シナ海問題で中国を強く批判したことが中国側の不快の原因のようだ。また、日本は、中国と直接話をするときには日中関係の改善を望みながらも、他所では中国を批判する言動を繰り返している、と中国側は認識し、不満を募らせたようだった。

二〇一六年四月三十日、G7外相サミットの二週間後、日中外相会談がおこなわれ、その場で王毅外相から岸田文雄外務大臣に四点の要求が示された。「日本側が誠意を見せ、言行を一致させて、両国関係が健全な軌道に戻るよう実際の行動を以てやってほしい」というのが王外相の意向だった。これはG7外相会談で中国を牽制したことへの強い不満だと見ることもできるし、また五月二十日の台湾の蔡英文新総統の就任を控えての牽制だとも見て取れる。

中国側の挙げた四点は、第一に日中共同声明などの四つの基本文書を踏まえ、歴史を直視していくべきだということだった。第二は、日本側は積極的、かつ健全な心理の下に中国の発展を見るべきで、中国脅威論や中国経済衰退論を振りまくな、というものだった。第三に、経済面でWin-Win的な協力関係を築くべきであり、片方だけが相手を頼ったりするような関係をなくすべきだ、というものだ。また、中国と平等に、互恵の姿勢でさまざまな協力を進めるべきだということも盛り込まれている。第四の点は、東アジアあるいは国際社会でのガバナンス形成の面で、日本側は中国への対抗意識を捨て、中国と共同してこの地域の和平、安定、発展を求めるべきだ、というものである。

これらの点は、いずれも日中関係が依然改善基調にはないと中国側が見なしていること、そして改善できない問題の原因を日本側に求めていること、を示している。それぞれの内容、とりわけ第二から第四の内容は、中国側の日本への苛立ちや不快感を示すが、日本側から見れば中国側にも原因があると言いたくなるところである。だが、より重要なのは、日中関係を中国側が解釈して位置づける、つまり日中関係の解釈権を中国が行使しようとしている、ということであり、また日中関係についての認識が日中間で大きく隔たってしまったということであろう。現状認識の溝をいかに埋めるのか、それこそが日中関係改善の出発点となろう。

安倍総理の先進国外交の成果と誤算

『聯合早報』（日本語原文）
2016年６月16日

二〇一六年四月から五月にかけて、日本は積極的な対先進国外交を展開した。Ｇ７の外相会談、安倍総理の欧州歴訪、そしてＧ７首脳会談とそれに関連した閣僚会合、さらにオバマ大統領の広島訪問などである。

世界秩序が変容するなかで、Ｇ７がいかにして既存の秩序を維持しつつ、柔軟な姿勢を以て新興国を含めた秩序を再構築するのかということが大きな焦点となる。具体的には、世界経済の失速に対していかに対応するか、またＩＳをはじめとする世界の政治秩序の維持、さらには核兵器の管理などの安全保障分野、そして海洋秩序の問題などが大きな課題となっていた。

だが、安倍政権には、国内の事情があった。安倍政権は七月に実施される参議院選挙を控え、より具体的な経済対策を明示する必要に迫られている。とくに消費税を八％から一〇％へと引きあげるか否かが深刻な問題となっていた。もちろん、消費増税が有権者にとってマイナスのメッセージになるということはある。だが、このほかにも大きな問題があった。目下、アベノミクスは大きな壁にあたっているが、一つの要因は二〇一四年の五％から八％への増税による経済の押し下げ効果から、未だに脱しきれないでいることがある。つまり、ここでさらに一〇％に増税すれば経済の失速はいっそう明確になるのである。そのため、安倍政権としては先進国外交を通じて世界経済の失速をアピールし、大型補正予算を組むとともに、消費増税延期の根拠を得ようとしていたのである。

他方、オバマ大統領の広島訪問などは、アベノミクスなど経済面で有権者の支持が得られないなかで、外交面で政権の正当性をアピールする意味があったし、次期総理候補で、広島が地盤である岸田外相が得点を重ねる機会でもあった。

総じて、これら一連の先進国外交は一定の成果を得た。ケリー国務長官をはじめとする各国の外相の広島訪問と関連儀式、そしてオバマ大統領の広島訪問は、平和国家としての日本、また強固な日米関係、日米の和解を内外に印象づけたし、またNPT体制の機能が問題視されるなかで、核兵器削減に対して一定の道筋を示したものだと言える。そして、岸田外相は世界からの注目を広島に集めることに成功した。

しかし、世界経済の観測、中国経済の位置づけなどについては、国内で財政問題を抱えるイギリスや、経済面で必ずしも問題を抱えていないドイツなどとの見解は一致しなかったようだ。安倍総理は、現在の世界経済を「リーマンショック以前と似ている」と表現したが、その言葉は他の首脳たちの共感を得られなかった。また、伊勢志摩サミットでロシアへの制裁継続が決まったが、プーチン大統領の訪日が予測されているなかで、安倍総理は独自の路線を見出せなかった。実際、ロシア政府はこのサミットでの決定に強く反撥した。そして、海洋安全保障の面でも、四月にだされた「海洋安全保障に関するG7外相声明」、あるいはサミットでの中国の海洋進出についての議論や首脳宣言において、「我々は、東シナ海及び南シナ海における状況を懸念するとともに、紛争の平和的管理及び解決の根本的な重要性を強調する」というように、中国を名指しはせず、文言としては抑制的になった。だが、中国はこれらにきわめて強く反撥し、抗議した。中国はサミットの最中も、G7を時代遅れの枠組みだとし、G20こそが世界を動かし得る枠組みだとしたのだった。

このように、今回の安倍政権の先進国外交は、これまで以上に国内政治に関連づけられたものであり、少なからず成果を上げたものの、必ずしも所期の目標を達成できたわけではないだろう。四年目を迎えている安倍政権はアベノミクスの問題がいっそう際立ち、さまざまな課題を抱えている。こうした内政の足枷がこれまで比較的好調だった安倍外交にいかに影響するのか、注目すべきであろう。

南シナ海の「秩序」をめぐる相克

『聯合早報』（日本語原文）
2016年６月24日

現在、南シナ海は東アジアの国際政治の焦点となっている。中国の擡頭、一帯一路、米中関係、ＡＳＥＡＮ中心性、あるいはＴＰＰなどといったさまざまな要素が、この南シナ海に集約されているようにも見える。昨今おこなわれたＧ７外相会談、首脳会議のほか、そしてシャングリラ・ダイアローグなどでも、南シナ海が主要な課題として取り上げられてきた。

南シナ海の領土問題それ自体については、それぞれ立場や主張がある。だが、中国は戦後一貫して実効支配する島嶼を増やしてきただけでなく、昨今、そうした島嶼の一部を埋め立て、軍事施設を建設した。そして、中国がフィリピンの西側にあるスカボロー礁に同じく軍事施設を建設すれば、南シナ海に西沙、南沙、スカボロー礁という大きな三角形ができ、軍事的に南シナ海全体が中国の勢力圏の下に入ることになる。このような中国の実効支配島嶼の拡大、軍事施設の建設などは、南シナ海の諸島嶼を実効支配していた、あるいは領有を主張していた当事国からすれば、中国が現状変更をおこなっている、との印象をもつことになる。

だが、中国から見ると、中国はもともと九段線に即して領有を主張していたのであり、機会があれば実効支配する島嶼を増やすのは当然であり、その島嶼の上に軍事施設を置くことは、軍事化ではなく、自衛だということになる。

領土問題には当事国それぞれの立場や主張がある。南シナ海に対するアメリカの姿勢も同様だ。だが、アメリカの場合、国際法や国連海洋法条約に基づく「航行の自由」を旗印に、南シナ海の秩序形成を促している。海軍の艦船を派遣などはその象徴である。また、ASEANもまた対話による問題の解決を促し、中国は主に当事国どうしの二国間交渉に基づく解決を求めている。それぞれが解決を口にしていないわけではないのだが、しかし解決の手段、そして解決の定義が異なることが問題のようだ。そして、それが異なるなかで、中国の南シナ海における軍事力の拡大は着実に進行している。

そうしたなかで、フィリピンが採った解決策が常設仲裁裁判所への提訴である。その仲裁裁判所の判決が間もなく出ることになる。中国はその提訴についても、また判決についても受け入れる用意はない、としており、南シナ海をめぐる問題がこの判決によって、直ちに解決するわけではないし、むしろ紛争が激化する可能性もある。だが、この問題を当事者以外の目線から捉え、また東アジア地域の法の支配に立脚した国際秩序を築こうとする点で、国際社会もこの仲裁裁判所の判決に注目している。

中国は国連海洋法条約（UNCLOS）の締約国である。その条約には、「紛争当事者の欠席……

は、手続の進行を妨げ……ない」との規定（付属書Ⅶ第九条）や、すべての紛争当事者は管轄権を有する裁判所の決定に従うとの規定もある（第二九六条）。そうした意味では、中国が同条約の締約国でありながら、仲裁裁判所の審理や判決を受け入れないということには矛盾がないのだろうか。仲裁裁判所自身も、中国が仲裁手続きの当事者であって、裁判所の決定に拘束される、と明言しているのである。だが、中国は手続き不参加を主張して、裁判所は管轄権を持たないとしている。中国のこのような姿勢は、果たして「責任ある大国」としての国家形象という面からみて、どのように捉えられるだろうか。

だが、中国が裁判所の決定に敏感になることも理解できる。裁判所の決定いかんでは、中国にとっては厳しい局面が到来することも予想できるからである。

第一に、裁判所によって、中国が主張する「九段線」の根拠としての「歴史的権利」を否定する判断が示された場合である。中国は国内外で歴史的な権利から領有の正当性を説明してきた。だが、それが否定された場合、中国はいかに対応するのだろうか。第二に、中国による埋立て等が海洋環境保護・保全義務に違反するとの判断が示された場合である。中国が軍事施設建設を進めた島嶼では、明らかに珊瑚礁などの破壊がみられている。無論、中国以外の国で軍事施設を建設した国もまた、この条項によって批判されるべきである。第三に、中国が埋立てなどを進めた島嶼について、領海を有したことにはならないと判断された場合である。そうなると、中国がそれらの島嶼の領海に関わる権利を主張、行使することはできない、ということになる。

これらの三点をはじめ、中国が常設仲裁裁判所の決定を中国が完全に無視するとなると、歴史的根拠に基づく島嶼の領有の主張、や実効支配、そして領海をはじめとする権利の主張や行使、さらに自衛という論理に基づく軍事施設の建設などのいずれについても、国際的な批判にさらされる可能性がある。無論、この仲裁裁判所の裁決を中国がすべて受け入れたとしても、問題の根源たる領土問題が解決に至ることは難しい。しかし、この仲裁裁判所の出す決定は、問題の拡大を防ぎ、当事国における、多様な問題の「解決」や「方法」についてのイメージを近づけていく効果があるのではないだろうか。

中国の「国家形象」にとっては、国際社会でどのような印象をもたれることが相応しいのだろうか。領土問題の解決は難しいが、南シナ海の平和と安定のための問題提起に中国がいかに応じるのか、またこの地域の平和と安定のために中国からどのような提案をしていくのか、まずは裁判所の決定が出されるのを待ちたい。

日中関係は「双冷」なのか

『聯合早報』（日本語原文）
2016年7月8日

昨今、日中関係は「政冷経冷」の双冷状態にある、と言われることがある。かつて、小泉政権の時に「政冷経熱」とされた時期があったが、それとの対比で用いられる。小泉政権の時、小泉総理の相次ぐ靖国参拝などもあって、日中首脳会談がおこなわれなくなり、政治関係は冷却化した。だが、日中経済関係は急速に緊密化し、日本にとって中国が最大の貿易相手になったのはまさに小泉政権期であった。

だが、小泉政権期と現在の安倍政権期の日中関係を単純に比較すべきではない。小泉政権期、中国の対外政策は依然「韜光養晦」路線を堅持していた。それだけに日中関係の基軸は経済にあり、政治関係の悪化は必ずしも経済関係の緊密化を抑制しなかった、といえる。二〇〇五年には中国で大規模な反日デモが起きたが、それでも二〇〇六年の安倍政権成立を契機に中国は対日関係を改善し、〇七年四月には温家宝総理が日本の国会で演説し、日本の歴史問題などへの取り組みを高く評価した。この段階では政治も熱を帯びた、といえるのかもしれない。

だが、二〇〇八年十二月八日、中国の公船がはじめて尖閣諸島の領海にはじめて公船を入れるなどして次第に情勢が変化する。二〇〇九年の民主党政権の成立以後、アメリカと距離をとろうとした鳩山政権の時に日中関係が一時改善されるも、菅直人政権、野田政権は対米関係を改善した。周知の通り、中国の対外政策は二〇〇九年〜一〇年にかけて次第に強硬になっており、日中間の距離も拡がった。二〇一一年三月の東日本大震災に際して、中国は救援隊を日本に派遣し、また災害支援援助を日本に対しておこなったが、それが日本の中国認識を変えるには至らず、むしろ二〇〇億日本円を超える民間からの支援があった台湾への感謝と称賛の声が日本で高まった。

中国側は、二〇一二年九月の野田政権によるいわゆる尖閣「国有化」が日中関係の転換期だと説明するだろう。だが、日本語の「国有化」というのは、民法上の所有権が国家のものになったこと、つまり「国有地」になったことを示す。尖閣諸島のなかには前から国有地だったところがあった。だが、個人が所有している島もあった。その個人が所有する島について、一部の活動家が高額でそれを買い取ろうとしていた。彼らが購入したら、そこに灯台などの施設を建設することが想定されていた。そこで現状維持のために、政府がその所有者から買い取った。これが日本政府から見た、尖閣「国有化」の意味である。だが、この日本側の意図はちょうど政権交代期にあった中国政府には受け入れられなかったようである。

これ以後、中国の対日政策はいっそう硬化した。民主党の野田政権の時期に日中の政治関係は急速に硬化したといっていい。尖閣「国有化」の三ヵ月後に誕生したのが、自民党の安倍政権であった。安倍総理は、第一次安倍政権の時に靖国神社に参拝しなかったが、第二次安倍政権になっても、その就任後一年間、靖国神社に参拝しなかった。だが、中国側の安倍政権に対する姿勢は、第一次と第二次とでは明確に異なっていた。第二次の時には、安倍総理を保守政治家、歴史修正主義者、憲法改正論者として批判しつづけたのである。二〇〇六年の安倍政権誕生の時とは大きな変化であった。

そして、二〇一三年十二月、就任後一周年で安倍総理は靖国神社参拝に踏み切り、その一ヵ月後の二〇一四年年頭の国会で対日関係の改善を訴えた。そして同年秋には日中首脳会談を実現した。二〇一五年は戦後七〇年で日中関係の悪化が懸念されたが両国政府は歴史をめぐって大きな問題を引き起こさないことに成功し、かつ首脳会談をもおこなった。興味深いのは、日本側はそれによって、日中関係に薄日が差した、つまり関係がやや改善しつつある、と判断したのに対して、中国側は必ずしもそうではなかったということである。

とりわけ二〇一六年に入って中国が日本批判を展開したことにはいくつか原因がある。第一に、南シナ海問題などをめぐり、日米を中心に対中批判を強めている点がある。G7外相会談や首脳会談の声明や、それへの中国の批判などがその例である。第二に、日中経済関係の問題がある。二〇一五年の日中貿易額は前年比一〇%以上の減額となり（ドル換算、円換算では横ばい）、また対中投資額は前年比で二五%減少した（ドル換算）。これは対日関係改善の効果が見られないと中国側からは見えるだろうし、「経冷」だと判断されるゆえんと思われる。だが、日本の貿易相手として見た場合、中国が依然として第一位であり（二一%）、アメリカ（一五%）を大きく引き離している。

このように見ると、「双冷」という言葉で日中関係を示すのにはやや留保が必要なことに気づかされる。「政冷」は中国側の印象という側面が強く、日本政府はそのように思っておらず、「経冷」についても、日中経済の緊密な関係に変化はないし、また製造業にとって賃金の上がった中国が難しい投資先になっただけで、サービス業にとっては中国市場が魅力的であることは言うまでもない。また中国人観光客の増加は日本経済にとって朗報だ。

研究者のなかには、中国は内政面で問題を抱えると対日姿勢を厳しくすると指摘する向きもある。二〇一二年九月の尖閣「国有化」政策が日中関係を悪化させたのも、そのタイミングが中国の政権交代期にあたったからであるとも言われる。現在、最も大きな問題は、「冷」を「熱」にすることではなく、むしろ日中双方で関係への認識をすり合わせることにあるのかもしれない。

南シナ海をめぐる常設仲裁裁判所裁定と中国の対応

『中央公論』
2016年9月号

南シナ海の島嶼問題をめぐってフィリピンが常設仲裁裁判所におこなった提訴に対し、七月十二日、裁定が下された。これにより、南シナ海の島嶼のほとんどが自国領だとする中国は、その根拠としていた九段線を基本的に否定された。また満潮時も陸地が海面から出ていて、軍や海巡署（海上保安庁に相当）職員が常駐し、病院施設もある太平島（台湾が統治）が「岩」だと判断された。

常設仲裁裁判所は領土問題について結論を出そうとしたわけではない。あくまでも国連海洋法条約に照らして、九段線などの中国の主張や現状について裁定を下したものである。多くの国際法に基づく裁定がそうであるように、当事国がその受け入れに合意しなければ、裁定に拘束力、強制力はない。中国は早々にフィリピンの提訴そのものを批判し、その裁定を受け入れないとしてきた。無論、常設仲裁裁判所も関係国も、中国が国連海洋法条約の締約国であることに鑑み、この裁定を受け入れるよう中国に求めることはできるが、それは強い拘束力を持たない。

今回の判決によって、中国はまさにその国家イメージに大きな打撃を受けた。中国国内でも少なからぬ知識人たちが、国際秩序からの強いメッセージだと受け止めているだろう。しかし、この裁定が中国の対外行動を変えるほどの力をもつのかは、依然として疑問だ。

九段線と失地回復運動

中国側が主張している九段線とは一九四七年に中華民国が南シナ海に引いた一一本の線のうち、四九年に成立した中華人民共和国が、同じ社会主義の北ベトナムに配慮して、北ベトナムに面した二本を減らしたものである。中国は、この線の内側には歴史的に形成された排他的な権利がある、と主張している。以前、シャングリラ・ダイアローグで中国人民解放軍の高官が、中国は古代の漢代から南シナ海の島々を実効支配していたと発言して物議を醸したことがあるほどである。

九段線は、いわば戦後中国の通奏低音である失地回復運動を基礎とする。つまり、外国に奪われた中国固有の領土を取り戻すというのだ。だが、これだけで中国の政策は説明できない。たとえば、ベトナム戦争、アメリカのフィリピンからの撤退など、パワーバランスに変化があったときに実効支配する島を増やしたり、国連海洋法条約の発効に合わせて領海法を制定するなど、中国はパワーや規範の変更に応じた政策を採ってきた。そして、胡錦濤政権から習近平政権にかけては、中国自身のもつパワーが高まるなかで、島の占領と基地建設をおこなったのである。これは外から見れば現状変更であるが、中国から見れば失地回復運動なのである。

傅瑩の観点

二〇一六年七月六日、全国人民代表大会外事委員会の主任委員である傅瑩《ふえい》は、イギリスのRIIA（王立国際問題研究所）で「秩序の喪失と秩序の再構築」と題した講演をおこなった。これは、昨今の南シナ海問題もふまえた中国側の公式な見解だと見ることもできるだろう。

傅瑩は、世界全体で権力の分散化が進んでおり、既存秩序の代表たるアメリカと、新興勢力たる中国との間で権力闘争が発生するのか、と問いかけ、中国は自らが世界秩序の一員だと認めているが、そこでいう世界秩序とは、「国際連合とその附属組織で形成されている〝国際秩序〟であり、そこには国際法原則が含まれる」という。さらに、「それは、〝アメリカの下にある世界秩序〟と重なりをもつものかもしれない。だが、完全に一致するわけではない」、つまり、アメリカの秩序とは矛盾がある、というのである。だからといって、「国家主席の習近平の話に基づけば、中国の意図は全体をひっくり返そうというのではなく、別にかまどをたてる（別の組織をたてる）、というわけでもない」、つまりアメリカの秩序とは異なる秩序をたてるのでもない、という。

中国は世界秩序への「部分的」挑戦者と自らを位置づけているのだ。傅瑩はさらに、「行動は行動を引き起こし、誤った判断はそれ相応の反応を引き起こす。南シナ海問題が引き起こした安全保障上の問題から抜け出すには、米中双方が相互の意図を明確にし、誤った判断が生じるのを避けねばならない」とする。

予想される習近平政権の対応

このような観点に立てば、習近平政権が採っていく今後の政策についても一定の見通しが立つだろう。中国は一面で国際秩序に反対せず、国際法についても反対しないが、国際連合の秩序とだぶらない「アメリカの秩序」との矛盾が南シナ海で露呈しているのだ、と捉えているはずだ。

中国としては、アメリカとの対話を継続しつつも、南シナ海での自らの方針は変えないものと思われる。南シナ海の基地建設も、またスカボロー礁における軍事施設の建設なども、従来通りおこなう可能性が十分にある。また、対外宣伝を強化し、さらに当事国間の分断をはかるべく、日米、フィリピン、ベトナム間の離間政策を採るだろう。だが、習近平政権にとってより重要なのは国内問題だ。少なくとも国際社会で九段線が否定されたことは大きな衝撃だろうし、二〇一七年の中央政治局常務委員の人事を控え、政治家は領土問題をめぐる弱腰の姿勢を取りにくいものと思われる。また共産党としては経済が失速するなかで、国民に新たな魅力を提供し、正当性を再構築しないといけないだろう。

毛沢東の建国、鄧小平の発展、そして習近平はこれまでの指導者がなしえなかった失地回復を実行できる新たな大国としての中国を築こうとしている、というのが習近平政権のイメージであろうし、その新たな中国像を国内に提供することが正当性の基礎になると考えているものと思われる。

アメリカの意向

アメリカは、コスト・インポジション（中国が強引なことをするたびに、それがいかに多くのコストがかかるかをわからせ、その政策を抑制する）政策、「航行の自由」作戦などを以て中国に対処してきた。そして今回も常設仲裁裁判所の裁定を支持して、中国にメッセージを送り続けている。二国間の軍事交流も実施している。

では、中国が常設仲裁裁判所の裁定を受け入れない現状において、アメリカには何ができるだろうか。無論、「航行の自由」作戦の継続は可能だ。ただし、過度の緊張を避けるために、艦船の派遣について事前公表せずに、事後的に公表するスタイルを採るかもしれない。だが、やはり焦点は、スカボロー礁などで新たな軍事施設の建設などを中国がおこなった場合だ。この場合、領土問題には関与しないとしているアメリカとしては、海上封鎖や建設に対する牽制などはおこないにくいだろう。ましてやオバマ政権はレイムダック期に入ろうとしているからなおさらだ。

その場合、日本としても判決の受け入れを中国に求め、ベトナムやフィリピンのコーストガードの能力を高め、自衛隊の艦船の戦略的寄港や南シナ海での演習など、現在おこなっていることを続けることが重要な選択肢だ。つまり、中国が新たな軍事施設を建設するとしても、それを阻止する手段は限定的であり、きわめて難しいということになる。

東南アジア諸国の選択

東南アジア諸国、そしてASEANという組織もまた難しい立場に立たされる。東南アジア諸国も自らの国益に照らして判断する。カンボジア、ラオスが中国を支持するのも、また石油資源の枯渇が危ぶまれるブルネイが中国に頼るのも、そのためだ。また、社会主義国であるベトナムは、中国との間に党、または軍隊どうしの緊密な関係、さらに経済関係もあり、フィリピンと完全に共同歩調がとれるわけではない。

またＡＳＥＡＮという組織も、こうした領土主権や安全保障の問題となると十分に対処することができず、そしてＡＳＥＡＮの相互不干渉主義や、全会一致を旨とする「ＡＳＥＡＮウェイ」そのものの有効性も問われるようになっている。中国は、その経済力を背景に、東南アジア諸国との二国間関係を重視しつつ、ＡＳＥＡＮに対してはＡＳＥＡＮ重視を唱えながら、東南アジア諸国との二国間関係と対ＡＳＥＡＮ関係の「隙間」を突くようなかたちで、南シナ海での政策を進めている。東南アジア諸国は中国と全面対立することもできず、かといって国民や他の東南アジア諸国との間で、弱腰の姿勢を示すわけにもいかず、厳しい選択を迫られることになる。

「太平島は岩」の衝撃

最後に一点、今回の判決のもつ別の意味にも言及しておきたい。実は、今回の裁定について、中国の視点から見れば、中国にとっての最悪のシナリオは避けられている。それは、太平島という台湾が実効支配している島が「岩」だと判断され、台湾と中国が同じ立場に立たされたことだ。蔡英文政権は、言葉を選んで対応しているが、中国としては台湾との共闘も視野に入れているだろう。

また、太平島については、いま一つ考慮に入れるべきことがある。この島は、満潮時にあっても陸地であり、一般的には「島」だと判断される。だが、今回の判決では、軍事関係者しかおらず、一般的な経済活動などがおこなわれていないことをもって「岩」だとされ、ＥＥＺ（排他的経済水域）などはないと判断された。つまり、南シナ海の大半の「島」は「岩」であり、領海は認められても、ＥＥＺは認められない、というのである。こうすることで、この判決は南沙諸島における紛争を沈静化しようとしたのかもしれない。

しかし、この考え方が他の海域にも広がったらどうなるだろうか。日本周辺海域でも、満潮時に陸地が出ていながら、軍事関係者やそれに準じる人しか活動していない島、あるいは一般の生活実態のない無人島がいくつもある。それらについてみなＥＥＺが認められなくなった場合、海をめぐるさまざまな問題に変化が生じるだろう。

中国の語る世界秩序とアメリカ

Science Portal China
2016年8月8日

ライス大統領補佐官の訪中

二〇一六年七月二十五日、アメリカのライス大統領補佐官（安全保障等担当）が訪中して習近平国家主席と会談した。南シナ海をめぐる常設仲裁裁判所の裁決が出たあとにやや危惧された米中関係を再び軌道に乗せるためにおこなわれた会談であったが、九月初旬のG20をも視野に入れて、中国側もホスピタリティを表現して見せたと言える。

この会談の場で、習近平は次のように述べたという。「中米は相互信頼の強化に力を入れる必要がある。中国は強国になっても覇権の道を歩むことはなく、現行の国際秩序、規則に挑戦する意図もない。中米の共通利益は溝を大きく上回り、協力でき、協力を必要とする分野は多い」（翻訳は人民網日本語版に従う、傍線筆者。原文は「中国不会走国強必霸的道路，也無无意挑戦現行国際秩序和規則。中美共同利益遠大於分岐，可以合作、需要合作的地方很多」とされている）。

これは、アメリカを中心として築かれてきた既存の国際秩序に対して挑戦することはないと、習近平が述べたようでもあり、また中国としてはアメリカに挑戦する意図がない、とも読める。アメリカ側は、この言葉に安心してしまったのだろうか。もしそうだとしたら、それはやや首肯しかねる事態である。

貢献者か？　挑戦者か？

中国が果たして世界の秩序の貢献者なのか、挑戦者なのか、ということは、ある意味で聞き飽きた課題でもある。中国が基本的に既存の秩序、あるいはグローバル化の下で発展してきたことを強調する人々は、たとえ中国がフリーライダーであっても、中国は基本的に既存の世界秩序の下にある、と説明してきた。こうした論者は基本的に、アメリカやG7全体の国力や経済力を総合すれば、当面は中国がそれに挑戦することは難しいというリアリズム的な発想を有しているのだろう。他方で、中国が挑戦者になるとする論者は、世界の覇権国の推移や転換を数百年単位でみた場合に、アメリカの次に来る覇権国は中国である可能性が最も高く、中国はまさに現在の覇権国アメリカと協調しつつも、次第に自らが覇権国になるべく準備している、とみている。

だが、この両者は対立しているようで、共通点もたくさんある。貢献者だとする論者に、今後の五〇年、一〇〇年といった時間軸をとったらどうなりますか？　と聞くと、だいたい「それはわからない」という返答が返ってくるものだ。当面は、中国は挑戦者にはなりえない、という判断が、貢献者だという見方を導いているのだとも言える。また、同時に挑戦者となるほどの発展を中国がし続けるかわからない、という慎重な見方が、当面は貢献者、という結論を後押ししているのかもしれない。

いわゆる中国の擡頭と国際秩序

しかし、こうした見方や考え方は別にして、実態としてはどうかとなると、判断は難しい。中国はWTOにも加盟し、国連海洋法条約の締約国でもある。だが、昨今の南シナ海問題をめぐって常設仲裁裁判所の裁決を受け入れないところを見ると、到底国際的な秩序に従っているようにも思われない。

だからといって、中国はアメリカの掲げる「航行の自由」は否定しないし、「法の支配」も遵守するという。ただ、南シナ海の島々は有史以来中国のものであり、それを防衛しているだけだ、というのだ。そして、冒頭に述べたように、習近平国家主席は国際秩序を守るし、アメリカの覇権には挑戦しないと言っている。では、どう理解すればいいのか。

実はこの点について、中国の要人がすでに解答例を提示してくれている。七月上旬、全国人民代表大会の外事委員会主任である傅瑩はイギリスにおいて講演し、その内容が「傅瑩：美国主导的世界秩序従未完全接納中国」などとして中国でも報じられた。

傅瑩は、現在西側の国々の人々が信じている、アメリカを中心とする、いわゆるパックスアメリカーナには、以下の三つの支柱があるという。第一にアメリカや西側の価値観。第二にアメリカを中心とする軍事同盟。第三に国連とそれに付属する組織、機構である。だが、中国はこの三者をすべて完全に受け入れたわけではないし、それどころかアメリカを中心にした軍事同盟に至っては、中国の安全保障に対して圧力をかけてきているのであり、だからこそこのアメリカを中心とする秩序の包容性には欠陥があるのだ、と言う。

そして、中国が国際秩序に包摂されるという時、それは上に記したアメリカを中心とする国際秩序の三番目、つまり国連とそれに付属する組織、機構による国際秩序であり、そこに国際法原則も含まれている、というのである。だからこそ、アメリカを中心とする「世界秩序」の三分の一は、中国の想定する世界秩序と重なりがあるものの、完全に重なるわけではない、というのだ。

そして現在、中国は大きな期待を背負いながら、不完全なアメリカ主導の国際秩序を改善しようとしているという。つまり、アメリカを中心とした国際秩序のうち、包容力が小さいと中国が批判している、価値観と軍事同盟の部分に対して問題提起をしていくべく、アジアインフラ投資銀行や一帯一路構想を提起している、としている。

これを見るとライスが習近平から聞いた「中国は強国になっても覇権の道を歩むことはなく、現行の国際秩序、規則に挑戦する意図もない」ということの意味も自ずと浮かび上がる。中国は現行の国際秩序に挑戦などしておらず、その問題点を克服し、より完全なものとするために、積極的に貢献しているというのである。アメリカ側は果たしてどのように分析してしたのであろうか。

Ⅲ 長期的論点

対日新思考から一〇年
——変化と継承

『外交』
2013年9月

一瞬立ち現れた蜃気楼?

対日新思考とは、胡錦濤政権の誕生を目前にして中国側から生じた、対日関係に関する枠組みの転換、関係改善を求める見解のことを指す。ここには歴史認識問題を含む。背景としては、日中間で急速に進む経済関係の緊密化とともに生じていた、政治面での摩擦(瀋陽総領事館事件、靖国参拝問題など)の激化があった。日本では対中脅威論が強まり、中国では経済面での日本への尊敬が後退し、歴史認識問題が再び脚光を浴び、対日感情が悪化していたのである。

二〇〇二年十二月、『戦略与管理』という著名な雑誌に、『人民日報』論説委員・馬立誠が「対日関係新思維」という一文を掲載し、歴史認識問題は基本的に解決済みとの見解を示した。このような見解には当然多くの批判が中国国内から寄せられた。だが、その後、時殷弘や馮昭奎らも、全て同じスタンスというわけではないが、基本的に馬に共鳴する記事を相次いで発表し、新政権による対日関係改善への期待は高まった。

このような議論が中国側から出てきた背景には、経済発展にともなって国力が増し、まさに「大国」としての意識が明確に形成されてきたことがある。その「大国の風格」を狭隘なナショナリズムではない形で示そうとするものが、これらの基礎にあった。

実際には、二〇〇三年一月に小泉純一郎総理が靖国神社に参拝するなどしたこともあり、胡錦濤政権の滑り出しの時期に日中関係が改善されることはなかった。二〇〇三年夏、まさに一〇年前の日中平和友好条約二五周年は、厳しい局面の下に過ぎていったのである。こうした面から言えば、新思考はまさに胡錦濤政権前に一瞬立ち現れた蜃気楼のようなものであったのかもしれない。

また、新思考から一〇年近くを経た現在、中国全体を覆っているのは、まさに新思考が懸念したはずの、狭隘なナショナリズムに中国は覆われてしまったのではないか、とも思える。

対日新思考に関する問い

しかしながら、ここで二つの問題提起をおこないたい。それは「新思考」の提案から現在までのプロセスを通じて感得できるものである。

一つは、この新思考に関連して、胡錦濤政権は対日政策をいわゆる「未来志向」へと転換しようとした面があった、つまり新思考は結果的に具体化へと向かった面があったのではないか、ということである。これは、戦略的互恵関係、あるいは東シナ海をめぐる共同開発などの枠組み作りもまた、そうした方向性の一つの帰結、あるいはその過程の一座標ではなかったか、ということを意味する。

いま一つは、そのような新思考の問題提起に結果的に沿うような外交が表出する気配がありながらも、結局はそのような方向性が中国の対日外交から後退していったのではないか、そして、そうだとすれば、その変化はどのような時期にどのような背景で生じたのか、ということである。

本節では、胡錦濤政権成立前に期待値として形成された「対日新思考」という言説の内容に注目しながら、主にこの二つの課題を意識して同政権下における日中関係を振り返り、習近平政権における日中関係の閉塞的情況にも言及してみたい。

鄧小平の「韜光養晦」路線

今から振り返ると、対日新思考が提起された二〇〇二年という時期は、中国外交が「韜光養晦」路線にあった時期だということができる。

この言葉自体は、一九八九年の天安門事件を契機として、鄧小平の口から漏れたものだとされている。外交路線として定着するのは、一九九五年十二月の鄧小平外交思想研究会において、銭其琛外交部長がこれを口にし、それが『外交学院学報』などに掲載され(一九九六年第一期)、また江沢民の発言にも引用されたことによる。そうした意味では、この路線は鄧小平自身というよりも、鄧小平の名を権威として利用する江沢民によって採用された外交路線だったと見ることもできる。

この路線は、要するに「能力を隠しながら、謙虚に振る舞う」といった類いのことであり、この四文字の後に来る「有所作為」は「できることをする」とか、「それでもすべきことはする」といった意味で取られる。

この外交路線は、改革開放政策下、とりわけ鄧小平の南巡講話以後の「経済発展第一主義」の中国の基本外交路線であったと思われる。すなわち、外交はあくまでも経済発展という国是の一つの道具にすぎないという発想である。

日本から見ると江沢民は保守派にこそ見えるが、江はこの鄧小平以来の経済発展重視路線で外交を展開し、主に内陸部の国境問題を西部大開発などの辺縁開発に関連付けながら解決し、世界貿易機構（WTO）加盟（二〇〇一年）も含めて、まさにグローバルな経済体制に対応しながら、「和平発展」を目指そうとした指導者だったといえる。そして、この時期には南シナ海行動宣言（二〇〇二年）に見られるように、海側においても主権の面で一定の譲歩を見せようとしていたのである。

日中関係の両輪「経済」「歴史」

しかし、日本から見ると、経済発展のための協調外交を江沢民政権がおこなっていたとはとても思えない。一九九五年前後の戦争をめぐる問題、核実験、そして一九九六年の台湾海峡危機、日米安保再定義や戦域ミサイル防衛（TMD）をめぐる問題、そして一九九八年の江沢民来日などの一連の事象を見ても、同時代的に内陸部における主権をめぐる問題で譲歩しながら国境交渉を進めていたとは思えないほどの強硬姿勢を中国は日本に見せていた。

だが、ここではあらためて中国外交における日本の重要性、それも肯定的、否定的双方のニュアンスを持つ重要性について、確認しなければならないだろう。これは、中国が外交政策を整理する際に、しばしば「大国外交」と「周辺外交」というカテゴリーを用い、日本がその大国にも周辺にも属するということが言われるが、そのことを指しているのではない。ここで述べる重要性は、やはり先の大戦において日本が中国を侵略したこと、また抗日戦争勝利が中国共産党にとっても重要な建国、正当性神話の重要なファクターであることに由来する。

第一に、「日本」そのものの位置付けである。日本は中国にとって侵略国であり、国内では改革開放以前も、日中国交正常化以前も、一貫して否定的な言説が主流を占めた。改革開放が始まってもこの基本線は変わらないが、経済面で日本に学ぶという方向付けがなされたのだった。いわば、イデオロギーよりも経済を重視する象徴として「対日関係重視」が打ち出されたことになろう。

しかしながら、これはイデオロギーの後退を意味しない。鄧小平は、経済の重視とともに「歴史」の重視も訴えた。日本では、江沢民の愛国主義教育が広く知られるが、この政策の意義、効果に対して、筆者は懐疑的だ。実際、南京大虐殺記念館、また盧溝橋の抗日戦争記念館などが、いずれも鄧小平時代にできたことを考えれば、鄧小平による「歴史」重視の意義がわかるだろう。

第二に、「韜光養晦」政策の下にある日本の位置である。銭其琛の回想録に、天安門事件以後の西側諸国の経済政策包囲網のなかで、日本こそが最も弱い部分であり、それを衝くという意味で天皇訪中がなされたということも記されていた。だが韜光養晦政策の下での日本の位置付けはまさに微妙なものであったと思われる。すなわち、まさに歴史的な問題のある日本と経済のために積極的な関係を持つことこそが「韜光養晦」の一つのあり方であったし、逆にその日本に対して「歴史」

をめぐって批判を加えることが国内政治の面でも一つの歯止めであったろう。

中国外交にとって、「日本」は最も難しい立ち位置にある存在であり、経済発展重視派にとっても、また保守派にとっても、ある意味で象徴的な存在であった。つまり日本は政治的対立の焦点になりやすい存在なのである。

また、「経済」と「歴史」という日中関係の両輪は、政治や安保の面での問題が拡大しても維持された。経済重視路線が変わらなかったので、歴史をめぐる問題が重視され政治関係が冷え込むほど、政治外交面では冷たくとも経済面では熱いということになったのである。これは、外交関係はなくとも民間経済関係はあるという国交正常化以前のそれとは異なる意味での、新たな「政経分離」の状態だったと見ることもできよう。

転換期の日中関係

しかし、欧米諸国の対中進出を尻目に、一九九〇年代半ば以降、日中経済関係は従前とは異なる傾向を帯びるようになった。中国経済にとって日本経済の重要性は低下、あるいは横ばいとなった。それと裏腹に、日本の対外貿易における中国の重要性は国内における中国脅威論と裏腹に、あるいはそれと相俟って急速に高まった。だが、対中政府開発援助(ＯＤＡ)の位置付けも変化した。円借款は二〇〇〇年をピークに、技術協力も一九九七年をピークに減少に転じた(無償資金協力はピークを一九九〇年代半ばに迎えている)。これは国内の中国脅威論を踏まえたものでもあったし、逆に民間の関係が拡大したので政府主導の対中経済関係が不要になったということも意味していたのだろう。

このような変化は、一面で中国経済の急速な擡頭を反映したものでもあり、また中国の対日経済依存の後退／日本の対中経済依存の増大という情況を生み出すこととなった。これは、中国側にとっては、対日関係の基本であった、「経済」と「歴史」の両輪のうち、まさに「経済（面で日本に学ぶという側面）」が急速に後退していくことを意味していた。日本からしても、とくに経済面で日本が優位であった関係が次第に崩れていくことになった。一九九八年の江沢民訪日に際して結ばれた日中共同宣言は、まさにこうした新たな日中関係の変化を踏まえ、将来を見据えたものとなるはずであった。

江沢民政権は、一九九七年二月の鄧小平の死後も、基本的に鄧の路線を継承していた。中国国内では経済発展重視路線をとり、各省の自立的傾向を抑制して、中央集権的体制を確立しつつ、対外政策ではベトナムの東南アジア諸国連合（ＡＳＥＡＮ）加盟やアジア通貨危機を契機に、中央アジアや東南アジアに対する周辺外交を採った。ここでは、主権の面でも協調政策が見られたのだった。だが、このような政策の下、経済的重要性が頭打ちになった日本は、中国にとっていっそう難しい存在になったのではなかろうか。経済成長重視路線や主権問題などでの譲歩について国内で議論がなされるなかで、日本の経済的重要性は一定程度理解されながらも、日米同盟の再定義やＴＭＤ、台湾問題、そして歴史認識などの面で、日本は中国の国内政治の文脈で批判的に利用されやすい存在になったものと考えられる。

江沢民は、日本の対中経済依存が高まり、中国の対日経済依存が減退するなか、歴史認識問題などで、日本への厳しい姿勢を崩さなかった。日本は、中国国内での発展重視派と保守派との間でバランスを取る上で、格好の（正負両面の）梃子としての利用価値があったのである。

また、特筆すべきは一九九〇年代のいわゆる「失われた一〇年」の過程で、日本政治や社会における左派・リベラル勢力が急速に後退し、「人民外交」の延長線上にあった日中友好交流の縮小が進んだことである。

中国側から見れば、日本の「友好人士」の急速な高齢化と、その運動の社会的影響力の急速な減退を目の当たりにしたことだろう。日中関係はさまざまな意味で転換期に入りつつあったのである。

小泉―胡政権下の日中関係

このような情況の下、二〇〇一年四月に小泉政権が誕生した。この時の中国は江沢民政権ではあったが、既に中国でも胡錦濤への権力移譲が視野に入っていた時期であった。

小泉総理は靖国神社に二〇〇一年八月十三日に参拝した。だが、それは総裁選での公約を果たすためと見なされ、小泉総理は十月には訪中して盧溝橋の中国人民抗日戦争記念館を参観するなどしていたので、直ちに日中関係が暗礁に乗り上げることはなかった。次の参拝は二〇〇二年四月二十一日であったが、同年十一月の胡錦濤の共産党総書記選出まではとくに参拝はしていない。このタイミングで出されたのが「対日新思考」である。これは、中国がもはや梃子として日本を利用し続けるのをやめ、新たな関係を築くことを提言したものであった。

しかし、中国共産党総書記となった胡錦濤が三月の国家主席就任を待っていた二〇〇三年一月に、小泉総理が靖国神社に参拝し、次第に事態は険悪化した。結果的に、「対日新思考」は日本側からそれに応じる言説が提起もされないまま、立ち消えになったという印象であった。

だが現在、小泉政権の対中政策あるいは当時の日中関係を振り返れば、それを否定的にのみ捉えることはできない。小泉総理も、たとえ靖国神社に参拝しようとも、「日中友好」の旗印を下ろすことはしなかった。中国側も、「歴史」と「経済」という対日二面外交を基本的に堅持し、また経済発展重視路線の下での対日外交も堅持し、政治的な問題を経済に還元することには慎重であった。

これは、前述のように一種の政経分離と言える状況下で、結果として日中間の貿易量は増大し、日本にとっては中国がアメリカを抜いて最大の貿易相手になったのであった。

他方、小泉政権が中国から一定程度重視されたのは、その強固な国内基盤とともに、強力な対米関係があったためであろう。この点も看過してはならない。

対日二面外交の変調

だが、小泉政権の下で、「歴史」と「経済」の両輪の間の溝はいっそう深まり、その両者のバランスの維持がいっそう困難になったことは言うまでもない。

従来は歴史への配慮を少なくとも公的にはおこなっていた日本が、村山談話は継承しながらも、総理が靖国神社への公式参拝を繰り返す事態になったのである。また経済面でも、日本にとって中国が最重要貿易相手国になったとはいえ、中国から見た場合の日本のプレゼンスの低下は避けられなかった。こうした意味で、毛沢東以来の「人民外交」はもとより、「経済」と「歴史」の両輪で日中関係を維持していくという鄧小平以来の枠組みもまた崩れつつあった。

二〇〇四年に胡錦濤は中央軍事委員会の主席に就任し、江沢民からの政権移譲が手続き的に終了する。胡錦濤政権は、むやみな経済発展重視には疑義を唱え、「和諧」などといったバランス重視のスローガンを提唱した。ところが、所期の経済発展よりも、早く、また大きくその発展が進行したために、実際にはいっそうの豊かさを求める声や、その豊かさの果実を内外政面で求める動きが強まったのである。

そこでは、やはり国際協調を重視し、経済発展をおこなっていくべきだとする見解と、主権や安保をめぐる問題など豊かさの果実を求める見解との間で論争が生じ、日本はまたしても矢面に立つことになる。だが、そこに「新思考」的な発想が見える瞬間もあったのである。

二〇〇六年九月二十六日、日本では第一次安倍政権が成立し、戦略的互恵関係の下に日中関係は再定位されることになった。中国国内では、経済発展重視派がまさに小泉総理の退陣を待っていたに違いなかった。

二〇〇七年四月十二日、来日した温家宝総理は、中国の首脳として初めて国会で演説をおこない、日本側が歴史について「深い反省とお詫び」の姿勢を示してきたことを評価するとし、またODAについても感謝の意を述べたのだった。これは中国首脳としての画期的な発言であった。同年十二月末には、福田康夫総理と温総理がキャッチボールをする姿も見られた。

そして、二〇〇八年五月に胡錦濤主席が来日して、戦略的互恵関係を実質化する日中共同宣言に署名、六月には「日中間の東シナ海における共同開発についての了解」が発表されるに至ったのである。これらの一連の経緯、あるいは取り決めの内容は、まさに「新思考」で述べられたような新たな日中関係を示すもののようにさえ思われた。

中国外交の変容と日本

しかし、日中関係は新たな局面を迎えることになる。二〇〇六年前後から中国は外交政策の調整を始め、経済発展のために外交があるという姿勢を改め、次第に主権や安全保障も外交目標に加えるようになった。「主権」「安全保障」なるものは、主権国家であれば、外交上重視するのは当たり前であるが、それをあえてスローガンの一部に組み入れたのである。これは、経済重視の路線に対するアンチテーゼであったのかもしれない。

その後、中国国内でさまざまな駆け引きがあったようで、「韜光養晦」政策の是非などが議論されていた。少なくとも、二〇〇八年夏までは中国側の首脳も、日本との新たな関係作りに決して消極的ではなかったと見ていい。この政策は毒餃子事件が生じて、日本の対中感情がこれまでになく悪化しても、基本的に維持されていた。

しかし、日中首脳会談が最も多くおこなわれた二〇〇八年も、その年の後半、ちょうど北京オリンピックの前後あたりから、情勢に変化が見られたように思える。リーマン・ショックも影響したであろう。東シナ海の共同開発をめぐる合意が次第に履行されなくなり、二〇〇九年には中国側の単独開発も確認された。中国が尖閣の日本の領海内に最初に公船を派遣したのも、二〇〇八年十二月八日であった。

そして、二〇〇九年には中国側の外交のスローガンも「堅持韜光養晦、積極有所作為」となり、「堅持」「積極」が加わった。これは、対外積極策が採用されるようになったことを意味していたと思われる。二〇〇九年、日本では民主党政権が生まれ、また前年には対中ODAも事実上停止（円借款）していた。民主党政権はまさにこの中国外交の変化、日中関係の転換の時に生まれた。当時の民主党政権が果たしてそれを意識していたか不明である。

二〇一〇年の尖閣の漁船衝突事件以後、日中関係は厳しい局面にあるが、これはもはや「経済」と「歴史」の両輪の間のバランスの下に日中関係は位置付けられないことを意味している。つまり、ナショナリズムに結びつく「歴史」、そこにまつわる「領土」の要因が、「経済」を大きく上回ったのであろう。「日本」というシンボルは、経済発展重視派のそれではなく、もはや保守派によって利用される梃子になったように見える。これは「新思考」とは大きく異なる局面である。

二〇一〇年代版「新思考」を

現在の安倍―習政権下の日中関係は、基本的に二〇〇八年後半以後の流れのなかにある。では、日中関係が行き詰まっている今こそ「新思考」が必要ということになるのだろうか。実のところ、事態はそれほど単純ではない。一〇年前と現在とでは、日中関係の置かれている状況が、これまで述べてきたように大きく異なっているのだ。

それは、第一に日中間の経済力や国力のバランスの変化である。中国の国内総生産（GDP）は日本を抜き、世界第二位に躍進している。また第二に、中国の対外政策の変容とそこにおける日本の位置付けの変化である。日本はもはや「経済の師」ではないし、それどころか保守派に利用される梃子にさえなっている。そして第三に日米関係の基盤が小泉政権時ほどは強くなく、また、米中関係にもさまざまなパイプができているということである。

こうした意味で、「新思考」的な発想はなかなか外交の現場では採用されにくいのではないか。しかしながら、中国の知識人と話していると、新思考的な発想は比較的広まっているように思える。また、実際の日中関係を見ていると、やはり「経済」や実務面が着実に動いており、その部分の拡大が、この閉塞的状況の打開の上で期待されているということもある。

今後の日中関係では、鄧小平や江沢民時代のような「経済」と「歴史」のバランスはとれないにしても、また、毛沢東時代以後の日中友好交流も有効でないにしても、やはり「経済」と地道な交流・対話が求められているということだろう。

ただ、その際には日中双方の置かれている国際的位置、また双方の社会の変化を踏まえた、多元的な関係構築が必要だろう。政府間のみならず、多様な1・5、第2トラック、そして利益団体などの諸団体や知識人との交流を、ポスト共産党をも見据えておこなうことが、日本には求められていよう。

そうした意味で、二〇一〇年代版の新思考が必要ということなのかもしれない。

戦後日中「和解」への道程とその課題

――安倍談話の観点をふまえて

『問題と研究』
第44巻第4号
2015年12月

はじめに

二〇一五年八月十四日に公開された安倍談話は内外のメディアで大きく報じられ、注目された。この談話については、典型的なメディアによる「アジェンダ・セッティング」がなされた。それは、村山談話のキーワードとされた「侵略」「植民地支配」「(痛切な)反省」「お詫び」という四つの言葉が含まれるか否かが評価軸だというものであり、これが内外に広まった。他方、歴史観をめぐる問題から見れば、安倍談話にはある種独特な歴史観、村山談話、小泉談話とは大きく異なる点があった。実のところ、メディアはあまりこれを指摘していない。歴史観全体ではなく、四つの言葉だけに拘泥したからなのかもしれない。

安倍談話とそれまでの談話との歴史観における大きな違いは、村山談話や小泉談話が戦前の日本と戦後の日本をまったく異なるものとして描き出し、かつ戦前全体を批判しているように読めるのに対して、安倍談話は必ずしもそうではなく、近代日本の問題は一九三一年の満洲事変以後なのであり、それ以前は基本的に世界の潮流に適った動きをしていた、としたことである。(1) つまり、戦後の日本の平和主義や国際秩序形成への貢献については、戦前にも連続する面があり、かつ近代全体を否定するのではなく、やはり特定の時期に国策を誤った、という描き方をしている。日本が反してしまったのは、第一次世界大戦後に世界的に形成された反戦や反植民地という潮流であり、日本がそれらに反した象徴が満洲事変だというのである。(2)

このような歴史観上の相違点があるのだが、四つの言葉に注目したメディアはそれほどこうした相違点を問題視していない。他方、実のところ、安倍談話にしても、21世紀構想懇談会に与えられた検討課題にしても、その重点は四つの言葉の妥当性でも、日本の近代史というわけでもなかった。21世紀構想懇談会の会合は全部で七回もたれたが、最初の一回は方針の確認、最後の一回は議論のとりまとめに充てられたので、実質的な議論は五回であった。そのうち、戦前部分は一回、戦後が三回、未来は一回だった。このアジェンダは政府から与えられたものだが、これこそ談話や構想懇談会の重点が戦後に置かれていたことの一つの証左だろう。

戦後の日本の歩みを重視したのは安倍談話が最初ではない。既に村山談話や小泉談話でもそうした文言は見られている。実際、一九九四年の村山談話とともに発表された平和友好交流計画は欧米やアジア諸国との和解を主眼とした計画であり、そこには一定程度の予算がつけられ、幾つかの和解に関する具体的な試みが実施された。だが、この計画は原則として一〇年を期限としており、小泉談話に際してはこのような計画は特段策定されていない。安倍談話は和解に軸足をおきつつ、村山内閣ほどの規模ではないにしても、一定程度の和解に関連する事業をおこなおうとしている。

本稿は、筆者が21世紀構想懇談会で与えられた、戦後の日中関係の和解に関するプロセスの考察という課題を手掛かりとしつつ、報告書で記した内容に加筆修正することを試みるものである。(3)

この課題を学術的に見れば、少なくとも戦後日本の外交史や東アジアの国際関係史を「和解」に基づいて整理することは欧米で一定の成果が見られるものの、とくに日本側の状況把握が不十分なものが少なくない。また、東アジアでは和解に基づく戦後史の考察は決して多くない。(4)日本の学界では、戦後日中関係を扱うとき、やはり外交文書などに基づいて条約締結の過程や賠償請求、支払いのプロセスなどについての事実解明が中心的課題である。(5)無論、日本の学界で「和解」に基づく歴史的考察がなされていないというのではない。日本では、日英、日米、日蘭関係史などの領域で和解研究がなされてきた。そこでは、欧米での和解研究をふまえつつ、当事国間の双方向性、相互性の観点と、また政府間のみならず、経済、社会などの多様な領域での和解を含めた総合的な分析が進められてきた。とりわけ既に民主化し、多元化した社会同士の、あるいは個人レベルに焦点を当てた研究が少なからず見られる。小菅信子の観点などはその典型だろう。(6)このような観点をそのまま日中に持ち込むことは難しい。そもそも、中国が民主化していない以上、社会や個人のあり方が日中間で非対称である。台湾と日本の関係でも、台湾の民主化以前は同様である。日本と中国では政治体制が大きく異なることは、いわゆる国際政治や国際関係の和解研究の一部として戦後日中関係を扱うことに一定の困難がともなうことを示している。

本節では、こうしたことを念頭に置きながら、理論的な検討をおこなう以前に、まずは歴史的な経緯をトレースしてみたいと考える。

戦後日中関係を和解の観点から見た場合、日中友好運動をはじめ、外交関係でも戦争への反省に基づく新たな関係作りこそが関係再構築の課題だった。こうした場で述べられてきた言説は、確かに和解の観点から述べられることもあったが、それらの多くは政治言説、あるいは「政治運動」「社会運動」に関わる言説であり、学術的な考察というわけではなかったと言ってよい。[7] そこで本節では、戦前の日中関係史を踏まえた上で、戦後日中関係史を和解の観点から記してみたい。

1　近代日中関係の捉え方

安倍談話では、日本の近代史の分岐点を一九三一年の満洲事変に求めている。確かにこの年は日中関係においても大きな転換点であるが、それ以外にも幾つかの転換点があったことを忘れてはならないだろう。

近代の日中関係は、日本の明治維新を経た、一八七一年の日清修好条規に始まるとされる。この条約は、日中双方にとって最初に締結した平等な条約であった。だが、条約文で以後の往来の言語において中国語が優位とされることが規定されるなど、中国に優位であり、軍事力のバランスでも一八八六年の長崎清国水兵事件に見られるように、少なくとも一八八〇年代までは中国側が優位であった。

それだけに日清戦争、また二十世紀初頭の日露戦争での日本の勝利は日中関係のバランスを変える事件であり、日清修好条規は廃棄されて、新たに日本に有利な不平等条約が締結され、日本は中国をめぐる国際政治で列強の一つとなった。また、日清戦争で台湾が日本領となったことは、日本を植民地帝国としただけでなく、現在の両岸関係（中国―台湾関係）にも影響することになった。

だが、日清戦争が日中関係を全面的に悪化させたわけではないし、パワーバランスが一気に変わったというわけでもあるまい。一八九八年の戊戌《ぼじゅつ》変法がそうであったように、清では明治日本をモデルにした改革が進められることになり、また義和団戦争後には多くの留学生が日本で西洋近代について学んだ。日本は「近代のモデル」を中国に提供したのである。また、来日した留学生たちが政治活動や出版活動をおこなうだけの経費に恵まれていたように、経済力から見ても、日本が清に対して圧倒的優勢というわけではなかった。そして、日本は列強の一つとなったからといって、代表的な侵略者となったわけではなかった。義和団戦争や日露戦争での日本の姿勢に見られるように、二十世紀初頭の日本の対中政策は日英同盟に基づき、対英協調を旨とした、列強と協調したものであった。つまり、日本が単独で中国に対して侵略的であったとは言えない。(8)

一つの大きな転換は一九一五年の日本による対華二十一ヵ条要求だろう。これは、対中政策をめぐる日本の対列強協調が崩れたという意味でも、また二十世紀初頭から育まれていた中国ナショナリズムに対する挑戦という意味でも、大きな転換であった。中国ナショナリズムにとっても、日本は列強のなかでも単独で中国を侵略する主要敵国と見なされるようになったのである。(9) これは一九一九年の五四運動でも同様であった。

一般的に日本外交史では第一次世界大戦下での状況はやや特殊なものとされ、一九二〇年代のワシントン体制下の日本の対中政策は、かつての協調姿勢へと戻り、比較的穏当になったとされる。幣原外交の対中政策は経済面を中心としたもので、軍事力を用いるものではなかった。対英米協調がその政策の根幹にあり、列強に対しても、また中国に対しても穏当な政策をとっていた。ワシントン体制論は、いわば日本がなぜ戦争に向かったのか、なぜこの協調体制が崩れたのかを説明する枠組みである。この議論では、中国で次第に生じたナショナリズム、またソ連からの脅威の拡大によって、日本の在満洲利権が脅かされ、一九三一年の満洲事変が生じ、それにより日本と英米の協調が崩れた、と説明される。これはある意味で、安倍談話や21世紀構想懇談会の説明と符合している。

しかし、中国では一般にこのように理解されない。中国では、ワシントン体制下の協調はあくまでも列強間の協調であって、日中協調ではないと理解され、当時の日本の対中政策は融和的ではなく、あくまでも「経済侵略」と理解される。他方、世界史的な文脈での日本の変化については、21世紀構想懇談会の報告書でも、一九三一年を分岐点とし、日本が国際社会の潮流に反したとしている。具体的には、反戦思想、反植民地主義に反したとする。(10) この点、中国の公的な歴史叙述では、明治日本は国土が小さく、資源に乏しいために自ずから対外侵略をする運命にあり、実際に「大陸政策」という政策を採用していた、とされる。つまり、一九三一年に日本の対中政策が転換した、とは必ずしも見ないのである。だが、安倍談話の一九三一年という分岐点については、韓国では大きな疑義が呈されたものの、中国側では韓国ほどには大きな反撥は見られなかった。

それはやはり、中国でも一九三一年九月十八日の満洲事変が日本の対中侵略が激化した一大転換点とされるからでもあろう。近代日中関係史には多くの転換点があるが、やはり日中戦争へと至る道程を分析する場合に、満洲事変は大きな事件なのである。だが、日中の歴史認識について見れば一九三一年から三七年七月七日に始まる日中戦争にかけての六年間をめぐっては議論がある。一般に、一九三一年の満洲事変は三三年の塘沽《タンクー》停戦協定で終結し、三七年の盧溝橋事件までの時期には戦争準備とともに、和平交渉が続けられた。それだけに、一九三一年から四五年までの時期を戦争の時期と捉えることには、日本の学界では一定の疑義がある。しかし、侵略という観点から見れば、一九三三年から三七年の時期にあっても、日本の華北への侵出は継続していたし、華北の非武装地帯化なども続いていたのだから、一九三一年から四五年は侵略という点で連続していると言えるだろう。中国では、戦争よりも侵略が重視される傾向にあるので、一九三一年から四五年を侵略という観点に基づいて連続的に捉えている。この点で、21世紀構想懇談会の提言書や安倍談話も侵略という観点に基づいていると思われる。

日中戦争、第二次世界大戦における日本の対中侵略に際して、南京虐殺事件や重慶空襲をはじめとして多くの犠牲者を出した。また、日本は中国の占領地において、満洲国だけでなく、汪精衛による中華民国政府を組織した。そうした政府が、日本の傀儡政権か、それとも協力者による対日協力政権なのかという点についても論争がある。(11) そうした政府の統治下にある地域では、教育や宣伝を通じて、日本に都合の良い日中関係史を教えた。たとえば日露戦争が中国をはじめアジアを守った日本の戦いだったといった内容である。それに対して、国民党、あるいは重慶国民政府の統治下では、それとは異なる抗日教育がおこなわれていたのである。

一九四五年八月十四日に日本がポツダム宣言受諾を決定し、九月二日に中国を含む連合国に対する降伏文書に調印し、ついで九月九日に中国戦区で中国に降伏し、十月二十五日には日本の台湾統治が終結した。中国は対日占領統治に加わるのだが、歴史という点で見ると、中国の歴史観を戦後日本に普及させるほどの力は中国側になかったと言ってよい。基本的に平和、民主を軸に日本の社会科教育は再構築された。

中国は、アメリカの極東委員会だけでなく、東京のSCAP（連合国軍最高司令官総司令部）、あるいは極東軍事裁判などに関与した。A級戦犯を扱った極東軍事裁判では中国の判事が厳しく戦犯の責任を追及した。だが、蔣介石は中国に残された日本軍兵士、民衆の日本への引き揚げを平和裏に進め、戦争責任を一部の軍国主義者に帰した（軍民二元論）。また、中国ではBC級戦犯に対する裁判がおこなわれただけでなく、先の傀儡政権／対日協力政権関係者などに対する「漢奸（民族の裏切り者）」裁判が実施された。以後、中華人民共和国においても、中国社会では日本の一部の軍国主義者に対する追及だけでなく、国内での「漢奸」に対する批判が、継続的におこなわれることになった。戦後の日中間の和解については、日中の国際関係という側面と、中国国内の漢奸問題がある点に留意しなければならない。

2 日中間の和解の七〇年（1）——終戦から国交正常化まで

日本の戦争責任に対する中国側の姿勢は、第二次大戦終結から現在まで「軍民二元論」という考えという点で基本的には一貫している。[12] これは日本の戦争責任を一部の軍国主義者に帰して、民間人や一般兵士の責任を問わないというものである。現在の中華人民共和国でも、種々の疑義や問題提起はあるが、政府レベルでは基本的にこの「軍民二元論」を崩していない。

戦後初期、極東軍事裁判や対日占領政策において厳しい対日姿勢を示した中華民国政府も、大戦後中国に留まっていた日本の一般兵に対しては、武装を解除し、民間人とともに引き揚げさせた。日本人に危害を加えたりしないで、すみやかに帰国させたこと、このことが当初の軍民二元論に基づく寛大政策であり、「以徳報怨」の中身だった。

一九四九年十月に中華人民共和国が成立し、中華民国が台湾に遷ると、世界には二つの中国政府が併存することとなる。米国からの要請もあり、日本は中華民国との間で一九五二年四月に講和条約を締結し、国交を樹立する（日華平和条約）。中華民国は、日本への賠償請求権を放棄し、蔣介石総統は「軍民二元論」の考えに基づき、日本には徳を以て怨みに報いるべきであると説いた。ここで、「以徳報怨」という言葉には上記の意味に加えて、賠償放棄という意味合いも加わった。このような蔣介石の対日姿勢は、当時の日本社会にも影響を与え、その後日本と中華民国の間で歴史問題の勃発を防ぐ抑制装置の役割を担うことになる。他方、台湾は、一九八七年まで憲法を停止して戒厳令を敷いており、蔣介石の対日講和は、自らの国民、台湾の人々との間で合意形成をおこなった上で進められたものではなかった。つまり、独裁政権である国民党政権が、中国から台湾に遷った一〇〇万強の人々だけでなく、日本に五〇年に亘って統治された台湾の人々六〇〇万人をも代表して日本と講和したが、一般国民はその政策決定過程に加わったわけではなかったのである。

また、一九五〇〜六〇年代において日本と中華民国、台湾の間の人的交流は限られており、外交的には日本と中華民国は講和していたものの、双方の人々の和解には大きな進展はなかった。[13]そもそも、反共国家である中華民国は、既に民主化し左派思想が流行していた日本社会と台湾社会との接触を避けたかったし、日本側も「台湾」を社会主義に反する反動的な場と見ることもあり、国交があったにもかかわらず、双方の社会の間で、歴史や植民地支配などについて対話が進んだわけではない。それだけに日本と台湾との間の和解について考えるとき、一九八〇年代の台湾の民主化以前と以後とでは状況が異なるのである。つまり、権威主義体制下でなされた対日講和と、民主化してから市民の側から過去について問題提起がある状況、すなわち台湾内部からの問題提起が始まってからの日台関係の歴史問題をめぐる状況は異なるのである。

一方、中華人民共和国では、一九五〇年代半ばに共産党一党独裁が確立された。共産党は日本に厳しい抗日教育をおこなうようになった。しかし、毛沢東国家主席も蔣介石同様、「軍民二元論」を採用した。日本の戦争責任は一部の軍国主義者にあり、日本国民は被害者であるとの立場を明確にしたのである。[14]蔣介石と異なるのは、毛沢東が日本に対する「軍民二元論」に基づく対日工作を唱えた点だろう。すなわち、毛沢東の関心は、日本国民、とくに民間人を中国に惹きつけ、アメリカ、日米安保に反対させつつ、将来的に中華人民共和国を承認するような運動を起こさせることにあった。だからこそ、日本国内の反米運動家や革新派と連携し、日本をアジアにおいて政治的に中立化させることを企図した。[15]この毛沢東の方針の下、一九五〇年代、六〇年代に日中間に外交関係は存在しなかったが、民間貿易を中心に経済界や日中友好人士の世界において一定の交流がおこなわれた。だが、民間交流とは言っても、日本側では政府とその民間組織とに距離があるものの、中国では純粋な民間ということはありえず、党や政府が主導していた。そして、日中間の民間交流が次第に軌道に乗ると、日本でも官の側がその「民間」交流に参与するようになった。

また、国交正常化以前、日本国内では知識人を中心に戦争責任をめぐる議論が多々なされ、また民間でも日中友好運動がさまざまなかたちで展開されていた。かつての軍人が、戦争に際しての自らの行動を反省し、[16]中国を訪れて中国の人々と交流して「日中不再戦」の記念碑（杭州市）を建てる例もあった。しかしながら、そうした活動は日中の双方向の交流として発展したわけでもなく、またそうした戦争をめぐるさまざまな交流がおこなわれていたとき、中国側では対外渡航が規制され、外国人との交流も管理されていた。それだけに、日本の戦争責任をめぐる議論や反省は、主に日本国内でおこなわれており、中国や周辺諸国とともに、あるいは中国などの社会とともに「和解」がおこなわれていたわけではなかったのである。このような状況は、前述の日本と台湾をめぐる状況と類似していると言っていい。

日本と二つの中国との関係は、一九六〇年代後半から七〇年代前半にかけて大きく変化する。[17]一九六九年、珍宝島において中ソ国境紛争が発生すると、ソ連との関係に危機感を抱いた中華人民共和国は米国に急接近する。そして一九七二年二月にニクソン米国大統領が訪中し、その七ヵ月後の七二年九月、田中角栄総理も訪中し、中華人民共和国との間で国交正常化することで合意するとともに、中華民国との外交関係は断絶された。だが、日本と中華民国が断交しても、軍事安全保障上の境界線としての台湾海峡は従前通り維持され、中華民国は西側陣営の一員としての地位を維持した。

3 日中間の和解の七〇年（2）――国交正常化から現在まで

一九七二年九月、日本と中華人民共和国は、日中共同声明を発表し、国交を正常化した。日中共同声明において、日本側は、「過去において日本国が戦争を通じて中国国民に重大な損害を与えたことについての責任を痛感し、深く反省する」とし、これに対し中国側は、「中日両国国民の友好のために、日本国に対する戦争賠償の請求を放棄することを宣言する」とした[18]。これがこの段階での「過去」に対する政府間の決着方法であった。これらの文言は、いわゆる一九七二年体制の根幹をなし、現在に至っている。中国が賠償を放棄した背景に「軍民二元論」があることは言うまでもなく、少なくとも中国側から見て、あくまでも日中友好論の延長上にこの声明が位置づけられていたことには留意が必要である。

一九七〇年代の中国に目を向けると、七六年に文化大革命が終結し、鄧小平が実権を握り、七八年に改革開放政策が開始される。そして、同年に鄧小平が中国首脳として初めて訪日し、日中平和友好条約が締結された。同条約は、「すべての紛争を平和的手段により解決し及び武力又は武力による威嚇に訴えないことを確認」し[19]、第二次世界大戦において戦火を交えた両国が真に平和的な関係を築くことを定めた劃期的なものであった。この日中友好の流れのなか、七九年には大平正芳総理が訪中し、その後総額三兆円に上る対中経済協力、対中ODAが開始されることとなる。この経済協力を中心に、一九八〇年代の日本は中国の経済発展にとってなくてはならない存在となっていく。鄧小平は日本を経済の師と位置づけ、中国では政府、国民双方にとり日本の重要性が急速に高まっていった。

しかし、鄧小平は、経済関係において日本への依存を深めるなか、同時に青少年が過去の日本のおこないを知らずに歴史を忘却することを恐れ、歴史を強調するようになった。南京虐殺記念館、盧溝橋の抗日戦争記念館が建設されたのは一九八〇年代半ばであり、現在まで続く中国における抗日教育の素地が醸成されたのはこの時期、鄧小平の指導の下でのことであった[20]。抗日教育による歴史認識の高まりとともに中国国民の間で徐々に反日意識は強くなっていったが、一九八〇年代においては経済分野における友好関係が歴史認識問題を相殺し、日中双方の国民感情は比較的良好であった。

この時代になると、それまでの日中友好論に加えて、経済的な要素も和解に深く関わるようになったと言ってよい。一九八〇年代には教科書問題や靖国神社参拝問題、あるいは政治家の失言などの問題が多々生じたが、それでも経済面で日本が譲歩したり、歩み寄ったりすれば一定程度の問題解決がありえたのだった[21]。「経済は日本に学ぶ」という要素とともに歴史が重視されるようになったが、それだけに経済での施策が歴史に影響を与える局面になった、と見ることができる。

しかし、一九八〇年代の日中間のきわめて良好な相互認識は、一九八九年の天安門事件によって大きく崩れることになる。(22)一九八〇年代には、七割以上の日本人が中国に親しみを感じていたが、天安門事件後は五割を割り込むようになっていったのである。だが、このような世論の変容が直ちに日本の対中政策に影響を与えたわけではない。日本は西側先進国の対中経済制裁に加わったものの、西側先進国のなかで、日本は最も中国側に立った存在であった。日本政府は、一九九〇年代初頭にいち早く対中経済制裁解除に動き、一九九二年には今上陛下が訪中されるなど、天安門事件後も中国に格別の配慮をしようとした。

一方、一九九〇年代の中国は大きな危機に直面していた。一九八〇年代後半から九〇年代初頭にかけて冷戦が終結し、社会主義国が世界から次々と姿を消すなか、中国共産党にとって一党独裁の社会主義体制をいかに存続させるかという点は切実な問題となった。一九九三年に江沢民が国家主席に就任すると、江は国内統制の手段として愛国主義教育を採用した。中国共産党は鄧小平時代よりも強化された愛国主義教育を展開し、とくに日本との歴史問題は愛国主義教育のなかで中心的な位置を占めた。また、東アジアの安全保障環境も、ソ連の軍事的影響力が低下するなど変化を迎えたが、朝鮮半島や台湾海峡などの軍事安全保障上の境界線には変化がなかった。中国は社会主義諸国の崩壊、欧州などでの冷戦の終焉、そして東アジアの東西対立の継続などのなかで、国内での正当性の再確立、新たな外交空間の開拓などを求められていたと言うことだろう。(23)

日本に目を向ければ、ちょうどこの時期、自民党が初めて下野し、東アジアの冷戦の形成とともに育まれた五五年体制が揺らいだ。戦後五〇年の一九九五年には社会党の村山富市総理が談話を発表した。一九九二年の天皇訪中もそうであったが、自民党政権にせよ、連立諸政権にせよ、九〇年代の日本の諸政権は戦後五〇年を契機に歴史認識問題に決着をつけようという意思があったようである。村山談話では、第二次大戦中、日本は、「植民地支配と侵略によって、多くの国々、とりわけアジア諸国の人々に対して多大の損害と苦痛を与え」たことを認め、「痛切な反省の意を表し、心からのお詫びの気持ちを表明」した。(24) これらの表現、とりわけ「お詫び」は一九七二年の日中共同声明、七八年の日中平和友好条約、そして九二年の天皇訪中時の晩餐会での「お言葉」にもないものであり、日本としては〝決着〟に向けて踏み込んだ表現になっていた。

だが、当時、中国側は政権の正当性の危機に直面しており、愛国主義教育を強化していたこともあり、このような日本の姿勢に好意的に反応することはこの時点ではできなかった。それどころか、八〇年代に経済と歴史の両輪において日本と付き合ってきた中国は、九〇年代にはいっそう経済発展が進み、日本への経済面での依存度が低下していた。そのため、経済と歴史の両輪のバランスは次第に変化し、日中関係における「歴史」の要素が強まっていったとみていいだろう。

また、いま一つ指摘すべき一九九〇年代の変化は、中国で一定の言論の自由化があり、また日中の知識人間での交流などもあったことから、中国社会から歴史をめぐる問題提起がなされたことである。日中双方の、それも社会関係における和解への萌芽が見られはじめたと言えるかもしれない。その主要な場が司法であった。日本の弁護士活動家などが、中国の戦争、占領統治被害者と共同して日本の裁判所に民間訴訟を起こす動きが起きた。以後、二〇年以上に亘り、日本の司法の場でさまざまな歴史をめぐる問題が取り扱われた。最高裁判所は、日中共同声明で国家賠償の放棄は約されたが、民間賠償の可能性は残されていると判断していた。それだけに、中国の民間から日本の国家や民間企業などに賠償請求をし、帝国憲法における国家無答責があるので国家に対しては賠償請求が叶わなくても、民間企業などに対しては原告が勝訴することもあった。(25) 二十一世紀初頭に最高裁が判決をかえて、日中共同声明で民間賠償も放棄されていたとするまで、司法の場は日中間の和解の場の一つとして機能した。

そして、一九九五年の中国の核実験、九六年の台湾海峡危機なども相俟って、九〇年代後半に日本で対中脅威論が巻き起こったこと、さらに九七年の新ガイドライン「日米防衛協力のための指針の見直し」などに対する中国の警戒が相俟って、日中関係が緊張したことも看過できない。それだけに一九九八年の江沢民訪日に際して改めて企図された日中間の「和解」は、結局のところ実現しなかったと言ってよい。だが、この時採択された日中共同宣言は、次のような文言が盛り込まれるなど注目に値するものであった。(26)

双方は、過去を直視し歴史を正しく認識することが、日中関係を発展させる重要な基礎であると考える。日本側は、一九七二年の日中共同声明及び一九九五年八月十五日の内閣総理大臣談話を遵守し、過去の一時期の中国への侵略によって中国国民に多大な災難と損害を与えた責任を痛感し、これに対し深い反省を表明した。中国側は、日本側が歴史の教訓に学び、平和発展の道を堅持することを希望する。双方は、この基礎の上に長きにわたる友好関係を発展させる。(27)

これは、一九九五年の段階では村山談話に基本的には反応しなかった中国が、明確に村山談話を肯定的に評価したものだと言えるものの、村山談話の遵守は日本側の義務だとされており、中国側が明確に肯定的であるとまでは言い切れない。結局、日中共同宣言も、中国側の歩み寄りも、日中双方の社会において、この段階では大きな意味を持たなかったと言えるだろう。

また、一九九〇年代の日本国内の変容についても触れておくべきだろう。政治の面では、自民党以外の政権党が現れた時期ではあったものの、総じて日中友好運動を進めた革新勢力が衰退し、とくに九〇年代後半に入って中国脅威論が強まると、それまでの日中関係を支えてきた友好論が後退することになった。経済面で中国の日本への依存が下がったこととも相俟って、戦後の日中間、とりわけ社会で育まれてきた和解のための基礎が日本社会で揺らいだということも指摘しておかねばならない。

なお、この時期台湾においても大きな変化が起きていた。台湾では、一九九六年に初の総統選挙が実施され、李登輝が民主的に選ばれた初代総統に就任した。日本と台湾の間では経済分野を中心に、それまでも活潑な交流があったが、台湾の民主化は日本における台湾への意識を大きく改善し、さらに台湾の日本への親近感もあり、日本と台湾の交流はその後急速に緊密化していった。それによって、一九五二年の日華平和条約の際には政策決定に関わらなかった人々、とりわけ本省人が積極的に日本との歴史の問題を考える主体として登場することになった。たとえば、強制連行された台湾人労働者との対話の枠組みである台湾高座会の活動などがおこなわれるようになった。

今世紀に入り、日本では二〇〇一年に小泉政権が成立し、中国でも〇二年から〇三年にかけて江沢民から胡錦濤へと政権交代が生じた。中国では、「対日新思考」と呼ばれる新たな対日政策についての考え方が、馬立誠、時殷弘、馮昭奎らによって提起された。しかし、対中脅威論が大勢を占めていた日本側ではこれに十分に応じることはできなかったと言えるだろう。また、小泉総理が二〇〇一年八月十三日に靖国神社参拝をして以来、数度に亘って参拝を繰り返したこともあり、中国側も対日新思考を直ちに政策にすることはできなかった。

それどころか、江沢民時代に高まった反日意識は二〇〇五年の大規模反日デモに帰結し、日中関係に大きな傷を残すこととなった。日本の対中感情もこれによって大きく悪化した[28]。この背景の一つには、靖国神社参拝問題だけではなく、日本政府が進めていた国連安全保障理事会の常任理事国入りという目標があった。日本政府から見れば、戦後日本の平和主義や国連を含めた国際社会への貢献を考えれば、日本の国連安保理常任の（拒否権なしの）椅子を得ることは当然の帰結だろう。だが、中国政府から見れば、これは受け入れられないことであった。なぜなら、中国にとって、第二次世界大戦の主要戦勝国となった象徴が、安保理常任理事国の椅子であり、同じ椅子を敗戦国の日本が得ることには強い抵抗が中国側にあったからである。これも歴史認識問題と深く関わる問題であった、ということであろう[29]。この反日デモによって、日中の社会レベルでは双方で相手に対する感情が悪化し、それが和解に向けての大きな障害になっていった。

政府レベルでは、二〇〇五年の反日デモを機に悪化した両国関係を、どうにかしなければいけないという機運が双方で高まった。二〇〇六年に安倍晋三総理と胡錦濤国家主席の間で日中関係が戦略的互恵関係と定義され、この関係を推進していくことが合意された。一九九〇年代初頭から続いた日中間の歴史認識をめぐる対立は、この戦略的互恵関係の確認により、一応の区切りを見せたと言える。また歴史認識問題については、前述のように司法の場における議論が収束する一方、二〇〇六年から日中歴史共同研究が開始された。このほかにも数多くの民間の歴史共同研究がおこなわれるなどして対話が進んだ。

二〇〇六年から〇八年にかけて中国外交は次第に対外強硬策をとるべきだとする国内の意見に突き上げられて、次第に主権や安全保障を重視するようになり、従来の経済を重視する「韜光養晦」政策を放棄するべきだという見解も見られるようになった。[30]こうした状況の下で、胡錦濤政権は経済重視の姿勢を維持しようとし、世界第二の経済大国であり、かつ中国への主要投資国であった日本との関係を重視しようとした。無論、主権や安全保障を重視する観点からすれば、領土問題や歴史認識問題のある対日関係にはきわめて敏感であった。それだけに、胡錦濤政権の政策も相当に緊張感をともなったものであったと言えるだろう。

このような状況の下、二〇〇七年四月に来日した温家宝首相は国会における演説において、中国は「軍民二元論」を継承していることを明確にするとともに、日本の歴史問題について次のように述べた。[31]

中日国交正常化以来、日本政府と日本の指導者は何回も歴史問題について態度を表明し、侵略を公に認め、そして被害国に対して深い反省とお詫びを表明しました。これを、中国政府と人民は積極的に評価しています。

実際に「深い反省とお詫び」を表明していたのは、村山談話と小泉談話だったので、この温家宝の演説は両談話を「積極的に評価」したものと見なすことができる。このほか、この演説では、日本の戦後の平和発展の道についても評価するとしていた。これは歴史認識問題をめぐる中国政府の歩み寄りであり、政府レベルでの和解に向けての一つの到達点だろう。しかしながら、このような中国側の歩み寄りに日本政府は有効に応じることはできなかった。当時の自民党政権は毎年総理が交代する状態にあり、大きな決断はできなかった。

だが、この中国側の歩み寄りは福田康夫政権下での緊密な日中関係を裏付けたと言ってよい。二〇〇八年は日中首脳会談が最も多く開かれ、東シナ海の海底資源の共同開発までも同意することに日中両国政府は成功した。だが、同年十二月八日に中国の公船が尖閣諸島の領海に侵入した。これは日中関係が悪化する一つの淵源となった。すなわち、日本の保守系政治家などが、この事件を重視して尖閣諸島の一部の私有地を購入するとの運動を開始し、それが後の野田政権による、いわゆる「尖閣国有化」の原因となったのである。

二〇〇九年に成立した民主党政権、とりわけ鳩山政権は中国側にとっては当初評価しにくい政権であっただろう。中国側が次第に強硬な対外政策を採ろうとした時に、東シナ海を「友愛の海」とするなどの、対中宥和政策を鳩山政権が採ったためである。だが、中国側が鳩山政権に好意的な反応をしはじめた時には、この政権は既に対米関係で政権運営が行き詰まっていた。そして、菅直人政権、野田佳彦政権ともに、対外政策の面では、従来の自民党の外交政策に基本的に回帰し、日米関係重視、また東シナ海でも尖閣諸島問題が日米安保の適用範囲であることを確認するなど、中国に対して厳しい姿勢を採った。そのため、中国側から見れば厳しい状況となった。

現在の日中関係において、歴史問題はなお二国間の大きな懸案として存在する。だが、現在の習近平国家主席も日中戦略的互恵関係の継続を明言しているし、安倍総理も二〇一五年八月の安倍談話で村山談話の継承を明言している。これらの和解をめぐる諸問題は歴史的な背景とともに、個々の時期ごとの変容が相俟って展開しているということになろう。

おわりに

以上のように戦後の日中関係を和解の観点から振り返ると、政府レベル、社会レベルでそれぞれの歩み寄りが見られたものの、双方の思惑や国内環境が合致せず、双方がタイミングよく歩み寄る機会にあまり恵まれなかった。

大戦直後の一九五〇～六〇年代、蔣介石が「以徳報怨」の精神を示し、毛沢東も「軍民二元論」の考えを明確化した時代は、ちょうど日本においても先の大戦への戦争責任論や反省についての議論が盛り上がりを見せていた。そうした意味では和解の契機があったように思われる。しかし、当時日本は中華人民共和国とは国交を有しておらず、中華民国との間でも人的交流は限られていたため、お互いの側で和解の機運は高まってはいたものの、双方の人々が交わる形で和解が進展したというわけではなかった。逆に言えば、一九八〇年代以降、中国国内で言論が一定程度自由化したり、台湾が民主化したころは、日本では反省や責任論が落ち着いた後であった。

一九八〇年代に鄧小平が日本を経済の師とし、日中関係が経済を中心に急速に親密化した時代は和解が進む絶好の機会であったが、鄧小平は同時に、歴史を強調する決断をし、和解の進展はその速度を落とすこととなった。また、天安門事件発生後、日本が中国の国際的孤立を防ぐために動き、さらに戦後五〇年の村山談話を発表するなどして、日本政府は歴史問題をめぐる決着をはかろうとした。だが、こうした日本側の姿勢は、冷戦後に共産党の正当性の再構築の手段として愛国主義教育を進めていた江沢民の時代に重なってしまった。

時代の趨勢等により、日中の和解への取り組みは不幸にもうまく合致してこなかったが、双方がこれまで成し遂げてきた努力が無駄になったわけではない。戦後五〇年を機に村山政権が実行した平和友好交流計画は、二国間の人的交流を拡大した。同計画において立ち上げられたアジア歴史資料センターは、今でも歴史への理解を深めようとする両国国民により広く使われている。中国側においても、「軍民二元論」が戦後維持されており、二〇〇七年に温家宝首相が国会演説で村山談話、小泉談話を積極的に評価したように、これまでの日本による先の大戦への反省を評価する立場を明確にしている。だが、この温家宝総理の演説を日本側では受け止めることはできなかった。

実際、歴史認識問題は独立変数というよりも従属変数であり、日中関係が良好であれば問題にならず、悪化した際に問題とされるに過ぎない面もある。従って、歴史認識問題を単独で「解決」することは想定されないという見方もあろう。だが、日中関係全体が少しでも悪化すれば、まずは二国間関係で最も脆弱な歴史認識問題から、その「悪化」したシグナルが示され、この歴史認識問題が次第にその「悪化」のシンボルとなるのであるとすれば、まずはこの「脆弱」な部分を補強することが、たとえ対症療法であろうとも重要となるであろう。また、世界的な「和解」への努力について見れば、歴史認識問題を抱える世界各地でその問題が従属変数であることは珍しいことではない。ドイツやフランスにおいてもそうであったろう。そうした意味では、従属変数であろうとも、和解への努力が不要なことを意味しない。さまざまな困難はあるが、日中間でおこなわれた和解への道程を振り返り、そこでの課題を明確にして、今後に生かしていくこと、それがまず必要なことと考える。

◎註

（1）この歴史叙述の大きな問題の一つは、一八九五年以降の台湾の植民地化、一九一〇年の韓国併合に対する批判的考察が弱いという点である。

（2）「内閣総理大臣談話」首相官邸、二〇一五年八月十四日、http://www.kantei.go.jp/jp/97_abe/discource/20150814danwa.html（二〇一五年九月三日閲覧、以下同じ）。

（3）報告書所収の拙稿の日本語版は、拙稿「20世紀の、そして戦後70年の日中関係」21世紀構想懇談会編『戦後70年談話の論点』（日本経済新聞出版社、二〇一五年所収）として既に公刊されている。

（4）英文では多くの研究があるが、さしあたり二点挙げておく。Tessa Morris-Suzuki, Morris Low, Leonid Petrov, Timothy Y. Tsu, *East Asia Beyond the History Wars: Confronting the Ghosts of Violence*, Routledge, 2013. Yunnan He, The Search for Reconciliation: SinoJapanese and German-Polish Relations since World War II,

Cambridge University Press, 2009.

（5）日本語の戦後日中関係史の著作は多々あるが、最近公刊されたテキストとして、国分良成・添谷芳秀・高原明生・川島真『日中関係史』（有斐閣、二〇一三年）を挙げておく。

（6）小菅信子『戦後和解――日本は〈過去〉から解き放たれるのか』（中公新書、二〇〇五年）。

（7）他方、中国では日中友好交流史が日中関係史の叙述の一つの基調となっている。中国では軍民二元論に基づき、日中政府間関係には緊張が常に存在しているが、人民友好交流は比較的順調に展開してきたというスタンスを取る。こうした傾向は、二〇〇〇年間の日中関係を扱った孫乃民編叢『中日関係史』（北京：社会科学文献出版社、二〇〇六年）などにも顕著に表れる。

（8）この点は、二〇〇六年から実施された日中歴史共同研究に際しての報告原稿を出版した以下の論考を参照。拙稿「対立と協調――異なる道を行く日中両国」北岡伸一・歩兵編著『「日中歴史共同研究」報告書』（勉誠出版社、二〇一四年所収）。

（9）拙稿「歴史物語の中の近代中国論――日本はなぜ中国の主要敵か」『ＲＡＴＩＯ』01号（講談社、二〇〇六年二月）参照。

（10）21世紀構想懇談会編前掲『戦後70年談話の論点』参照。

（11）汪政権を傀儡と見るか、その主体性を認めて対日協力政権と見るかという点についてはさまざまな議論がある。対日協力政権と位置づける論考としての初期的業績として、John Hunter Boyle, *China and Japan at War, 1937-1945: The Politics of Collaboration*, Stanford, California, Stanford University Press, 1972, および古厩忠夫「精衛政権はカイライではなかったか」（同『日中戦争と上海、そして私――古厩忠夫中国近現代史論集』研文出版、二〇〇四年）、同「『漢奸』の諸相」（『岩波講座近代日本と植民地』第六巻、岩波書店、一九九三年）を挙げておく。

（12）家近亮子・松田康博・段瑞聡編著『岐路に立つ日中関係――過去との対話・未来への模索』（晃洋書房、二〇〇七年）参照。

(13) 川島真・清水麗・松田康博・楊永明『日台関係史　一九四五―二〇〇八』(東京大学出版会、二〇〇九年)、とくに第二章、第三章参照。
(14) 毛里和子『日中関係―戦後から新世代へ』(岩波書店、二〇〇六年)、とくに第一章参照。
(15) 王雪萍編著『戦後日中関係と廖承志――中国の知日派と対日政策』(慶應義塾大学出版会、二〇一三年)参照。
(16) 楊大慶「一九五〇年代における戦争記憶と浅い和解――元日本軍人訪中団を中心に」劉傑・川島真編著『対立と共存の歴史認識　日中関係一五〇年』(東京大学出版会、二〇一三年所収)。
(17) 井上正也『日中国交正常化の政治史』(名古屋大学出版会、二〇一〇年)参照。
(18)「日本国政府と中華人民共和国政府の共同声明」外務省、http://www.mofa.go.jp/mofaj/area/china/nc_seimei.html
(19)「日本国と中華人民共和国との間の平和友好条約」外務省、http://www.mofa.go.jp/mofaj/area/china/nc_heiwa.html
(20) 江藤名保子『中国ナショナリズムのなかの日本――「愛国主義」の変容と歴史認識問題』(勁草書房、二〇一四年)、拙稿「進出か、侵略か(一九八二年)――日中歴史認識問題の変遷と課題」園田茂人編『日中関係史一九八二―二〇一二　Ⅲ社会・文化』(東京大学出版会、二〇一二年所収)参照。
(21) 前掲拙稿「進出か、侵略か(一九八二年)――日中歴史認識問題の変遷と課題」参照。
(22)「外交に関する世論調査　中国に対する親近感」内閣府、http://survey.gov-online.go.jp/h26/h26-gaiko/zh/z08.html。
(23) この時代、中国は次第に「韜光養晦」政策を採用するようになり、また具体的には西側諸国の経済制裁の下で、韓国やシンガポール、あるいは中央アジアの新独立国などと国交を正常化させた。Kawashima, Shin, "The Origins of the Senkaku/Diaoyu Islands Issue: The period before normalization of diplomatic relations between Japan and China in 1972," *Asia-Pacific Review*, Vol. 20, No. 2, 2013.参照。

(24)「戦後五〇周年の終戦記念日にあたって（いわゆる村山談話）」外務省、二〇一五年八月十五日、http://www.mofa.go.jp/mofaj/press/danwa/07/dmu_815.html。

(25) 奥田安弘・川島真ほか『共同研究・中国戦後補償――歴史・法・裁判』（明石書店、二〇〇〇年）参照。

(26)「平和と発展のための友好協力パートナーシップの構築に関する日中共同宣言」外務省、一九九八年十一月、http://www.mofa.go.jp/mofaj/area/china/nc_sengen.html。

(27)「平和と発展のための友好協力パートナーシップの構築に関する日中共同宣言」外務省、http://www.mofa.go.jp/mofaj/area/china/nc_sengen.html。

(28)「外交に関する世論調査　中国に対する親近感」内閣府、http://survey.gov-online.go.jp/h26/h26-gaiko/zh/z08.html。

(29) 拙稿「中国外交における象徴としての国際的地位」『国際政治』〈特集・天安門事件後の中国〉一四五号、二〇〇六年夏、参照。

(30) こうした韜光養晦をめぐる議論については、以下を参照。Kawashima, Shin, "The Development of the Debate Over "Hiding One's Talents and Biding One's Time" (taoguanyanghui): China's foreign-policy doctrine", *Asia-Pacific Review* (IIPS, Tokyo), Vol. 18-2 (2011).

(31)「友情と協力のために――日本国国会における温家宝総理の演説」中華人民共和国駐日本国大使館、二〇〇七年四月十二日、http://www.china-embassy.or.jp/jpn/zt/wenjiabaozongli fangri_jp/t311936.htm。

中国の海洋戦略と日米同盟

『希望の日米同盟
——アジア太平洋の
海上安全保障』所収
2016年4月刊

中国では、歴史的な過程において多くの領土を喪失しており、自らの本来の国土や国境が、現在の中華人民共和国の国境、あるいは実際の実効支配領域よりも大きな地域にあったと意識されている。それだけに、「本来の領土」は常に現状よりも大きな領域として意識され、その「本来の姿」を取り戻そうとする志向性さえもっている。また、「本来の領土」の境界は、清代には明確でなかったこともあって、すべてに根拠が有るわけではない。そのため、それは常に揺らぎを見せ、「有史以来、中国固有の領土であった」という言葉が適用される地域もまた変化し、拡大する傾向にあった。(1)

中国が戦後初期に設定した九段線（十一段線）もまた、それまで実効支配していたわけではなかった南シナ海の島嶼について領土主権を主張するために設定されたものであった。それもまた、従来の中華民国の実効支配領域から見れば、拡大傾向を孕んだものだった。だが、二〇一五年十一月十二日、外交部の洪磊《こうらい》スポークスマンは質疑応答において、「インドネシアは中国の南沙諸島に対して何の要求もおこなっていない。ナトゥナ諸島の主権はインドネシアに属しており、中国側としてはそれに異議を示してはいない」と明言した。(2) これは、「中国」の範囲がいわゆる九段線を越えて無限に拡大するわけではないと明確な境界を示した点で注目に値する発言であった。他方で東シナ海では、尖閣諸島について一九七〇年代初頭から中華人民共和国はその領有権を主張しはじめたが、その後、尖閣諸島が台湾に附属し、中国固有の領土だとする公的言説が形成されることになった。(3) 昨今では、沖縄が日本領であることに疑義を呈する言論が見られるようになっている。(4)

このように中国の海洋進出はまさに現在進行中のことであり、今後の状況についても予断を許さないのだが、飯田将史「中国の海洋進出」(川島真編著『チャイナ・リスク』岩波書店、二〇一五年所収)のように、中国の海洋進出については既に日本語でも優れた論文が公刊されている。ここでは、こうした研究成果との重複をなるべく避けつつ、中国の海洋進出を歴史的に考察した上で、中国の海洋を見据える目線、考え方について論点を提示し、日米同盟との接点、今後の課題について考察してみたい。

1 中国近現代史のなかの海洋進出

中国は歴史的に大陸国家であり、近代中国もそうした性格をもってきた。だが、海洋に無頓着であったわけではない。一八八〇年代には海防・塞防《さいぼう》論が議論されたし、清朝も強力な海軍をもった。

北洋艦隊、南洋艦隊がそれである。また、太平洋航路が開設されて多くの苦力《クーリー》がアメリカに渡り、東南アジアにも華僑が拡がると、清朝は華僑保護を一つの目的に領事館を各地に設置した。海を媒介としたヒトやモノの動きを意識し、制度を拡大していったのである。

日清戦争前後の日清間の交渉で清が尖閣領有に何かしらの動きを示したことは殆ど見られない。だが、たとえば下関条約交渉で清側が澎湖《ほうこ》諸島の範囲を明確に定めて、日本側が福建沿岸などに空間を延長しないようにしたことからうかがえるように、清が福建省沿岸部の島嶼をめぐる主権問題に、一定程度の注目をしていたことは理解できる。

二十世紀初頭になると、日清間で南シナ海の東沙諸島(プラタス諸島)の領有交渉をおこなっていたことが確認でき、交渉の末に、日本側も清による領有を認めている。当時、南シナ海は、一八九五年の日本の台湾領有、一八九八年のアメリカのフィリピン領有にともない、日米のほか、清朝、フランス(仏領インドシナ領有)、イギリス(東マレーシア、ブルネイ領有)などに囲まれる海となっていた。ほとんど列強の植民地に囲まれていたと言ってよい。それだけに南シナ海の島嶼の領有問題は、列強と中国との間で形成されていくことになる。

一九一〇年代後半には広州に広東《カントン》政府ができ、広東政府が海南《ハイナン》島や南シナ海の島嶼の資源をもとに借款を得ようとしたこともあった。一九三〇年代には、国民政府が西沙諸島(パラセル諸島)への関心を明確に示すようになる。日中戦争中は日本が南シナ海を占領するが、終戦後、日本はサンフランシスコ講和条約でも、日華平和条約でも、新南群島(南沙諸島〈スプラトリー諸島〉)の放棄を明記した。戦後に生じた南シナ海の問題は、日本が放棄した後の領有権をめぐる問題だと言える。

そうした点で、歴史的に日本とこれらの島々の関係は浅くない。

一九四五年に日本が敗戦すると、中国は東シナ海と南シナ海に強い関心を示した。東シナ海については尖閣諸島、あるいは沖縄がその対象だったし、南シナ海では十一段線を明確にし、南シナ海の島々の領有を主張した。(5) 一九四九年に中華人民共和国が成立した後も、台湾に遷《うつ》った中華民国政府は、南シナ海の太平島、東沙諸島の統治を継続した。中華民国は、これらの島々の所属を、日本の台湾統治時代に倣って台湾の高雄市に変更した。だが、中華人民共和国も南シナ海への関心を有していた。一九五〇年代にフランスが西沙諸島から撤退すると、南ベトナムと中国がそれぞれ西沙諸島に進出した。そして、一九七四年に南ベトナムとの交戦を経て、中国が西沙諸島を占領した。一九八〇年代にベトナムのソ連軍の規模が縮小されると、中国は南沙諸島への進出を強化した。さらに九〇年代初め、アメリカ軍がフィリピンのクラーク空軍基地、スービック海軍基地を撤収すると、中国軍がフィリピンに近いミスチーフ礁を占領していることが判明した。そして、一九九二年二月二十五日には、いわゆる「領海法（中華人民共和国領海及毗連区法）」が公布され、その第二条では「中華人民共和国の陸地の領土には台湾および釣魚島を含む附属各島、澎湖列島、東沙群島、西沙群島、中沙群島、南沙群島およびそのほかの中華人民共和国に属するいっさいの島嶼」が含まれる、とされた。

このようにして見ると、中国の海洋進出は必ずしも習近平政権になって始まったわけではなく、近現代を通じておこなわれてきたものだと言える。もともと、東シナ海や南シナ海では華商が活動し、多くの移民が中国大陸や日本や台湾、そして東南アジア諸国へと移動し、行き来してきた。そこでは物資とともに、華僑送金（僑匯《きょうかい》）も流れたのだった。それは近代中国でも活潑であったが、改革・開放政策の下で再び活潑になり、一九九〇年代には香港への注目も相俟って、陸上国家としての中国だけでなく、海から中国を捉えることが中国研究者の間で議論されるようになった(6)。すなわち、近現代中国の海への視線は、領土や領海などに向かうだけではなく、ヒトやモノの移動する航路にも向けられてきたのだ。

中国の海洋進出に関連する政策が策定されたり、具体的な作為がなされるタイミングには一定の傾向があるように思われる。とくに二十世紀後半になるとその傾向は顕著である。まず、戦後直後の十一段線の主張については、明らかに一九四五年八月の日本の敗戦によって南シナ海に権力の空白が生まれたからである。一九七四年の西沙諸島の領有も、同諸島（西部）を実効支配していた南ベトナムがアメリカの敗退によって後ろ盾を失うこととともに生じた。このような現象は、アメリカがフィリピンから基地を撤収した時にも生じ、ミスチーフ礁の占領や領海法の制定となって表れた。つまり、軍事安全保障のバランスが変化し、少しでも〝隙間〟ができれば、中国はその機会を利用して進出するということである。

他方、さまざまな国際的な制度との関係性も考慮してしかるべきだろう。一九六四年に発効した「大陸棚に関する条約」が中華民国（台湾）による尖閣諸島領有提起につながったように、海洋をめぐる諸制度が中国の行動に結びつく可能性も看過できない。中国は、国連海洋法条約を利用して二〇一二年に大陸棚の拡張を試みるなど、こうした制度を利用しながら、海洋権益を拡大しつつある。国際的な制度に関わる中国の動向は、軍事面での実質的な勢力拡大とパラレルに進行するものである。だが、この領域では、フィリピンが国際仲裁裁判所に訴えをおこしたように、中国の行動が批判されたり、問題に直面したりすることも少なくないだろう。

日本としては、上記の二点に対してとくに留意が必要だ。まず現実的な安全保障面で中国が権益を拡大できると判断するような〝隙間〟を作らない状態をつくることである。この点、自らの海洋権益を防衛するだけでなく、南シナ海においても、現状変更の動きに対峙すべく、関係諸国との協力を進めることが求められよう。また、歴史や制度、法律面などの面でも、中国の行動を注視するだけでなく、日本の主張を明確にすると同時に、中国に敵対するだけでなく、中国に対し価値や規範を共有できるよう促していくことが求められるだろう。

2　海洋強国——中国の海洋認識

中国は南シナ海において、二〇一五年夏の段階で既に二九〇〇エーカー（一二平方キロ弱）の埋め立てをおこなっている。これは、南シナ海の南沙諸島で係争国がおこなってきた埋め立てとは、規模と速さの面で全く異なる水準のものと理解できる。[7] ファイアリークロス礁では三〇〇〇メートル級の滑走路を建設し、スビ礁やミスチーフ礁でも同規模の滑走路が建設される可能性があると言われている。これらは、南シナ海での中国の制空権や制海権の拡大を意味している。中国は、昨今、海洋進出の成果を確実化させようとしているが、これは、いわば東シナ海や南シナ海の「内海化」を目指したものだと言え、当面この方針は変わらないだろう。[8]

これらの動向と、中国が国内で作り出している言説とは無関係ではない。つまり、中国政府や中国共産党は、東シナ海や南シナ海がそもそも「中国の海」であり、その海洋権益は基本的に中国に属すると、教育の場やメディアで宣伝するだけでなく、法的にも制度化してきた。だからこそ、国内での認識は固定化し、中国がこれらの海洋権益をめぐる問題で、妥協する余地や政策の選択肢はいよいよ狭まることになる。

中国の海洋進出を考える上で、その空間的な認識の重要性は言を俟たない。中国は領土領海だけでなく、接続水域、排他的経済水域（EEZ）、さらに防空識別圏を設定してきている。このような動き自体は他の諸国でもおこなっていることであり、必ずしも問題になるものではない。だが、東シナ海での防空識別圏設定に際して、事前協議の有無やその運用などについて、幾つかの疑義が呈されるなど、問題が指摘されてきている。

中国の空間認識を考察するとき、「藍色国土（青い海の国土）」という概念がとくに注目に値する。この言葉は、習近平は必ずしも用いないものの、李克強がしばしば用いるなど、現在も比較的定着している。(9) 領海法が制定された一九九〇年代初頭には既に使用され、領土たる島嶼はもちろんのこと、内水、領海、接続海域、EEZ、大陸棚あるいは防空識別圏等の海洋における諸権益の総体を指すが、それを「青い海の国土」として、陸地の国土と同じように看做《みな》しているということがうかがえる。このような考え方は、とりわけ江沢民政権から胡錦濤政権期にかけて頻繁に用いられ、それが教育等を通じて社会に定着した結果として、習近平政権の政策を支えているという面もあろう。(10)

胡錦濤政権期、とりわけその後半には総合的な海洋政策が具体化されていったが、一つ注目できるのが、二〇〇八年二月に国務院が批准した「国家海洋事業発展規劃綱要」である。これは、国家発展改革委員会と国家海洋局から提案されたものである。「我国は海洋大国であり、海洋問題は国家の根本利益と関わる」という言葉で始まるこの綱要は、海洋戦略の大要を示したものだった。二〇〇九年三月には温家宝が政府報告で海洋権益に言及したが、この年三月の「両会」(全国人民代表大会、全国人民政治協商会議)では、海洋権益が一つの大きなテーマとなり、政治協商会議の小委員会では、李国安委員(人民解放軍)が「関注保護我国南疆海域国土主権及在伝統漁区作業漁民安全的建議(わが国の南方海域における国土主権及び伝統的漁場で活動する漁民の安全を保護することに注目する提案)」を提案するなど、活潑な議論が交わされたとの報道がなされていた。(11)

二〇一〇年三月、前年末に全国人民代表大会常務委員会が制定した海島保護法が施行された。これによって、領海基点、国防重要地点、海洋自然保護区などは国家が保護することになり、無人島は国有として、国家海洋局が希望者に使用権を与えることとした。二〇一三年三月には、従来、職掌が分散しすぎていることが指摘されていた、国家級の中国海監(国家海洋局系)、辺防海警(公安部系)、中国漁政、海上緝私《しゅうし》警察などが、国家海洋局の下に設けられた国家海警局に統合された。地方レベルでの漁政などは残ったが、中央レベルでは組織統合が図られたのである。このように、胡錦濤政権後半には海上権益をめぐる理念、制度、組織などの整備が進んだ。

このような胡錦濤政権期後半の海洋政策の積極化を背景に、習近平政権が新たに作成したのが二〇一三年五月の「国家海洋事業発展〝十二五〟規劃《きかく》」である。その冒頭には次のような言葉がある。(12)

わが国は太平洋の西に位置し、その海岸線は一・八万キロにも及び、面積が五〇〇平方メートル以上の島嶼が六九〇〇、内水と領海の面積は三八万平方キロに達する。国連海洋法条約の関連規定及びわが国の主張に依拠すれば、わが国が管轄すべき海域面積は三〇〇万平方キロに達する。このほか、わが国が国際海底において専属探査権、優先開発権を有している地域は、七・五万平方キロの多金属団塊鉱区、一万平方キロの多金属硫化物鉱床に及ぶ。そして、南極、北極に長城、中山、崑崙《こんろん》、黄河科学観察基地を設けている。

ここに記された空間こそが「藍色国土」を示しているものと思われる。そして、二〇二〇年までに達成すべき目標は以下のように措定《そてい》されている。

海洋事業発展全体の二〇二〇年までの目標は以下のようなものである。海洋科学技術の自主刷新能力と産業水準の大幅な上昇。海洋開発状況の全面的優勢化、海域利用集約化の不断の向上。陸上を原因とする汚染への有効なガバナンス、近海の生態環境の悪化の根本的な転換、海洋生物の多様性傾向が下がっていることの抑制。海洋経済のマクロ調整の有効性と的確性の向上、海洋総合管理システムの改善、海洋事務の統合・調整・迅速な対応、公共サービス能力の向上。国際海洋事務への参画能力及び影響力の向上、国際海域及び極地に対する科学調査活動の不断の発展。全社会の海洋意識の普遍的向上、海洋法律法規体系の健全化。国家の海洋権益、海洋の安全保障の有効な保護・維持・保証、海洋強国戦略の段階的な目標の実現。

これらは海上権益に関わるガバナンスから安全保障に至る多様な領域で諸能力を向上させることを目指したものである。こうした大きな方向付けの下に、東シナ海、南シナ海での諸政策が位置づけられているのである。南沙諸島での「開発」もこの総合的な政策の下に説明される。とくに「国家の海洋権益、海洋の安全保障の有効な保護・維持・保証」との部分が、南沙諸島において港湾を建設して、海軍諸艦艇や海警船舶を配備・展開し、警戒監視能力や作戦推進能力を向上させることを意味している。

しかし、これだけ多様な表現が海洋権益にまとわりつくなかで、昨今きわめて理解に慎重さを要する語が表れている。それが、南シナ海の島嶼について、軍事利用目的の有無をめぐる表現である。たとえば、二〇一五年四月九日、外交部報道官の華春瑩《かしゅんえい》は記者会見で、「南沙島礁の埋め立て建設の後、島礁上の機能は、多面的で、総合的なものとなり、必要な軍事防衛上の需要を満たしているほか、各種の民事上の需要に応じている点がより多いのである」などとして、上の「国家海洋事業発展〝十二五〟規劃」にあるような各種の目的を列記した。(13) このような物言いは、同年五月十一日のシャングリラ・ダイアローグでも繰り返され、海軍上将の孫建国が「必要な軍事防衛上の需要を満たす」と述べ、さらに、六月三十日の外交部の記者会見でも、再び華春瑩が「これらの建設は主に各種の民事的な需要に応じるものであり、中国が海上救助、防災減災、海洋科学研究、気象観察、生態環境保護、航行の安全、漁業生産サービスなどといった側面における国際的な責任と義務をこれまで以上に果たすことを目指している。そこには、必要な軍事防衛上の需要を満たすことも含まれている」などと述べた[14]。この「軍事防衛上の需要を満たす」ための施設建設ということが中国側の説明の基調の一つであった。

しかし、二〇一五年九月二十五日、米中首脳会談を終えた両首脳は、プレスに対してコメントを発表したが、そこで習近平は次のように述べている[15]。

We're committed to respecting and upholding the freedom of navigation and overflight that countries enjoy according to international law. Relevant construction activities that China are undertaking in the island of South–Nansha Islands do not target or impact any country, and China does not intend to pursue militarization.（下線部筆者）

習近平は、南沙における軍事化の意図はない、と述べたのだ。この習近平の言葉は、二〇一五年秋の国際会議でも繰り返された。十一月二十二日、マレーシアでの東アジアサミットで、李克強が「軍事化の意思はない」と述べたのだ[16]。

しかし、二〇一五年になされた「軍事防衛上の需要を満たす」と、「軍事化の意思（意図）はない」という二つの説明に矛盾はないのだろうか。この点について、十月十四日、外交部の報道官は次のように説明した[17]。

中国が南沙群島の関連する島礁でおこなっている諸建設事業は、その多くが民事的な需要に基づくものであり、中国が担うべき国際的な責任と義務を果たしていくためになされており、この地域と国際社会に対して、公共財とサービスをいっそう提供しようとしているものである。無論、そこには一連の必要な軍事施設も含まれているが、それは純粋に防衛的な性格のものであって、限度のあるものだ。また、それは中国のその中国側の島嶼のおかれている安全保障環境と合致したものであって、決して〝軍事化〟の問題は存在していない。

軍事施設建設を認めながらも、それは防衛のためであって、軍事化ではない、というのが中国の説明である。これは、軍事化はしないと言いながら、今後とも軍事施設を建設することはありえる、ということを示している。二〇一六年に入っても、中国首脳の発言や、中国南海研究院の研究者の発表した文章を見ると、この二〇一五年の方向性に変化が加えられてはいないと判断できる（一月末までの段階）。

それどころか、中国による南沙や南シナ海の軍事化への他国からの懸念は、他国による「自国領土の非軍事化」要請と受け止められ、それが日中戦争前後の華北や上海周辺での日本からの「非武装化」要求と関連づけられながら論じられる傾向さえ見られる。(18) こうした言論では、南シナ海の島嶼が中国領であることを大前提に、そこでの軍事化に反対するということは、他国の領土に対する非軍事化、つまり内政干渉だという論理になっている。この主権侵害、内政干渉の論理と、かつての侵略を受けてきた歴史を組み合わせる説明手法は、まさに二十世紀の中国が創出してきた言説であり、ナショナリズムに結びつきやすいものである。この言説もまた、昨今中国が目下獲得しようとしている海洋権益にも適用されていく可能性がある、ということである。つまり、中国の拡大、ではなく、中国にとっては、外国による中国領に対する侵略行為と、それへの抵抗として位置づけられることになる。そして、そこでは単に領土だけでなく、「藍色国土」の空間が問題になっていくものと考えられる。

二〇一六年二月初頭、中国国防大学の梁芳は南シナ海情勢について幾つかの提言をしている。(19) そこでは、(一)「一連の重要な港湾、飛行場などの施設については、直ちに完成させて、非常事態が発生したら、すぐに使用できるようにすべきだ」、(二)「西沙、南沙に急ぎ軍事力の配置をおこなうべきだ。我々は島礁の軍事化は謀らない。だが、防衛措置をほどこさないというわけではない。その防衛施設は我々が受けている脅威に応じてその程度が決まる」とする。南シナ海を軍事化しているのはアメリカであり、中国はその脅威から自らの主権を守るという論理である。さらに、(三)「必要な時期に防空識別圏を設定する。昨今、アメリカが派遣してくる軍事力は既に軍艦から軍事飛行機に及び、空間も南沙から西沙に及んでいる。その行動は、不断にエスカレートしていて、中国のボトムラインに触れている。もし、中国側が必要な措置をとらなければ、アメリカは次に中沙諸島の黄岩島で軍事行動をおこすかもしれない」、(四)「アメリカのおこしている挑発行為に応じて、それへの対応や反撃をおこなうべきである。アメリカがわが一二海里以内で再びおこなう挑発行為については、それにより情勢が悪化していくことへの準備をおこなうべきである」と。この提言と政府の方針の関連性は明確ではない。だが、軍の関係者の提言として、留意してしかるべきであろう。

3　日米同盟の対応について

上述のように、中国の海洋進出は歴史的に継続してきた国家事業であり、そこにはそれを実現するための理念、制度、実際の行動という組み合わせがあった。具体的な行動には、アメリカなどの軍事力のバランスをめぐる動きが重要な要素であり、また制度面でも一九九〇年代から整備が進められ、胡錦濤政権期の後半にいっそうそれが進んだ。理念の面でも、近代以来の被侵略国としての説明があるものの、一九九〇年代になされている「藍色国土」という概念が中国の海洋権益観を如実に示していた。そこでは言説が不断に変化しながら、次第に既成事実化と近代的なナショナリズムの論理に結びつけて説明されつつある。

中国の行動を把握し、中国と対話していくためには、こうした理念（言説）、制度、行動のそれぞれの要素を考慮した総合的な姿勢、行動が求められるのだ。また、こちらが中国に対しておこなう言動については、こちらの予測通りに中国が認識したかを常に検証しなければならない。そして、そうした考慮や行動、検証について、日米同盟は諸外国とともに十分に関与することができる。

まず、理念（言説）の分野では、中国の内外的なプロパガンダに対する一定の関与が可能だ。中国がおこなっている教育やメディアを通じた対内的な宣伝に、直接的な対抗措置をとることは難しい。中国国内では、諸外国のパブリック・ディプロマシーがおこないうる空間は限定的である。だが、中国国内の官僚や研究者などとの直接的な対話が無意味ということはなかろう。中国では政府や党の公式見解が出る前に、比較的言論が自由な一定の期間があるし、政策の調整期もある。その間に対話をおこなうことは有用だろう。とくに、笹川日中友好基金が進めている「日中東シナ海空域安全対話」などは重要な対話の場だと思われる。

また、中国の世論に対して働きかけることは困難であるものの、方法がないわけではない。もちろん、中国の知識人はVPNを有効活用して海外のウェブページも閲覧しているが、それは一般的ではない。百度やアリババなどの中国での検索エンジンでヒットするかたちで情報発信することが世論向けには必要である。そのためには、どの海外メディアの中国語のページを中国国内で見ることができるのかということを精査した上で、その媒体を通じて中国社会に発信することが求められる。中国当局にすれば、そのウェブページを閲覧停止にすることがきわめて容易であるという脆弱性には留意が必要であるが、こうした面でも日米間で情報提供したり、共同発信したりするなどの協力が想定されてよいだろう。また、中国が国内でどのような言説形成をおこなっているのか、ということも重要である。アメリカや日本の行動に対する中国での認識も理解する必要があるのだが、中国国内の言論形成でも、国内向けの宣伝内容が逆に中国政府のそれ以後の政策決定過程を抑制することもあるのだから、その精査が必要だ。中国国内に対しておこなうべき具体的な発信としては、歴史と国際法、また軍事安全保障にまつわる正確な数値、統計であろう。

他方、中国の対外的な言説形成の動きも活潑だ。とりわけ欧米に対する宣伝は、『ワシントンポスト』と『人民日報（China Daily）』の連携に見られるように顕著である。そもそも、先進諸国でのウェブ空間への規制は中国に比べれば強くなく、中国にとっては相対的に有利である。日本語のウェブ空間でも、『人民日報』日本語版がさまざまなキーワードにヒットするコンテンツを提供するようになっている。中国の対外宣伝では、世論戦、心理戦、法律戦というジャンルがあることは広く知られているが、膨大な予算をかけて宣伝部系統だけでなく、中国は各機関でそれを実施している。アメリカはいざ知らず、日本側に系統立った対外広報政策が実施されているかと言われれば、総理官邸や外務省でおこなってはいるものの、その規模にしても、経験にしても、中国と同等とは言いがたい。たとえば在外公館の数や、個々の在外公館に与えられた対外広報の任務などを見ても、中国では対外広報の優先順位が比較的高いようである。日本側も、欧米先進国だけでなく、新興国など、幅広い対象に効果的な対外広報をおこなっていくことが今後の大きな課題だろう。そこでは、単に中国の対外宣伝を是正するような活動をおこなうだけでなく、日本側としての観点や主張を対外発信することが肝要となろう。

言論の面で二〇一五年にとくに注目されたのは、南シナ海での中国の活動をめぐるものだ。九月二十五日、訪米した習近平国家主席は、前述の通り、記者会見で「中国の南沙諸島での一連の建設事業は、特定の国家に向けられたものでもないし、特定の国家に影響を与えるものでもない。そして中国には軍事化の意図はない」と明言したとされる。(20) しかしながら、こののち楊潔篪《ようけっち》国務委員や劉振民《りゅうしんみん》外交部副部長からは、習近平の発言とは異なる説明がなされた。劉らは、軍事目的を否定しながらも、〝防衛目的〟だと説明するようになっていく。十一月にはEAS（東アジア首脳会議）が開かれ、そこで李克強総理が、「中国が自らの島嶼において開発や建設を進めることは合理合法であり、特定の国家に向けられたものでもないし、特定の国家に影響を与えるものでもない。そしてこれは、航行の自由を守り、海上事故に対してもプラスになることであって、〝軍事化〟を云々するものではない」と述べたという。また報道によれば、劉外交部副部長は、中国は南シナ海の軍事化に反対する、としながらも、「大陸から遠く離れた島嶼では、必要な軍事防衛施設を建設することは国防上の需要と島嶼防衛の需要に基づく」として、それが手厚くならざるを得ないとした(21)。こうした「軍事化」と「防衛目的」の間の揺らぎは、上述の通りである。これは、非軍事化であるが、防衛はする、他国が進めることは基本的に軍事化であるという論理である。これは他国からはなかなか受け入れがたい。劉は習近平の言葉を解釈して、習主席は軍事拠点にはしないと述べたが、軍事施設を建設しないとは言っていないと述べるなど、言葉の整合性をつけるのに躍起になっていた。

つまり、中国に対して圧力をかけて軍事化しないとの言質《げんち》をとっても、最終的にこのようにして、〝防衛〟の名の下に装備拡充がおこなわれるということである。この二〇一五年の事例は、中国側が言葉をずらしながら自らの行為を正当化していったものであるが、これは決して例外的ではない。こういった中国側の「言葉」をいかに理解し、以後の動向を予測するのかということについては、日米、あるいは台湾なども加えて、何らかの枠組みを形成していくことが必要だろう。

日米間で協力すべき問題はほかにもある。それは、前記の中国側の説明や理解とも関わるが、中国側の情勢認識それ自体に関わることである。アメリカでは昨今、中国側に安全保障上のコストを認識させるというコスト・インポジションに関する議論が盛んだ。だが、コスト・インポジションにせよ、あるいはエンゲージ／コンテインメントにせよ、中国側がアメリカの認識や観点をシェアしていなければ、意味がない、あるいはアメリカの意図とは異なる結果を産むだろう。そうした意味では、アメリカ側のさまざまな措置についての、中国側の認識をいかに理解するのか、ということこそ肝要ではなかろうか。しばしば指摘されるセキュリティジレンマを防止するためにも、中国側の認識について共通認識を作っておくことも、今後の日米同盟、あるいは日米豪などに必要なことではあるまいか。

おわりに

以上のように、本稿では中国の南シナ海侵出の経緯を歴史的に整理し、そこに見られる一定の傾向を指摘した上で、中国の〝海〟に対する見方、その特徴について述べた。いわゆる「藍色国土」はその一例ではあるが、それでも中国の〝海〟への目線は、陸の国土に対するものと比定可能である。そして、日米同盟の対応についても検討した。そこには、一定の可能性や改善点があった。

他方、指摘すべきは、このような中国の海洋進出の歴史的な経緯や、あるいはその背景にある海上を見据える観点を可能な範囲で分析しても、それが日本国内に留まっていては、やはり限界がある、ということだ。アメリカの対中政策は、伝統的なものもあれば、オバマ政権に入ってから策定されたものもあろうが、やはり中国側のパーセプション（認識）に対する理解なしに、結論は出せないだろう。アメリカのコスト・インポジションはもちろん、「航行の自由」作戦も同様だ。今後、日米にはさまざまな安保協力枠組みがあろうが、まずはそういった「相手側」の声をいかに認識し、分析していくのかという課題があろう。

◎註

（1）「近現代中国における国境の記憶――「本来の中国の領域」をめぐる」（『境界研究』、1号、二〇一〇年）。

（2）「二〇一五年十一月十二日、外交部発言人洪磊主持例行記者会」（二〇一五年十一月十二日、外交部ウェブサイト、http://www.fmprc.gov.cn/ce/ceat/chn/wjbfyrth/t1314278.htm［二〇一六年一月一日アクセス、以下同じ］）。

（3）KAWASHIMA,Shin, "The Origins of the Senkaku/Diaoyu Islands Issue: The period before normalization of diplomatic relations between Japan and China in 1972," *Asia-Pacific Review*, Vol. 20, No. 2, 2013.

（4）「論『馬関条約』与釣魚島問題」（『人民日報』二〇一三年五月八日）、「日本領土由戦勝国決定 琉球応再議」（『人民日報』海外版、二〇一四年七月二十八日）、羅歓欣「論琉球在国際法上的地位」（『国際法研究』第一巻、二〇一四年一月）。

（5）拙稿「『帝国』としての中国」（宇山智彦編著『ユーラシア近代帝国と現代世界』ミネルヴァ書房、二〇一六年所収）。

（6）浜下武志「海国中国と新たな周縁ナショナリズム――地域主義と一国史観を越える試み」（『思想』八六三号、一九九六年五月）など。

（7）U.S. Department of Defense, "The Asia-Pacific Maritime Security Strategy: Achieving U.S. National Security Objectives in a Changing Environment", U.S. Department of Defense, August 2015（http://www.defense.gov/Portals/1/Documents/pubs/NDAA%20A-P_Maritime_Security_Strategy-08142015-1300-FINALFORMAT.PDF）。

（8）中国南海研究院の呉士存は二〇一六年一月七日の「中国海域今年周辺挑戦〝只多不少〟」（http://www.

nanhai.org.cn/index.php/Index/Research/review_c/id/144.html#div_contentにおいて、島嶼の埋め立て建設事業、アンクロス裁定、南シナ海行動宣言の帰趨を焦点に挙げた。

（9）李克強は副総理時代からこの言葉を使っており、二〇一四年三月には総理としてこの言葉の重要性を強調していた。「李克強：海洋是宝貴藍色国土 堅決維護国家海洋権益」（二〇一四年三月五日、中国新聞網、http://www.chinanews.com/gn/2014/03-05/5911798.shtml）

（10）二〇一四年六月には、第一回藍色国土教育座談会が青島で開催された。

（11）「李国安委員：維護我国〝藍色国土〟権益刻不容緩」（中国網、二〇〇九年三月四日、http://www.china.com.cn/military/txt/2009-03/04/content_17374897.htm）。

（12）「国家海洋事業発展〝十二五〟規劃」（二〇一三年五月十七日、http://www.mlr.gov.cn/zwgk/ghjh/201305/t20130517_1215895.htm）。

（13）「二〇一五年四月九日、外交部発言人華春瑩主持例行記者会」（外交部ウェブサイト、http://www.fmprc.gov.cn/web/wjdt_674879/fyrbt_674889/t1253375.shtml）。

（14）「二〇一五年六月三十日、外交部発言人華春瑩主持例行記者会」（外交部ウェブサイト、http://www.fmprc.gov.cn/web/wjdt_674879/fyrbt_674889/t1277205.shtml）。

（15）"Remarks by President Obama and President Xi of the People's Republic of China in Joint Press Conference", Sep.25th, 2015, Website of House, https://www.whitehouse.gov/the-press-office/2015/09/25/remarks-president-obama-and-president-xi-peoples-republic-china-joint.

（16）「在第十届東亜峰会上的発言」（二〇一五年十一月二十二日、人民網、http://politics.people.com.cn/n/2015/1124/c1001-27847103.html）。

（17）「二〇一五年十月十四日、外交部発言人華春瑩主持例行記者会」（外交部ウェブサイト、http://www.fmprc.gov.cn/web/wjdt_674879/fyrbt_674889/t1305835.shtml）。

（18）「中国有権譲南海島嶼軍事化！」（二〇一六年一月二十二日、八一軍事ネット、http://www.81.net/article/

2016/0122/85631.html)。

(19)「専家称西沙南沙応尽快部署軍力応対美軍挑釁」(二〇一六年二月二日、中国南海研究院ウェブサイト、http://www.nanhai.org.cn/index.php/Index/Info/content/cid/22/id/2364.html)。

(20)「習近平奥巴馬白宮玫瑰園共見記者」(二〇一五年九月二十六日、央広網、http://china.cnr.cn/ygxw/20150926/t20150926_519984564.shtml)

(21)「中国副外長：中国継続在南海建設民用和軍事設施」(二〇一五年十一月二十三日、中華網、http://military.china.com/important/11132797/20151123/20801900_all.html)。

習近平政権との対峙——まとめにかえて

序奏から展開へ

本書は二〇一二年から一六年の時期に記してきた小論を掲載している。一読すれば明らかなように、二〇一二年から一三年には、胡錦濤政権以来の集団指導体制の継続だとか、また周辺外交でも協調的な対外政策が保たれるのではないかとの観点に基づいて文を書いていた。だが、一四年以降には、習近平の指導力の向上（とそれにともなう問題）、対外政策のいっそうの強硬化を指摘する論調へと変化していることに気づかされる。

このような変化が生じた原因としては、二〇一三年十一月の中国による東シナ海での防空識別圏の設定、国内政治の面では、周永康をはじめとする大物（大きな虎）の相次ぐ粛清、そして習近平と李克強との関係においても、習がきわめて優位になったことが表面化したことなどがあろう。

本書ではこのような変化を「I 序奏」と「II 展開」に分けた。さらにIIIとして、日中関係の長期的論点についての文章を置いてnいる。ソナタ形式になぞらえれば、序奏、提示、展開、再現などと進む。本書では序奏と展開まで述べ、今後の部分は二〇二二年まで続く習近平政権の全体像を見てから議論する、ということになろう。

習近平政権の現状

習近平は、反腐敗運動によって政敵を粛清し、多くの制度変更をおこなって自らの周辺の「小組」に権限を集約し、さらに軍事改革を通じて集権化に成功しつつある。だが、習近平政権の前途は多難だ。まず集権化に反撥する勢力は小さくない。また中央―地方関係では地方の「不作為」や反撥があり、中央の政策どおりに事態は動かない。国家―社会関係では社会の側の逼塞感が増している。これから断行すべき国有企業改革も前途多難である。共産党員が多く、まさに共産党政権の基盤の一つである国有企業改革は諸刃の刃だ。

そうしたなかで、習近平の強硬さが今後はやや後退して、政策が軟化することへの期待がある。一つの説明は、習近平への権力集中がほぼ完成しつつあるので、緩い政策が採用できるというもの。いま一つは逆の説明で、習政権の強硬政策に反対する声が強いので、一定程度妥協せざるを得ない、というものだ。無論、それ以外の可能性もあるのだろう。留意すべきは、これらの予測がともに習近平体制の不安定さ、また今後の政策の変容可能性を前提としている点だ。

長期的課題

他方、習近平政権は長期的課題にも直面している。まず、中国の経済成長は「新常態」と言われるように、従来のような高度成長は望めない。それだけに、「豊かさ」だけを共産党政権の正当性の基礎にできない。まして、戸籍問題や社会保障制度の不整備によって、セイフティーネットから外れている人が多いので、事態は深刻だ。主権や安全保障をめぐる問題は、そうした人々を国家に結びつける機能をもつ。だが、長期的には人口問題をはじめ、中国が抱えている問題は大きく、反腐敗防止運動やナショナリズムを煽る政策だけで国民の支持を得続けるのには限界があろう。

こうした問題について、社会の側は多様な意見をもっている。海外生活を経験した人々も大都市では少なくなく、社会の多元化も急速に進んでいる。中国共産党政権には、強靭さや柔軟さがあり、多様な社会の不満にきめ細やかに対応してきたので、一党独裁を維持できたという見方もある。しかし、その強靭さと柔軟さを発揮するには相当なコストがかかる。多様で柔軟なガバナンスがないときめ細かい対応はできない。

しかし、習近平政権は権限を集中させた。そうなれば、柔らかいガバナンスは維持しづらく、硬直化する。それが現状だ。だが、現在の中国社会はこれまでにないほど多様化し、要求もさまざまだ。習近平政権も、強硬政策を遅かれ早かれ一定程度は調整しなければならなくなろう。

世界観と自画像

このような硬直化した内政から導かれる習近平政権の対外政策の基調は、当然厳しいものになる。だが、何事においても厳しいというわけではない。

中国から見ると、世界でのアメリカの覇権はすでに揺らぎ、多極化の時代にある。中国はアメリカに次ぐ第二の極であり、そのあとにＥＵ、ロシア、あるいは日本などが続く。こうした国や国家集団との関係は、「大国外交」と分類される。無論、中国は将来的にはアメリカを抜いて世界第一の地位を得たいのだろうが、当面それが難しいということも知っている。だからこそ、米中関係は最も重要な二国間関係であり、中国も対米関係を慎重に処理している。中国にとっての米中「新型大国間関係」は相互に核心的利益を尊重しつつ、グローバルな空間で尊重し合うというものだ。

中国自身の自画像は「発展途上大国」と表現される。だからこそ、先進国の集まりであるＧ７やＯＥＣＤには入らない。だが、大国ではあるので、国連安保理常任理事国であり、またＧ20の構成員にはなる。その点、中国は既存の先進国とは異なる道を歩もうとしているようである。

世界秩序と地域秩序

だが、目下、中国は既存の世界秩序に正面から対抗する気はない。中国からすれば、世界秩序には、中国の国益に照らして、有利なものから、部分的に有利なもの、あるいは不利なものまで多様に存在する。発展途上大国として、それぞれに適応し、時には受益者、時には修正者、さらに時には敵対者として振る舞う。

だからこそ、グローバルな空間での中国は欧米やロシアと協調的だ。欧米諸国からしても、中国がテロ、難民、貧困そのほかの国際政治上の大きな問題を多く生み出しているわけでもなく、中東などで生じている「問題」に比べれば中国問題のレベルは高くない、という見方に陥りがちだ。

しかし、目下問題となるのは、中国が核心的利益を有する周辺地域での対外政策である。とくに習近平政権になってから、一帯一路構想に見られるように周辺外交が強化され、かつ強硬になった。その変化は、第一に主権や安全保障の領域での妥協しない政策に見られる。また、アメリカのこの地域の安全保障分野などへの関与にも批判的になった。第二に、中国自身がアジア像を語り、AIIBなどの国際公共財を提供しようとしている。第三に、周辺との関係では、経済や金融の面では「協調」を主張してASEANなどとの地域協力を重視したマルチ外交を展開する一方で、主権や安保では強硬政策を採る。そして主権や安保の分野では、マルチを嫌い、二国間関係を重視する。

二十一世紀の「中華」と日本

現在のアジア、少なくともユーラシア東部は、中国が主導する空間へと変化しつつある。その変化の波を最前線で受けているのが、香港や台湾だとも言える。

無論、中国がこの空間を主導することも簡単なことではない。中国の国内問題、そしてアメリカの影響力、さらには日本やインドなど、中国の思惑が通じにくい相手もいる。だが、グローバルな空間でアメリカを中心とする西側諸国の秩序に正面から対抗することが難しいこともあり、中国として当面自らとその周辺での主導性を確立しようとしているだろう。

では、中国はいかなるアジアを創ろうとしているのか。これには中国国内でもさまざまな見方がある。時には、十九世紀の華夷思想に基づく冊封や朝貢関係が参考にされることもある。十九世紀までの時代を、中国が武力を用いずとも、周辺諸国から尊重されていた時代だと解釈する研究者もいる。だが、このような周辺諸国の目線を踏まえない議論が受け入れられるとも思われない。

いかなるアジアを創るのかという点で、中国自身は試行錯誤の時期、いわば模索の時代にある。十九世紀半ば以降、列強に侵略されてきた記憶をもつ中国では、抵抗の論理や防御の手法を身に纏ってはいても、「強者」として振る舞う経験に、少なくとも近代以降は乏しい。「二十一世紀の『中華』」は、このような試行錯誤の過程で形成される。このような時期こそ、中国をただ批判し、敵対するのではなく、むしろコミットメントを強めて中国が平和的で、安定的な存在になるよう促すことが求められる。無論、中国は、対日関係において、安保や領土問題では厳しく、そして経済などではどちらかといえば柔らかく接してくる。それに対して、日本側も安保や領土では妥協せずに、かつ問題の拡大を防ぐ努力、可能な範囲での対話とルールづくりをしながら、他方で経済や非伝統的安全保障の領域では戦略的観点に基づく協力を惜しまない、という方向でいくべきであろう。

かつて和洋中という言葉があったように、西洋と東洋と日本、この三分法が日本の世界観の基礎にあった。それは、西洋と東洋との間に日本が立ち、過去に東洋に学んだ経験を踏まえながら、現在は西洋に学ぶということを示していた。今後とも、世界的には西洋の力が一定程度維持されるが、この地域では東洋（中国）が主導性を握ろうとする。日本が西洋と東洋との間に立ち、西洋に学ぶこと、あるいは西洋とともに学ぶことは今後も変わらない。だが、現在、東洋の存在が大きくなり眼前にある。これは日本にとっても世界観の転換を迫られるほどの大きな変化だ。だからこそ、その東洋たる「二十一世紀の『中華』」をつぶさに観察し、それを「識る」努力を続け、慎重に考えれねばならない。当面は、粘り強く中国に対峙することが求められるだろう。

あとがき

中国の近代外交史を研究している著者は、一九九八年に北海道大学法学部政治学講座に赴任した。当時、台湾の現状には関心はあったが、中国となると、現状どころか、中国の現代史にさえ強い関心があったわけではなかった。

筆者と現状との関わりの上で大きな転機になったのは、一つは授業だ。法学部での授業で漢文史料や手書きの外交文書を読むわけにもいかず、自ずと現代史、現状寄りになった。二つめは、二〇〇〇年からの北京滞在だった。北京日本学研究センターでの副主任としての仕事には、授業や文化交流業務だけでなく、日本からのODAの受け入れ作業があった。このODA案件の申請から契約締結、将来設計などといった仕事は、帰国後の二〇〇四年初頭まで続いた。ここで日中外交関係の「現場」に多少は触れることになった。

そして、二〇〇五年には歴史認識問題をめぐる反日デモが生じ、「歴史認識問題で『底線』作れ」(『朝日新聞』夕刊、文化欄、二〇〇五年六月一日)など、現状についても文章を書く機会をいただいた。それから春秋が十余を連ねた。歴史研究者が現状について記すことはタブー視されることもあるが、上述のような現状との関わりがあったことや、歴史認識問題の発生、また時代の転換期に歴史的視野が必要とされたためか、現状についても書き記す機会に恵まれた。これらの機会を下さった全ての方々に厚く御礼申し上げたい。

本書の刊行はそもそも、中央公論新社の吉田大作氏の発案による。吉田氏なくして本書の「問世」はなかった。深く謝意を表したい。

最後になるが、本書が少しでも「中国を識る」うえでの機会を提供することができるならば、この上ない喜びである。

二〇一六年十月十日　双十節の日に、駒場の研究室にて

川島　真

対外広報の一環として「日本研究」の戦略的支援強化を（nippon.com, 2014年10月16日）
日中関係は「改善」するのか（『中央公論』2014年12月号）

Ⅱ　展 開　　2015 ～ 2016

外交懸案、長期の視野で（『日本経済新聞』2015年１月８日）
歴史イヤーを迎えて（nippon.com, 2015年３月16日）
ＡＩＩＢ狂奏曲（Science Portal China, 2015年４月３日）
綱渡りの続く日中関係（nippon.com, 2015年４月20日）
ひまわり学生運動（太陽花学連）から一年（Science Portal China, 2013年４月27日）
「国家の安全」の論理と「民主・自由」（nippon.com, 2015年５月７日）
「和解」への可能性（nippon.com, 2015年８月10日）
「歴史的」中台首脳会談から日本の対中・対台湾政策を再考する（nippon.com, 2015年12月９日）
南シナ海情勢と中国の対外政策（nippon.com, 2015年12月21日）
慰安婦問題をめぐる日韓の和解（『聯合早報』日本語原文、2015年12月、シンガポールプレスホールディングス、以下同）
2016年の東アジアを読み解くために（nippon.com, 2016年１月６日）
台湾の１１６選挙の読み方（nippon.com, 2016年１月24日）
馬英九総統の太平島上陸（『聯合早報』2016年２月17日）
ＡＩＩＢ発足（『聯合早報』2016年４月20日）
日中外相会談（『聯合早報』2016年５月20日）
南シナ海の「秩序」をめぐる相克（『聯合早報』2016年５月28日）
安倍総理の先進国外交の成果と誤算（『聯合早報』2016年６月６日）
日中関係は「双冷」なのか（『聯合早報』2016年６月17日）
南シナ海をめぐる常設仲裁裁判所判決と中国の対応（『中央公論』2016年９月号）
中国の語る世界秩序とアメリカ（nippon.com, 2016年８月８日）

Ⅲ　長期的論点

対日新思考から10年（『外交』2013年９月）
戦後日中「和解」への道程とその課題（『問題と研究』第44巻４号、2015年12月、政治大学国際関係研究中心・台北）
中国の海洋戦略と日米同盟（『希望の日米同盟――アジア太平洋の海洋安全保障』2016年４月、中央公論新社）

＊

習近平政権との対峙（書き下ろし）

初出一覧

序　問題としての中国（シリーズ日本の安全保障１『安全保障とは何か』2014年10月、岩波書店）を大幅改訂

Ⅰ　序奏　2013～2014

〝チャイナ・リスク〟の見積もり（nippon.com, 2012年10月19日、財団法人ニッポンドットコム、以下同）
安倍政権に求められる歴史的評価への想像力（nippon.com, 2013年１月22日）
「歴史的」日台漁業協定締結（nippon.com, 2013年５月14日）
変容する中国と日中関係をどう捉えるか（Science Portal China, 2013年５月20日、中国総合研究交流センター、以下同）
歴史認識問題と価値観外交（Science Portal China, 2013年５月21日）
「国有化」の意味は伝わっていたか（Science Portal China, 2013年５月28日）
米中関係の新局面（Science Portal China, 2013年６月７日）
「中国・スイスＦＴＡ交渉の終結に関する覚え書き」の意味（Science Portal China, 2013年６月25日）
米中首脳会談　大国間の協調と牽制（『世界』2013年８月号、岩波書店）
朴大統領訪中と日米韓・米中韓関係（Science Portal China, 2013年７月16日）
国宝狂奏曲（Science Portal China, 2013年７月17日）
中国、「公式見解」の漂流（『中央公論』2014年１月号、中央公論新社）
カイロ宣言の亡霊（『中央公論』2014年２月号）
国際広報戦略という難題（『中央公論』2014年３月号）
再び「尖閣国有化」を考える（『中央公論』2014年４月号）
中国、周辺外交で強硬路線（『日本経済新聞』2014年３月６日）
全人代が示す習・李政権の課題（『中央公論』2014年５月号）
商船三井問題に見る新たな歴史認識問題（『中央公論』2014年６月号）
時代の転換点に立つ日本の情報発信（nippon.com, 2014年５月７日）
「善隣」、深まるジレンマ（『読売新聞』2014年６月12日）
南シナ海に見る中国の「大国」への憧憬（『中央公論』2014年７月号）
ネパールから見た中国の「周辺外交」（『中央公論』2014年８月号）
九月三日と「中国の歴史戦」（『中央公論』2014年９月号）
岐路に立つ中韓関係（『外交』vol.27、2014年９月、時事通信社、以下同）
中国の「アジア新安全保障観」一読（『中央公論』2014年10月号）
香港・台湾における「民主と自由」への問い（『中央公論』2014年11月号）

川島　真（かわしま・しん）

東京大学大学院総合文化研究科教授（国際関係史）
1968年神奈川県生まれ。東京外国語大学外国語学部中国語学科卒業。東京大学大学院人文社会系研究科博士課程単位取得退学。博士（文学）。著書に『中国近代外交の形成』（サントリー学芸賞）、『近代国家への模索 1894-1925』『近代中国をめぐる国際政治』（編著）など。世界平和研究所上席研究員、nippon.com編集長、内閣府国家安全保障局顧問。日中歴史共同研究外部執筆者、21世紀構想懇談会（70年談話委員会）委員なども務めた。

21世紀《せいき》の「中華《ちゅうか》」
——習近平中国《しゅうきんぺいちゅうごく》と東《ひがし》アジア

2016年11月10日　初版発行

著　者　川《かわ》　島《しま》　真《しん》

発行者　大橋善光

発行所　中央公論新社
〒100-8152　東京都千代田区大手町1-7-1
電話　販売 03-5299-1730　編集 03-5299-1800
URL http://www.chuko.co.jp/

DTP　今井明子
印刷・製本　大日本印刷

Published by CHUOKORON-SHINSHA, INC.
Printed in Japan　ISBN978-4-12-004906-4　C0030